글로벌 경제 패러다임 변화와
대한민국의 미래

글로벌 경제 패러다임 변화와
대한민국의 미래

―――――

과거와 미래를 잇는 국가경쟁력이란 무엇인가

이요섭 지음

Global Economy
Paradigm
The **Future** of **Korea**

연암사

글로벌 경제 패러다임 변화와
대한민국의 미래

초판 인쇄 2015년 1월 20일
초판 발행 2015년 1월 31일

지은이   이요섭
발행인   권윤삼
발행처   도서출판 연암사

등록번호   제10-2339호
주소   121-826 서울시 마포구 망원동 472-19
전화   02-3142-7594
팩스   02-3142-9784

ISBN 979-11-5558-013-4 93300

값은 뒤표지에 있습니다. 잘못된 책은 바꿔드립니다.

연암사의 책은 독자가 만듭니다.
독자 여러분들의 소중한 의견을 기다립니다.
트위터   @yeonamsa
이메일   yeonamsa@gmail.com

이 도서의 국립중앙도서관 출판시도서목록(CIP)은
서지정보유통지원시스템 홈페이지(http://seoji.nl.go.kr)와
국가자료공동목록시스템(http://www.nl.go.kr/kolisnet)에서
이용하실 수 있습니다.
(CIP제어번호: CIP2014037257)

머리말

한국경제는 오랫동안 자급자족의 자연경제에 기초한 전통적인 경제 체제를 지속하다가 20세기 초 시장경제의 형태와 구조를 갖추기 시작했다. 하지만 일제 강점기를 거치고, 세기 중반 세계대전의 종식에 이어 남북분단과 한국전쟁이라는 엄청난 비극을 겪으면서 고난의 역사를 계속해야만 했다.

이러한 굴곡진 역사 속에서 20세기 후반에 이르러 대한민국은 과거의 암흑기를 떨치고 깨어나 새로운 패러다임 속에서 경제약진을 거듭하여 오늘날 세계 10위권의 경제 강국 대열에 진입하였고, 오늘도 새로운 미래 설계를 위해 쉴 새 없이 매진하고 있다.

우리가 경제 강국의 진입을 이룩한 성공요인은 첫째 탁월한 국가 리더십, 둘째 국민의 인내와 꾸준한 노력, 셋째 훌륭한 문화유산의 승계에 있었다고 생각한다. 이와 같은 한국경제의 근현대사적 고찰을 단계별로 관찰해 보면 다음과 같다.

첫째, 1960년대 초에 시작된 경제개발 5개년계획(1~7차 → 35년간)의 성공적인 실시로 산업구조의 고도 선진화 달성, 그에 따른 수출주도형 선진공업국가 건설, 고등교육 체제강화로 미래의 지식–기술인력 양성기반 구축에 성공한 것이 주요한 요인이 된다.

둘째, 1990년대 후반에 불어 닥친 IMF외환위기에 대한 슬기로운 조기대응과 신속한 회복으로 금융–산업구조 조정과 글로벌 경제체제로의 진입에 성공한 것이다.

셋째, 첫째 및 둘째 단계를 거치면서 터득한 글로벌 학습효과를 토대로 우리 국민과 기업들이 세계화 대열의 진입에 성공한 것이다.

이러한 우리나라의 성공 스토리는 앞서 지적한 세 가지 성공요인 즉, 탁월한 국가 리더십, 국민의 인내와 노력, 훌륭한 정신적 문화유산에서 기인된 것이라고 믿는다.

우리 경제는 1990년대 말, IMF위기극복이라는 조정기를 거치면서 새로운 기회와 도약의 문턱에 이르게 되었는데, 이는 바로 산업구조 고도화와 관련한 먹거리 기반의 확립이었다. 농업기반의 전통적 산업구조만으로는 우리 국민이 절대 빈곤의 틀에서 벗어날 수 없으므로, 선진국형 산업구조의 틀을 빨리 구축해야 하고, 그러기 위해서는 무엇보다 무역중심의 수출주도형 경제체제를 꾸준히 강화시켜 나가야 한다는 것이 역대 정부의 목표였다.

우리나라의 무역의존도(대외의존도)는 2000년 이후 고공행진을 계속하고 있다. 이는 특히 2008년 미국발 글로벌 경제위기와 연이은 유럽발 세계경제침체 등의 여파로 더욱 가속화되고 있는 추세이다.

재화와 서비스의 수출입 총액을 국민소득(GDP)으로 나눈 몫을 대외의존도라고 하는데, 한국은 2011년부터 무역규모 1조 달러를 웃도는 규모로 수출성장을 지속하고 있다. 또한 1인당 국민소득(GDP)도 경제개발 5개년개획 초년도(1962년)의 87달러에서 금년(2014년)에는 2만8천 달러를 넘어 선진권에 진입해 있는 가운데, 대외의존도는 2000년 무렵에 70% 내외에 머무르던 것이 2008년 이래 100%를 초과하여 고공행진을 계속하고 있다.

이 책은 한국경제의 변화가 이 같은 성장변곡점을 이루고 있던 2000년부터 2014년에 이르기까지 15년 동안(1.5 decades) 다루어 왔던 경제 분야 기고문(左水營)을 종합하여 단행본으로 엮은 것이다. 한국경제의 시대적 배경을 나타내는 내용들로 구성된 이 책은 1995년 도하의 WTO체제 출범 후 글로벌 '양자 간 자유무역협정(FTA)'이 활성화됨에 따라 그 영향을 받아 한국과 여러 주요 국간에 체결 발효된 FTA를 개괄 분석하는 내용이 주를 이루고, 현 정부의 중점 정책현안인 창조경제에 관한 것이 뒤를 이으며, 북한경제의 이해와 과제, 그리고 국가경쟁력과 구조조정 등이 실려 있다. 따라서 최근 현안으로 떠오르고 있는 한반도 통일시대를 대비한 북한 금융경제의 이해를 돕는 데도 기여할 것으로 생각한다.

한 가지 독자들에게 이해를 당부하고자 하는 것은, 기고문 게재 시기가 매년 당해 연도 말에 이루어졌기 때문에 모든 자료의 작성기준은 현시점이 아니라 당시 게시연도 시점을 기준으로 분석해야 한다는 점이다. 부디 이 책이 독자 여러분에게 우리가 살고 있는 대한민국이 어떠한 경제환경을 걸어오고 있으며, 또 어떻게 미래를 열어가야 하는지를 판단하고 이해하는데 조금이나마 도움이 되었으면 하는 바람이다.

끝으로 이 책을 편집하고 발간하는 데 애써주시고 도와주신 연암사 권윤삼 대표와 편집부에 진심으로 감사드린다.

2015년　정월
송파언덕 탄천가 우거에서
이요섭

차례

Global Economy Paradigm

[제29호] 2014. 12. 31.

한·캐나다 FTA 출범 의의와 경제적 효과

I. 머리말

FTA의 개념

자유무역협정(FTA: Free Trade Agreement)은 회원국 간 상품, 서비스, 투자, 지적재산권, 정부조달 등에 대한 관세·비관세 장벽을 완화함으로써 상호간 교역 증진을 도모하는 특혜무역협정을 의미하며, 특히 관세철폐에 주요 초점이 맞춰져 있다. 이는 지역무역협정(RTA: Regional Trade Agreement)의 주류를 이루고 있으며, 자유무역협정 → 관세동맹 → 공동시장 → 단일시장 등의 단계를 통해 경제통합으로 나아가는 첫 단계가 된다.

2013년 10월 기준 WTO(세계무역기구)를 통해 파악된 지역무역협정(RTA) 발효 건수는 378건이며, 이 중 자유무역협정이 219건으로 가장 많은 비중을 차지하고 있다. 시기별로 보면 지역무역협정은 1995년 카타르 도하에서 WTO 출범 이후 급증하기 시작하여, 전체 378건의 협정 중 1995년 이후에만 전체의 86.8%에 해당하는 328건이 발효된 것으로 파악되고 있으며, 대부분 양자간 FTA 형태로 이루어지고 있다.

우리나라는 발효 중에 있는 FTA가 칠레, EU, 미국 등 9개 국가이며, 이미 타결되어 발효 절차를 기다리고 있는 FTA가 캐나다를 비롯하여 호주, 콜롬비아 등 3개 국가이고, 협상 중에 있는 FTA가 중국을 비롯하여 7개 국가에 이른다.

한 · 캐나다 FTA 완전타결 발효

한국과 캐나다 간에 자유무역협정 논의를 시작한 것은 2005년 7월 양국 통상장관회의가 개최된 것이 최초이며, 그 후 서울, 밴쿠버, 오타와에서 회의를 진행하였고, 자동차 및 농축산 분야에서 이견을 보여 한동안 중단사태에 이르기도 했지만 2013년 11월 서울에서 제14차 협상이 재개되어, 마침내 2014년 3월 한·캐나다 FTA 협상타결을 선언하기에 이르렀다. 2014년 6월 서울에서 양국 간 FTA 협정문에 가서명이 성사되었고, 2014년 9월 한국 대통령의 캐나다 국빈방문 때, 오타와에서 한·캐나다 FTA 협정문에 양국 정상이 정식 서명함으로써 9년간 끌어오던 FTA가 완전 타결되었다. 그리고 양국 의회(국회)의 비준을 거쳐 2015년 1월 1일 정식으로 발효되었다.

캐나다는 〈표 1〉에서 보는 바와 같이 부존자원이 풍부하고 산업구조와 무역구조 공히 우리나라와 상호보완적인 구조에 가깝기 때문에 FTA를 잘 활용한다면 상호 이득이 창출될 여지가 매우 크다.

캐나다는 제조업 기반이 매우 취약한 경제구조를 가지고 있기 때문에 한국산 고급 상품 및 공산품의 주요 수출시장이 되며, 또한 한국은 에너지자원의 주요 수입국이므로 FTA 발효시 캐나다의 자원을 보다 안정적으로 공급받을 수 있는 장점이 내재되어 있어 그 의미가 크다. 따라서 양국은 FTA 출범을 계기로 호혜적인 협력 강화를 통해 경제발전에 크게 기여할 것으로 기대된다.

캐나다는 당초 우리나라 대외 진출의 전략적 거점으로서 그 의의가 컸고, 한·미 FTA 체결 발효로 그 역할은 다소 축소되었지만, 여전히 미국·캐나다·멕시코 3국간 FTA체결기구인 NAFTA(북미자유무역협정)의 주요 회원국으로서 한국의 북미지역 진출의 또 하나의 교두보 구축이라는 점에서 실리를 얻게 된 것은 큰 결실이라 할 수 있다. 뿐만 아니라 현재 타결되어 발효 대기 중인 한·콜롬비아 FTA 및 현재 추진 중인 한·멕시코 FTA 협상이 마무리되어 발효되는 경우에는, 한국의 북미시장 + 중남미시장의 진입이라는 꿈이 동시에 이루어지게 되어 수출대국의 기반을 공고히 다지게 될 뿐만 아니라, 현재 남북아메리카 양 대륙 간 진행되고 있는 FTAA(Free Trade Area of Americas '미주자유무역협정' 또는 '범미주자유무역지대')에 대한 진입 접근도 가능하게 된다. 현재 FTAA는 북미대륙의 NAFTA(미국·캐나다·멕시코)와 남미 대륙 34개 국가들이 결합되어 합동으로 추진하고 있는데, 양 대륙 내 관세장벽 해제와 생산요소의 자유이동, 나아가서 공동화폐 도입까지 구상하고 있는 지구상 가장 넓고 큰 경제협력기구가 될 것이며, 이 2개 대륙을 통합하는 거대 시장에 우리나라의 공산품 수출의 교두보를 확보하는 시대가 도래할 것으로 기대된다. 이제 한·캐나다 FTA는 양국이 각각 국내절차를 완료하고 2015년 1월1일부터 정식 발효되었다.

캐나다의 국가 경제 개황

캐나다의 국가 현황 및 경제지표는 〈표 1〉 및 〈표 3〉에서 보는 바와 같이 영연방국의 일원이며, GDP가 2조 달러에 이르고 최근 연도에 지속적 성장을 계속하고 있어 1인당 국민소득 5만 3천 달러를 넘고 있다(한국: 2만 8천 달러).

〈표 1〉 캐나다의 국가 현황

일반	면적	909만km²(한반도의 41배)
	기후	대륙성
	인구	35백만 명
	수도	오타와(Ottawa, 121만 명)
	민족	유럽계 백인(66%), 혼혈(26%), 기타(6%)
	언어	영어(공용어), 프랑스어(공용어)
	종교	기독교(70.3%), 회교(1.9%)
정치	독립일	1867. 7. 1.(영국)
	정치체제	내각책임제(입헌군주국)
	국가원수	Elizabeth II 영국 여왕(Stephen Joseph Harper 수상)
	의회	양원제(상원 105석, 하원 308석)
	주요정당	자유당(LP), 보수당(CP), 신민주당(NDP), 퀘벡연합(BQ)
경제	화폐단위	캐나다 달러(Canadian Dollar, C$)
	회계연도	4월 1일~3월 31일
	산업구조	제조업 28.5%, 서비스업 69.8%, 농·광업 1.7%
	주요 수출품	산업재, 기계설비, 석유제품, 목재, 펄프, 항공기
	주요 수입품	기계설비, 산업재, 소비재, 원유, 화학제품
	주요부존자원	석유(sand oil), 천연가스, 철광석, 석탄 등 지하자원
	경제적 강점	농·임 광산자원 풍부
	경제적 약점	높은 대외의존도

금년도 연간 무역규모는 98조 9천억 달러로 한국의 117조 3천 달러보다 낮지만, 석유, 천연가스, 철광석, 석탄 등 자원보유국으로서 한국의

산업발전의 필수재 등을 보유하고 있다. 따라서 양국 간 경제협력체제를 확고히 구축해 나간다면 좋은 결실이 이루어질 것으로 전망된다.

〈표 2〉 캐나다의 사회·개발 지표

평균수명			81세	도로 포장률	40%
1인당 국민소득	GDP		53,118 달러	이동통신가입자수(100명당)	108명
	GNI		45,550 달러		

〈표 3〉 캐나다의 경제지표

	경제지표	단 위	2010	2012	2014
국내경제	GDP	억 달러	16,141	18,251	19,777
	1인당 GDP	달러	47,367	52,300	53,118
	경제성장률	%	3.4	1.7	2.2
	재정수지/GDP	%	−4.9	−3.4	−2.9
	소비자물가상승률	%	1.8	1.5	1.6
대외거래	환율(달러당, 연중)	C$	1.0	1.0	1.0
	경상수지	억 달러	−56,709	−62,266	−56,200
	상품수지	억 달러	−9,420	−12,027	−10,100
	수 출	억 달러	392,141	462,906	489,500
	수 입	억 달러	401,561	474,933	499,600
	서비스수지	억 달러	−21,260	−24,226	−24,200
	외환보유액	백만 달러	57,200	68,500	71,900
외채현황	총외채잔액	억 달러	12,711	14,973	15,618

우리나라와 캐나다의 관계를 살펴보면, 〈표 4〉에서 보는 바와 같이 국교수립 50년이 훨씬 지났고, 전통적인 우호관계를 유지하고 있으며, 양국 간 무역규모는 100억 달러를 기록하고 있다. 주요 수출품목은 자동차 및 자동차부품, 무선통신기기, 섬유기계 등이며 수입품목은 유연탄, 제지원료(펄프), 목재류, 알루미늄, 동광 등으로서 거의 완전한 무역보완구조를 나타내고 있다.

투자부문에서 〈표 6〉을 보면, 2013년말 현재 캐나다의 對한국 투자는 누계액으로 총 781건에 59억 1천만 달러이며, 한국의 對캐나다 투자는 누계액으로 총 1,199건에 115억 1천만 달러를 넘고 있다.

양국 간 체결된 주요 협정은 〈표 4〉에서 보는 바와 같이, 무역협정 (1966), 이중과세방지협약(1980), 세관지원협정(1986), 범죄인인도조약 (1995), 군사비밀교환협정(1999), 사회보장협정(1999), 항공자유화협정 (2009) 등이 체결 시행되고 있다.

〈표 4〉 우리나라와의 관계

외교관계수립	1963. 1. 14. 수교(북한과는 2001. 2. 6. 수교)			
주요협정체결	무역협정(1966), 이중과세방지협약(1980), 항공자유화협정(2009), 사회보장협정(1999), 세관지원협정(1986)			
무역현황(연도)	2010	2011	2012	주요품목
수출(백만 달러)	4,102	4,928	4,828	자동차 · 동부품, 무선통신기기, 섬유기계
수입(백만 달러)	4,351	6,612	5,247	석탄, 제지원료(펄프), 원목, 동광

II. 한·캐나다 FTA 출범의 경제적 의미

개요

한국은 캐나다와의 FTA를 통해 NAFTA시장과 FTAA시장의 교두보를 마련하게 되었는데, 그 가운데 NAFTA 지역은 이미 한·미 FTA가 출범 되어 진출이 상당 부분 진행되고 있고, 한·캐나다 FTA 출범은 북미대륙 지역의 북쪽 진입을 마무리하게 되며, 협상 추진 중인 한·멕시코 FTA가 성사될 경우, 중미대륙시장까지 진출하기 때문에 완벽한 북미대륙시장 진입에 종지부를 찍게 되는 쾌거를 이루어 냈다고 할 수 있다. 또한 북미대륙과 남미대륙을 포괄하는 FTAA의 거대한 남북 양 대륙 시장 진입의 문턱을 밟게 되었다고 자평하고 싶다.

캐나다의 산업구조를 살펴보면 1차 산업분야는 농수산·광산업 분야가 1.7%로서 한국의 2.7%에 비해 월등히 낮기 때문에 쇠고기 등 일부 축산물을 제외하면 양국은 경합도가 그리 크지 않다. 2차 산업분야는 제조업분야인데 캐나다는 28.5%를 차지하고 있고, 한국은 자동차, 통신기기를 비롯한 공산품 수출에 힘입어 이 보다 10% 이상 많은 39.8%를 점하고 있어 우리가 더 방대하다. 특히 통신기기, 반도체 분야는 우리가 강점을 가지고 있다. 3차 산업 분야인 서비스산업은 69.8%로서 한국의 57.5%에 비해 10% 이상 앞서 있어 선진국형의 산업구조를 가진다. 따라서 완전하지는 않지만 양국의 산업구조는 아직 상당부분 보완적 교역구조를 가졌다고 볼 수 있기 때문에 경합보다는 상생 효과를 누릴 수 있는 구조라고 할 수 있다.

한 · 캐나다 FTA 출범의 경제적 의미

캐나다의 GDP(국민총생산) 규모는 1조8천억 달러로 세계 11위의 경제규모이며(한국은 1조3천억 달러로 14위), 지난 10여년 간 G-7국가 중 최고의 경제성장률을 기록한 것을 본다면, 한국의 북미지역 수출시장 다변화에 기여할 수 있을 것으로 예상된다.

이에 따라 앞으로 한국의 제조업과 캐나다의 풍부한 지하자원 및 첨단기술 등 상호보완적인 산업구조를 바탕으로 양국 간 교역 및 투자가 크게 확대될 것으로 기대된다. 이 같은 캐나다와의 무역보완관계는 지속적으로 견고해지는 추세로 보인다.

캐나다는 풍부한 자원을 보유하고 있고, 미개발 지역도 많기 때문에 안정적인 에너지자원 확보와 함께 협력관계 강화가 크게 이루어질 전망이다. 따라서 상호보완적인 관계에 놓인 양국이 한·캐나다 FTA를 통하여 비교우위 품목 간 교역을 더욱 활성화시킬 것으로 기대된다.

〈표 5〉에서 보면, 2013년 기준 한국의 對캐나다 수출은 52억 달러로 전년 대비 7.8%의 성장세를 보이고 있으며, 이 가운데 자동차 및 자동차 부품, 무선통신기기, 타이어, 섬유기계, 냉장고 등 공산품 수출이 주종을 이루고 있고, 수입은 47억 달러로서 이 가운데 석탄, 목재, 광물 등 천연자원이 주종을 이루고 있어(〈표 7〉 참조) 이상적인 산업보완관계를 여실히 보여주고 있다.

〈표 5〉 한 · 캐나다 교역 추이   (단위: 백만불, ( )는 증감률 / 자료출처: 한국무역협회)

구분	2007	2008	2009	2010	2011	2012	2013
수 출	3,506 (△3.1)	4,057 (15.7)	3,440 (△15.2)	4,102 (19.3)	4,928 (20.1)	4,828 (△2.0)	5,203 (7.8)
수 입	3,254 (5.3)	4,404 (35.3)	3,535 (△19.7)	4,351 (23.1)	6,612 (52.0)	5,247 (△20.6)	4,717 (△10.1)
무역수지	252	−346	−96	−249	−1,684	−419	488
총교역액	6,760	8,461	6,975	8,453	11,540	10,075	9,920

※ 2013년 기준 캐나다는 우리의 제25위 교역파트너 (수출 23위, 수입25위)

〈표 6〉 한 · 캐나다 투자 추이   (단위: 천불, ( )는 신고건수 / 자료출처: 산업통상자원부 · 한국수출입은행)

구분	2007	2008	2009	2010	2011	2012	2013	누계
캐나다의 對 한국 투 자	51,141 (46)	89,617 (45)	303,275 (52)	480,345 (53)	739,268 (38)	393,769 (38)	387,599 (60)	〈'67~'13〉 5,913,845 (781)
한국의 對 캐나다 투 자	255,222 (112)	150,899 (83)	4,307,241 (63)	953,524 (76)	1,887,055 (99)	878,314 (101)	880,573 (82)	〈'68~'13〉 11,511,571 (1,199)

※ 2013년 현지법인 신고금액 기준 캐나다는 대한민국 제10위 투자주체, 한국의 제7위 투자대상

〈표 7〉 한국의 對캐나다 10대 교역품목 현황(2013년)　　(MTI 4단위 / 자료출처: 한국무역협회)

수출품목	금액(백만불)	비중(%)	수입품목	금액(백만불)	비중(%)
승용차	2,227	42.8	유연탄	1,587	33.6
무선전화기	662	12.7	펄프	291	6.2
자동차부품	236	4.5	알루미늄괴 및 스크랩	217	4.6
섬유기계	119	2.3	칼륨비료	203	4.3
타이어	99	1.9	동광	184	3.9
냉장고	70	1.3	원목	153	3.2
합성수지	67	1.3	가축육류	91	1.9
집적회로반도체	60	1.2	운반하역기계	76	1.6
밸브	56	1.1	건설중장비	72	1.5
아연도강판	55	1.1	곡류	71	1.5
소 계	3,651	70.2	소 계	2,945	62.3
전 체	5,205	100	전 체	4,717	100

　　캐나다와의 교역량은 지속적으로 성장하는 추세이므로 이번 FTA출범이 양국 간 교역에 긍정적인 효과를 조성할 것으로 예상되는데, 그 효과는 양국의 관세구조를 분석해 보아야 정확하게 무역수지 전망을 판단할 수 있을 것으로 보인다.

　　한국과 캐나다 간 교역규모(수출+수입)는 2005년 협상 개시 당시 약 60억 달러 수준에서 2012년 100억 달러로 증가하였으며, 같은 기간 한국의 對캐나다 수출은 1.4배, 수입은 2.0배 증가하였다.

　　1990년대 중반부터 2000년까지 한국은 캐나다에 대해 무역수지 적자를 기록하였으나 이후 2007년까지는 흑자를 달성했고, 2008년부터 상황이 역전되어 무역수지 적자를 보여주다가 2013년도에는 무역수지 흑자로 반전되었다.

　　최근 전 세계적으로 관세율이 하락하는 추세이고, '한·캐나다 양허표'에 의하면 우리나라 관세율이 캐나다에 비해 상대적으로 높은 구조

체계를 가지고 있기 때문에 이를 감안하면, 우리나라의 對캐나다 무역수지 개선효과는 당분간 제한적일 수밖에 없을 것으로 보인다. 하지만 한·캐나다 FTA를 통한 서비스시장 개방은 한국 서비스산업의 경쟁력을 제고시키는 기회를 제공함과 동시에 다차원적인 시장개방에 대비할 수 있는 기반을 마련해 줄 것으로 기대된다.

캐나다와의 FTA를 통해 서비스시장이 개방되면 우리나라 서비스산업 경쟁력이 제고되고 강화될 것으로 예상되며, 특히 항공우주산업 및 방위산업을 중심으로 한 선진화산업 분야의 협력을 기대해 볼 수 있다.

캐나다의 경우 서비스와 투자 개방에 적극적이라는 점에서 양국 간 FTA출범은 향후 글로벌 지역경제통합 논의과정에서 포괄적이고 수준 높은 자유화를 추진하는데 공조할 수 있는 가능성이 매우 높다. 캐나다가 지금까지 이미 체결한 FTA들의 협정문을 살펴보면, 대부분의 FTA에서 서비스와 투자 자유화를 포함하는 포괄적인 자유화를 추진해 왔음을 엿볼 수 있다.

한·캐나다 FTA의 경제적 효과 추정

한·캐나다 FTA의 출범으로 우리나라는 실질GDP가 약 0.04% 추가 증가하고, 소비자후생은 약 5.1억 달러가 증가할 것으로 추정된다(KIEP, 대외경제정책연구원 자료 참조, 이하 같음).

학술적으로 널리 활용되고 있는 경제분석모형(연산가능일반균형)을 이용하여 한·캐나다 FTA의 거시경제적 효과를 살펴보면, 〈표 8〉과 같다. 분석기준 연도는 2007년이며, 양국 간 관세가 100% 철폐된다는 시나리오를 가정했고, 장기효과를 측정하기 위해 자본축적모형을 활용하였다.

이 표에서 보면, 당분간 실질GDP 증가 효과는 그다지 크지 않지만 소비자후생의 개선효과는 상당히 기대가 크다. 또한 한국의 남북 양 미대륙에 교두보 효과를 어떻게 활용하느냐에 따라 더 큰 국민소득 개선 효과가 뒤따르게 될 것으로 전망된다. 국내 6개 연구기관(대외경제정책연구원을 비롯한 6개 분야별 연구기관)이 공동으로 한·캐나다 FTA 경제적 효과를 분석한 결과이다.

〈표 8〉 한 · 캐나다 FTA 경제적 효과 분석(100% 관세 철폐 기준)

실질GDP (발효 후 10년 누적)	소비자후생 (발효 후 10년 누적)	생산효과 (발효 후 15년 평균)			고용 (발효 후 10년 누적)	세수 (발효 후 10년 평균)
		제조업	농축산업	수산업		
0.04%	5.10억불	0.4조원	△320억 원	△10억 원	1,046명	△257.7억 원

거시경제 효과(국내경제 전반적 영향: GDP 및 소비자후생수준)

FTA 발효 후 10년간 실질GDP는 0.04%, 소비자후생은 약 5.1억 달러, 고용은 1천여 명까지 각각 증가할 것으로 예상된다.

재정 관련, 연평균 약 257.7억 원의 세수 감소가 예상되나, 우리나라 국세수입 규모(2013년 기준 약 202조원)를 감안할 때, 그 영향은 미미할 것으로 보인다(국세수입의 약 0.013%).

산업별 영향

제조업 부분

수출입무역: 자동차, 전기전자, 생활용품 등 제조업 부문의 수출 증가

등으로 연평균 1.1억 달러씩 흑자가 예상된다.

생산활동: 수출증대에 따라, 자동차, 철강 및 전기전자 산업을 중심으로 생산이 증가하여, 연평균 4억 달러의 생산 증가가 예상된다.

〈표 9〉 한·캐나다 FTA 발효에 따른 제조업 생산변화   (연평균 기준, 단위: 백만 달러)

구분	발효 후 1~5년 평균	발효 후 1~10년 평균	발효 후 1~15년 평균
총계	324	385.8	408.6

농축산업 부문

수출입무역: 캐나다로부터 돼지고기·쇠고기 등의 수입 증가(연평균 14억 원)가 예상되며, 수출확대효과는 미미하다.

생산활동: 캐나다산 농수산물 수입 증가로 발효 이후 15년차까지 연평균 약 320억 원(총 농업생산의 0.07%)의 국내생산 감소가 예상된다.

〈표 10〉 한·캐나다 FTA 발효에 따른 농축산업 생산변화   (연평균 기준, 단위: 억 원)

구 분	5년차	10년차	15년차	15년 연평균	15년 누적
합 계	△274	△355	△422	△320	△4,806

수산업 부문

수출입무역: 발효유, 바다가제, 먹장어, 홍어, 정어리 등을 중심으로 연평균 0.1억 달러 정도 수입증가가 예상되며, 수출은 어분 등 기타 수산품을 중심으로 소폭 증가가 예상된다.

생산활동: 캐나다산 수산물의 수입증가에 따라 연평균 약 10억 원(총수산업생산의 0.01%)의 국내 생산 감소가 예상된다.

〈표 11〉 한·캐나다 FTA 발효에 따른 농축산업 생산변화 (연평균 기준, 단위: 억 원)

구분	5년차	10년차	15년차	15년 연평균	15년 누적
합계	△4.7	△11.2	△12.5	△9.9	△148.7

국내 고용 및 재정에 미치는 영향

고용

한·캐나다 FTA 발효 후, 10년간 서비스업과 제조업 부문을 중심으로 총 1,046명의 고용증가가 예상된다.

〈표 12〉 한·캐나다 FTA 발효에 따른 산업별 고용효과 (단위: 명)

구분	발효 후 5년(2019년)	발효 후 10년(2024년)
농수산업	△48	△44
제조업	204	143
서비스업	654	947
합계	810	1,046

재정

한·캐나다 FTA 발효 후, 10년간 평균 257.7억 원의 세수감소가 예상된다. 다만, 우리나라의 국세수입이 200조원을 넘는 것을 감안하면, 한·캐나다 FTA 발효가 우리나라 세수입에 미치는 영향은 미미한 정도임을 알 수 있다.

〈표 13〉 한·캐나다 FTA 발효에 따른 재정세수 영향 (단위: 억 원)

구분	세수 감소			성장에 따른 세수증가	세수변화
	관세수입 감소	수입분 내국세 감소	소계		
1~5년차	△770.5	△51.7	△822.1	328.9	△493.3
6~10년차	△1,014.0	△55.0	△1,069	1,046.9	△22.1
연평균	△892.2	△53.3	△945.6	687.9	△257.7

Ⅲ. 한·캐나다(英聯邦 포함) FTA 국내 보완대책

기본방향

- 영연방 3국(캐나다 · 호주 · 뉴질랜드)을 포괄하여 피해산업에 대한 국내 대책을 수립하되, 산업별 취약부분을 보완하는 방식으로 경쟁력 제고를 중점 지원한다.
- 투·융자계획은 향후 10년간(2015~2024)의 추가 지원금액을 15년간 (2015~2029)의 총 피해액 수준과 균형되도록 마련한다.
- 피해보전직불 및 폐업지원 등 피해보전장치는 급격한 수입증가 가능성에 대비하여 제도를 보완하여 지속 운용한다.
- 정책효과가 배가되도록 재정지원과 함께 세제 및 제도 개선과제를 발굴한다.

세부 추진방안

축산업 경쟁력 강화

- 생산비용 절감: 가축비 · 사료비 절감 및 가축질병 근절방안을 강구한다.
- 품질 차별화: 수입육과의 차별성 확보 및 부가가치 제고를 위하여 가축개량 강화 및 연구개발을 적극 추진한다.
- 유통·가공: 유통비용 절감 등을 위한 유통구조 개선 및 식육가공산업을 육성한다.
- 수급: 축종별(한우·양돈·낙농·산란계·육계·오리) 수급조절협의회 활성화

및 관측·통계(한우 수급모형, 낙농 통계관리시스템 등)를 정비한다.

- 성장동력 창출: 축산물 수출기반 구축 및 산지생태축산을 활성화한다.

친환경 축산환경 조성

- 가축분뇨 적정처리: 시설 확충 및 민간 전문가 중심의 관리체계 구축, 연구개발을 통한 가축분뇨 자원화 등을 촉진한다.
- 악취관리 강화: 사전에 악취발생이 최소화되도록 하고, 발생된 악취는 포집·희석 등을 통해 적절히 관리할 수 있는 대책을 강화한다.
- 친환경 축산 활성화: 직불금 지원 내실화 및 인증제 정비, 유통기반 구축을 통한 친환경 축산물 생산·공급 등을 활성화한다.

원예작물(마늘·양파)

- 생산기반 강화: 생산·유통의 효율성 제고를 위한 주산지 육성을 추진한다.
- 수급안정: 관측 고도화 및 지역단위 수급조절 기능 강화, 소비기반 확대를 통한 안정적인 수급관리 등을 추진한다.
- 소득안정: 수확량 감소 및 가격 하락에 따른 농가수입 감소를 보험으로 보전하는 양파 수입보장보험 도입을 추진한다(2014: 도상연습 → 2015: 시범사업).

식량작물(보리·콩·감자)

- 보리: 수확 후 품질관리 인프라 확충 및 가공업체와의 연계 등을 통한 소비기반 확대를 추진한다.

- 콩: 생산의 효율성을 높이고 산지유통을 규모화 · 전문화하는 한편, 가공용 소비확대를 통한 안정적 소비기반을 구축한다.
- 감자: 가공용 수입감자의 국산 대체 및 생산자단체(농협 등) 주도의 계약재배 활성화를 추진한다.

제도개선 및 세제지원

- 금리인하: 농가에 대한 체감도가 높은 사업* 등을 대상으로 지원금리 0.5%P 인하(3% → 2.5%) 및 인센티브자금 지원을 확대한다.**

  * 농가사료직거래자금, 조사료생산기반 구축, 가축분뇨처리시설 지원

  ** 도축 · 가공업체지원(2014: 300억 원 → 2015: 500억 원), 가축계열화사업(2014: 90억 원 → 2015: 150억 원)

- 세제지원: 농가 생산비용 절감 등을 위하여 관련세제를 지원한다.
  - 영농상속공제: 원활한 영농상속을 통한 농축산물의 안정적 공급기반 구축을 위한 영농상속공제 요건을 완화*하고, 한도 증액 · 공제재산 범위 확대(관계부처 협의)를 검토한다.

    * 상속개시일 2년 전부터 영농에 종사토록 한 상속인 요건을 상속세 신고기간까지 영농에 종사하면 해당되는 것으로 완화(2014년 중 상증법 개정 추진)

  - 부가세 사후환급 확대: 농업 여건 변화에 따라 활용도가 높아진 기자재 5종*을 사후환급 대상에 추가한다(현행 총 47종 → 52종, 2014년 중 개정).

    * (축산 4종) 착유용 라이너, 분만실 깔판, 대인소독기, 방역복, (재배 1종) 양파·마늘망

  - 축사용지 양도세 감면: 2014.12.31일 일몰이 도래하는 축사용지 양도세 감면제도를 2017.12.31일까지 연장한다(2014년 중 조특법 개정 추진).

- 농업용 면세유 공급대상 확대: 면세유 공급대상 기종에 가축분뇨 공동자원화시설 등에서 운영하는 액비 운송 · 살포차량을 추가한 다*(2017년).

  * 농림사업정보시스템, 전자인계관리시스템 정비 등 부정유통방지대책 마련 이후 시행(2017년)

• 피해보전직불 및 폐업: 피해보전비율 상향 검토 및 운용기간을 연장한 다*.

  * 2015년 발효 가정시: 직불(2011~2021 → 2024년까지), 폐업(2011~2016 → 2019년까지)

투 · 융자 계획

• 총 지원규모: 한 · 캐나다 및 한 · 호주 FTA*에 따른 피해산업 경쟁력 제고 및 농가소득 안정을 위하여 10년간(2015~2024) 총 2.1조원을 추가 지원한다.

  * 뉴질랜드는 협상 타결 후 영향분석 결과 등 고려하여 필요시 지원대책 추가

〈표 14〉 총 투 · 융자계획(2015~2024)   (단위: 억 원)

구분	한·미/한·EU 사업(17개)	계속사업(5개)	신규사업(12개)	합계(34개)
기존계획	90,235	4,032	–	94,267
추가지원	13,122	1,367	6,997	21,486
합계	103,357	5,399	6,997	115,753

• 2015년 예산안: 영연방 FTA 조기 대응을 위하여 경쟁력 제고 등을 위한 사업예산 13,918억 원을 반영할 계획이다(기존계획 대비 2,577억 원 증액).

  * 경쟁력 제고대책과는 별도로 일시적 수입증가로 피해를 입는 품목에 대해서는 피해보전직불금 및 폐업지원금 지원(2015년 예산에 2,032억 원 반영)

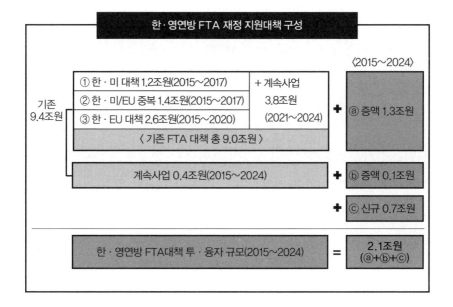

한·영연방 FTA 재정 지원대책 구성

기존 9.4조원	① 한·미 대책 1.2조원(2015~2017) ② 한·미/EU 중복 1.4조원(2015~2017) ③ 한·EU 대책 2.6조원(2015~2020)	+ 계속사업 3.8조원 (2021~2024)

〈 기존 FTA 대책 총 9.0조원 〉

계속사업 0.4조원(2015~2024)

〈2015~2024〉
+ ⓐ 증액 1.3조원
+ ⓑ 증액 0.1조원
+ ⓒ 신규 0.7조원

한·영연방 FTA대책 투·융자 규모(2015~2024) = 2.1조원 (ⓐ+ⓑ+ⓒ)

Ⅳ. 한·캐나다 FTA의 종합적 효과

한·캐나다는 양국 간 FTA 출범을 시작으로 호혜적인 협력강화를 통해 다음과 같은 결실을 맺게 된다.

첫째, 양국 국민 간의 특별한 우호 및 협력 관계를 강화하고 세계 및 지역 무역의 조화로운 발전 및 확대에 기여하며, 보다 폭 넓은 국제 협력의 촉매가 되고, 세계무역기구협정과 양 당사국이 당사국인 그 밖의 다자·지역 및 양자 간 협력(FTA) 하의 그 각각의 권리와 의무에 기초하여, 아시아·태평양 지역에서의 지역 통합을 증진한다.

둘째, 상호간의 영역에서 상품과 서비스에 대한 확장되고 확고한 시장과 새로운 고용 기회를 창출하고, 그 각각의 영역에서 근로 조건 및 생활 수준을 향상시키고, 한쪽 당사국 투자자의 다른 쪽 당사국 영역 내 투자에 대한 증진과 보호가 호혜적인 사업 활동의 촉진을 유도할 것이며, 무역에 대한 왜곡을 축소하고, 무역 관할을 위한 명확하고 투명한 규정을 수립하고, 사업 기획과 투자를 위하여 예측 가능한 상업적 체제를 보장하며, 세계 시장에서 그들의 기업의 경쟁력을 증진한다.

셋째, 환경에 관한 법과 규정의 집행을 향상시키고 환경 사안에 대한 협력을 강화하고자 하는 희망을 반영하여, 환경 보호와 보전에 합치하는 방법으로 각각의 절차를 진행하며, 노동자의 기본적 권리를 보호하고, 향상시키며, 집행하고, 노동 사안에 대한 협력을 강화하며, 지속 가능한 발전을 촉진한다.

넷째, 공공복지를 수호하기 위한 그들의 유연성을 유지하며, 문화협력을 증진하고, 양 당사국이 문화 정책을 보전하며, 발전시키고, 이행하기 위한 권리와 문화적 표현의 다양성 강화를 목적으로 그 문화 산업을 지원할 권리를 가진다는 것을 인정하며, 민주주의의 가치와 원칙을 존중한다.

V. 맺는말

우리나라는 OECD 국가 가운데 대외의존도가 매우 높은 무역국이다. 따라서 글로벌 세계시장에서 시장성과 경제성이 좋은 지역에 선제적으로 진입하여 수출시장의 교두보를 구축하는 일만이 우리와 우리의 후손들이 살아나갈 길이기 때문에 총력을 기울여야 한다. 한·캐나다 FTA 출범은 그러한 장구한 우리의 목적달성을 위해 커다란 첫발을 내디디게 된 것이라고 본다.

이미 체결된 한·미 FTA와 현재 협상이 진행 중인 한·멕시코 FTA를 통해서 북미대륙의 NAFTA시장에 완전히 진입하게 되었으며, 남미시장에서는 이미 출범한 한·칠레 FTA, 한·페루 FTA를 비롯하여 협상 타결된 한·콜롬비아 FTA를 위시하여, 협상 진행 중인 한·멕시코 FTA와 현재 검토 중인 한·MERCOSUR(남미공동시장: 브라질, 아르헨티나, 파라과이, 우루과이) 및 한·중미 FTA(CACM=Central America Common Market: 과테말라, 엘살바도르, 니카라과, 온두라스) 등의 협상을 성사시키면 거대한 남미대륙시장도 교두보 확보가 손쉬워진다.

그러나 이 모든 노력은 때가 있다. 바로 지금이 적기이며, 골든타임인 것이다. 왜냐하면 남미대륙시장은 주지하는 바와 같이 오래전부터 유럽국가들의 텃밭이었다. 그러나 지금은 유럽경제위기(이른바 'PIGS 위기')로 남미대륙까지 눈을 돌릴 겨를이 없다. 이것을 노리는 일본은 우리와 마찬가지로 남미대륙시장 진출에 눈독을 들이고 이미 일·칠레 FTA, 일·멕시코 FTA, 일·페루 FTA를 출범시켰고, 일·콜롬비아 FTA, 일·캐나다 FTA를 협상 중에 있으며, 미·일 FTA까지도 검토 중이다. 또한 중국도 늦게 시작하기는 했지만, 중·칠레 FTA, 중·페루 FTA, 중·멕시코 FTA를 이미 발효시켰고, 중·콜롬비아 FTA, 중·캐나다 FTA도 협상 중에 있다. 따라서 이러한 상황 속에서 우리나라가 약간 앞서기는 했지만 그 효과를 극대화하기 위해서는 한발 앞서서 진입해야 한다.

또한 선제적으로 FTAA(범미주자유무역지대=북미주 3개국+남미주 34개국=37개국) 등장에 선점 진입효과를 노려야 할 시기가 바로 지금이다. 우리는 때를 놓치지 말고 전략을 서둘러야 할 것이다.

[제28호] 2013. 12. 31.

창조경제의 의의와
주요 정책사례

I. 머리말

창조경제(Creative Economy)란 국민의 상상력과 창의성을 과학기술과 ICT[1](정보통신기술: Information and Communication Technology)에 접목하여 새로운 산업과 시장을 창출하고, 기존 산업을 강화함으로써 좋은 일자리를 만드는 박근혜정부의 새로운 경제정책 전략을 말한다.

다시 말하면, 창의적 아이디어가 과학기술과 정보통신기술(ICT)에 융합되어 새로운 산업과 일자리를 창출하게 되며 제조업, 서비스업, 농어업 등 산업 전반에 과학기술과 정보통신기술을 적용하여 경쟁력을 높이고 새로운 성장 동력을 육성하려는 전략이다. 또한 국민들의 상상력과 생활 속의 창의적인 아이디어가 새로운 제품과 서비스를 창출하게 하는

---

1) 정보통신기술(ICT: Information and Communication Technology)은 정보기술(IT)의 확장형 동의어로 통합 커뮤니케이션의 역할과 원거리 통신(전화선 및 무선 신호), 컴퓨터, 더 나아가 정보를 접근하고 저장하고 전송하고 조작할 수 있게 하는 필수적인 전사적 소프트웨어, 미들웨어, 스토리지, 오디오 비주얼 시스템을 강조하는 용어이다.

데 창조경제의 포인트가 자리 잡고 있다.[2]

창조경제(Creative Economy)라는 말은 산업화시대, 정보화시대, 지식기반경제를 이어 나아가는 새로운 경제 패러다임이며, 창조경제의 핵심 키워드는 창의성, 혁신성, 소비자, 지식재산권 보호 및 그 활용을 포함하는 내용이다.

영국의 경영전략가인 존 호킨스(John Howkins)는 그의 저서 『창조경제(The Creative Economy)』에서 "창조적 인간, 창조적 산업, 창조적 도시를 기반으로 한 새로운 경제전략 체제로서 창조적 행위와 경제적 가치를 결합한 창조적 생산물의 거래" 라고 창조경제를 정의하고 있다. 따라서 상상력과 창의성, 과학기술에 기반을 둔 경제운영을 통해 새로운 성장동력을 창출하고 새로운 시장과 새로운 일자리를 만들어 가는 정책이 곧 창조경제인 셈이다. 경제 운영 방식에 창의성을 접목시켜 더 나은 경제상황을 구축하고, 다양한 파생효과가 기대되는 이론이라고 할 수 있다. 또한 저자는 "창조경제란 새로운 아이디어, 즉 창의력으로 제조업과 서비스업, 엔터테인먼트 산업 등에 활력을 불어 넣는 경제정책의 개념" 이라고 덧붙이고 있다.

현대의 경제발전은 과학기술의 발전에서 나오고, 과학기술의 발전은 기업의 '창조적 파괴'[3] 과정을 거쳐 경제를 성장시키며, 창조적 파괴는 창조성에서 나온다. 그러므로 창조성 없이 경제발전은 없다. 이와 같이 창조성을 강조하는 경제를 '창조경제' 라고 한다.

창조경제에 대한 이해는 이론 및 학문 중심의 해석보다는 정부의 현실 정책 창출 또는 그에 수반하는 전략적 관점에서 고찰해야 하며, 이러한

---

2) 미래창조과학부, "창조경제, 박근혜정부의 경제전략", (2013. 10) 참조.

창조경제를 통일된 개념으로 해석하기에는 한계가 있다. 국가별 창조경제 정책에 있어서도 그 국가 자체의 경제발전 단계와 강점 산업분야가 무엇이냐에 따라 차이가 있기 때문에 창조산업 구성요소와 산업간 구분이 용이하지 않다.

　본고에서는 현재 우리 정부의 창조경제 내용을 요약하고 창조경제에 근거한 정부의 정책적 약속(목표)과 그 정책 효과를 전망하고자 한다. 그리고 주요국, 특히 영국의 사례를 중심으로 창조경제를 소개하며, 이와 더불어 우리에게 주는 시사점을 정리해 보고자 한다.[4]

II. 창조경제의 등장 배경

　지금까지 '창조경제'의 개념 및 내용에 대해서 살펴보았다. 다음으로 세계경제의 시대적 변화를 보면, 그동안 세계경제는 실물중심 산업경제(Industrial Economy)에서 정보·지식 중심의 지식경제(Knowledge Economy)로 전환하였으며, 최근 다시 창조경제(Creative Economy)로 패러다임 전환이

---

3) '창조적 파괴(creative destruction)'란 경제학자 슘페터가 기술의 발달에 경제가 얼마나 잘 적응해 나가는지를 설명하기 위해 제시하였다. 슘페터는 자본주의의 역동성을 가져오는 가장 큰 요인으로 창조적 혁신을 주창했으며, 특히 경제발전 과정에서 기업가의 창조적 파괴 행위를 강조하였다. 1912년에 발표한 〈경제발전론〉에서 슘페터는 이윤이 기업가의 혁신에서 발생되는 것이라고 하였다. 즉, 이윤은 혁신적인 기업가의 '창조적 파괴행위'로 인한 생산요소의 새로운 결합에서 파생되며, 이윤이란 바로 창조적 파괴행위를 성공적으로 이끈 기업가의 정당한 노력의 대가라는 것이다. 이후 다른 기업인에 의해 이것이 모방되면서 자연스럽게 이윤이 소멸되고, 새로운 혁신적 기업가의 출현으로 다시 사회적 이윤이 생성된다고 본다. 다시 말해 '기술혁신'으로서 낡은 것을 파괴·도태시키고, 새로운 것을 창조하고 변혁을 일으키는 '창조적 파괴' 과정이 기업경제의 원동력이라는 것이다.
4) KISTEP(한국과학기술기획평가원) 자료: "창조경제 개념과 주요국 정책분석, 2013. 3. 18." 참조.

진행을 가속화하고 있다.

2005년 8월 Business week는 창조경제 시대의 도래를 언급하면서, 앞으로 경제 패러다임은 지식(knowledge)에서 창조성(creativity)으로 그 중심축이 이동하는 창조경제 시대가 도래할 것이라고 내다보았다.

이러한 변화는 미국의 미래과학자 엘빈 토플러의 '물결이론'에서 제시한 '수렵사회 → 농업사회 → 산업사회→ 정보화 사회'로 전환의 연속선상에 위치하는 것을 의미한다. 창조경제의 등장은 농업사회에서 산업사회로의 전환에 버금가는 커다란 변화로 인식하는 것이다.

정보경제학을 발전시킨 미국 Colombia 대학 교수인 조셉 스티글리츠(Joseph Stiglitz)[5]는 미국의 1930년대 경제 대공황(Great Depression)은 농업경제에서 산업경제로, 현재의 경제 대침체(Great Stagnation)는 생산·지식경제에서 창조경제로 전환하는 패러다임 전환시기라고 말한다.

'물결이론'에서 말하는 사회진화 패러다임의 변화는 〈그림 1〉에서 보는 바와 같다.

〈그림 1〉 기술혁명과 사회 진화 패러다임의 변화

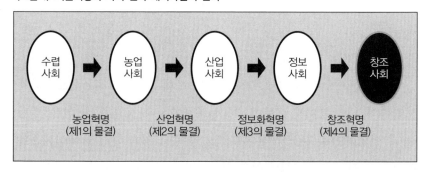

5) 조셉 스티글리츠(Joseph Stiglitz), 1943~, MIT 경제학박사. 정보경제학을 발전시킨 미국 Colombia대학 교수로 비대칭 정보 시장이론 등 현대 경제학의 새로운 영역을 개척한 공로로 2001년 노벨경제학상 수상.

창조경제 등장의 배경을 검토하면 다음과 같다.

등장배경 1

세계적 장기 경제침체 극복을 위한 신성장동력 창출과 일자리 문제 해소를 위한 새로운 경제체제의 본격적 모색을 도모한다.

등장배경 2

창의적 아이디어 기반의 소프트웨어가 경제발전의 새로운 동인(動因)으로 등장하고, 대표적 창조기업인 Apple, Facebook 등은 기술, 사용자 생태계 기반의 혁신적 시장을 구축한다.

등장배경 3

주요국 과학기술의 경쟁 심화와 자국 기술 보호 정책의 강화 등 혁신적 기술의 중요성 증가에 따른 새로운 성장동력을 모색하게 되었는데, 최근 우리나라 과학기술 경쟁력이 향상되고 수출품이 첨단기술과 디자인을 접목한 제품으로 전환되는 등 선진국들의 강력한 잠재 경쟁국으로 등장함에 따라, 지속가능한 국가 성장을 위해서는 독창적 기술 확보의 중요성이 증가하고 있다.

우리 기업이 연관된 국제 특허 소송 가운데 77.5%(2007~2012.7)가 피소 사건이며, 대상 분야도 IT분야가 66% 수준으로 가장 높으나, 섬유, 철강 등 타 산업분야로 점차 확대되고 소송 건수도 지속 증가가 예상되는데 이것 역시 잠재경쟁 격화에 따른 현상이라 할 수 있다.

Ⅲ. 우리정부의 창조경제 개념 요약[6]

정부의 창조경제는 국민, 청년, 출연 연구기관, 벤처·중소기업, 대기업, 정부 등 모든 당사자들이 함께 참여하는 경제 전략이다.

국민(생활 속 혁신의 주체)

아이디어 구체화, 지식재산화, 사업 컨설팅, 창업자금 지원과 같이 아이디어를 기반으로 하는 창업지원이 활성화되면 창의적 아이디어나 기술을 가진 국민이면 누구나 지식재산을 창출하고 사업화에 도전하여 새로운 시장을 창출할 수 있다.

청년(도전정신을 갖춘 창조적 인재)

꿈과 끼, 실패를 두려워하지 않는 도전정신과 기업가정신을 갖춘 젊은 인재들이 대학과 사회가 제공하는 창업 공간, 창업 자금, 창업 컨설팅, 산학 협력 등을 통해 과감하게 도전하여 우리 경제의 주역으로 성장하도록 한다.

출연 연구기관(창조경제의 견인차)

신약개발, 줄기세포, 뇌과학, 나노소재, 나노에너지, 원자력, 신재생에너지, 온실가스 저감기술, 우주기술, 'IT- BT- NT- ET' 기술[7] 간 융합 등

---

6) 미래창조과학부, "창조경제, 박근혜정부의 경제전략, 2013. 10." 참조.
7) IT(정보기술), BT(생물공학기술), NT(나노기술=10억분의 1 미터의 초정밀을 의미, 나노미터의 가공 정밀도를 갖는 초정밀 제어 기술), ET(환경 기술) 등을 말한다.

국가의 미래를 책임질 핵심기술 등을 개발하고, 연구 결과의 사업화를 지원한다.

벤처 · 중소기업(창조경제의 주역)

'창업→성장→회수→재투자'의 선순환적 생태계와 원칙이 바로 선 시장경제에서 기술력을 갖춘 벤처 · 중소기업들이 대기업과 공정하게 경쟁하고 세계시장으로 진출하며 경제성장과 양질의 일자리 창출을 주도하는 창조경제의 주역이 된다.

대기업(창조경제의 선도자)

세계시장을 선도할 제품과 서비스를 만들어내고 창의성과 잠재력 기준의 인재 채용, 중소기업의 생산성 · 기술력 제고 지원, 기술 사업화 투자 확대 등을 통해 중소기업과 함께 세계시장을 선도해 나간다.

정부(창조경제 실현의 조력자)

정부의 각 부처 간 칸막이 없애기, 정부–국민–기업 등 경제주체 간의 협력을 통해 창조경제 실현의 조력자로서 역할을 다한다.

Ⅳ. 창조경제 실현을 위한 정부 약속(정책목표)

창의성이 정당하게 보상받고 창업이 쉽게 되는 생태계를 조성한다

창업과 시장 개척에 걸림돌이 되는 장애물을 없애고 아이디어와 지식이 안전하게 유통될 수 있도록 지식재산권 제도를 정비하며, 실패해도 재도전할 수 있게 한다.

벤처 · 중소기업이 창조경제의 주역으로 우뚝 서도록 한다

벤처·중소기업이 커서 성장해 나가도록 세제와 자금을 지원하고, 중소기업이 세계적 기업으로 성장하는데 필요한 도움을 주며, 대기업과 중소기업이 경제성장의 열매를 함께 나눠가질 수 있게 한다.

새로운 산업과 시장을 키워 미래의 성장동력을 만든다

문화, 보건, 농업, 해양과 같은 기존 산업에 창의적 자산인 기술과 지식을 융합시켜 새로운 제품과 서비스를 만들고, 과학기술과 정보통신기술을 활용하여 성장동력을 만든다.

꿈과 끼, 도전정신을 갖춘 글로벌 창의 인재를 양성한다

도전정신과 기업가정신을 갖춘 창의적 인재를 키우고, 우리의 인재들이 해외에 진출해 역량을 발휘할 수 있도록 적극 지원하며, 열린 자세로 해외의 인적자원을 최대한 활용할 수 있게 한다.

창조경제의 기반인 과학기술과 ICT 혁신 역량을 강화한다

우리의 과학기술과 ICT 역량을 세계 최고 수준으로 끌어올리기 위해 투자를 늘리고, 세계 최고의 인터넷 · 네트워크 환경을 구축하여 지식과 아이디어가 교류하게 한다.

국민과 정부가 함께 하는 창조경제 문화를 조성한다

상상력과 아이디어를 자유롭게 표현하고 도전하는 사회 분위기를 만

들고, 국민에게는 공공 정보를 활용하여 새로운 가치를 창출할 수 있는 기회를 주며, 각 부처 간 칸막이를 없애는 등 정부의 일하는 방식을 혁신하여 국민과 정부가 함께 일하는 토양을 다진다.

V. 사례로 보는 창조경제 모습

창의적 아이디어가 정보통신기술을 만나 새로운 제품과 서비스 창출

A업체는 스마트폰을 이용하여 설문조사를 하는 아이디어를 산업화하여, 기존보다 저렴하고, 빠른 결과분석으로 실시간 시장 트렌드를 확인할 수 있는 새로운 설문조사 서비스를 창출한다.

창의적 아이디어가 과학기술을 만나 새로운 시장 창출

국내 A대학 학생들이 학교의 창업 지원을 통해 기존 과학기술과 '실내에서도 필드와 같은 라운딩 환경 제공'이라는 아이디어를 결합해 스크린 골프 산업을 창출한다.

과학기술과 정보통신이 기존 산업에 스며들어 산업 전반 경쟁력 향상

국내 조선사와 대학이 공동연구를 통해 기존 선박에 정보통신기술을 접목, 운항정보를 실시간 모니터링하여 최적의 운항 경로를 설정하고, 탄소배출을 절감하는 '스마트 선박'을 개발, 우리의 대표 산업인 조선 산업의 재도약을 가져오게 한다.

국민의 상상력과 창의적 아이디어가 새로운 상품과 서비스를 창출

국내 B대학 학생은 청년 창업 프로젝트를 통해 출력물 위 · 아래에 기업광고를 삽입하여 대학생들이 무료로 출력서비스를 이용할 수 있는 아이디어로 학생들의 인쇄물 출력비용을 절감한다.

VI. 영국 정부의 창조경제 정책 사례
(8대 분야 26개 정책과제) [8]

영국은 1997년 토니 블레어(Tony Blare) 총리 내각 출범 이후 국가 이미지 제고와 국가경제 활성화를 위해 창조경제에 대한 연구와 정책을 지속적으로 추진하였다.

영국정부는 1998년 '창조적 영국(Creative Britain)'이라는 경제정책을 선포하고, 창조성을 기반으로 하는 산업 들을 적극 지원함으로써 국가경쟁력을 키우겠다는 전략을 발표하였다. 즉, 문화 · 미디어 · 스포츠 부(Dept. of Culture, Media, Sport)는 창조경제를 '개인의 창조성, 기술, 재능 등을 기반으로 지식재산을 생성 · 활용하여 경제적 가치와 일자리 창출 잠재성이 있는 산업들로 구성된 경제체제'를 그 내용으로 하고 있다.

창조경제 핵심에는 지식재산권이 창조적 행위를 창조산업으로 변환시키는 촉매 역할을 수행한다고 하였다. 그 후 2008년 영국 고든 브라운(Gordon Brown) 총리는 향후 10년 비전을 제시하면서 영국이 당면한 도전은 세계화, 안보, 환경 등 3가지라고 지적하고 과학, 혁신, 창조산업, 금융산업 등에서 영국의 강점을 살리기 위한 정부 개혁을 강조하고, 그 해

---

8) 자료출처: "창조의 전략, 창조화시대의 경영노하우", 노무라종합연구소(野村總合硏究所), 東京.

4월 영국 창조경제 업그레이드를 위해, 관련 정부기관과 단체들이 중장기적으로 수행해야 할 'Creative Britain; New Talents for the New Economy'를 발표하고 8개 부문 26개 정책 과제를 확정 발표하였는데 그 개요는 다음과 같다.

창조교육 실시

정책과제 1 — 재능 발견(Find Your Talent) 프로그램 지원

영국정부는 향후 3년간 2,500만 파운드(약 509억 원)를 투입, 아동과 청소년들이 문화활동을 1주일에 5시간 체험할 수 있도록 지원한다.

일자리로의 재능 전환

정책과제 2 — 재능 경로 제도(Talent Pathway Scheme) 운영

영국정부는 재능 있는 청년들이 창조산업 일자리를 갖도록 관련 정보를 제공하고, 멘토링을 실시하며, 전국적으로 '기술캠프(skills camp)'를 운영한다.

정책과제 3 — 다양한 창조 인력 육성 활동 장려와 모범사례 확산

문화미디어체육부(DCMS)는 비정부공공기관(NDPB)과의 협력을 통해 기업에 다양한 배경을 지닌 인력 채용 장려 및 모범 사례를 확산시킨다.

정책과제 4 – 산학협동 연구 장려

영국정부는 학생들이 창조경제에 효과적으로 기여 가능한 기술 습득을 위해 산학의 긴밀한 관계 구축으로 '기술공급(skill provision)' 격차를 좁히고 상호 이익이 되는 협동연구 수행을 장려한다.

정책과제 5 – 혁신적 창조학습 장소 설립 장려

영국정부는 고용주들과 기술공급자에게 관련 장소 설립을 장려한다.

(예; 전국기술아카데미(NSA), 컴퓨터게임우수성센터(CECG) 등)

정책과제 6 – 아카데믹 허브(Academic Hub) 영향 분석

영국정부는 학교들 간 창조교육 협력을 지원하고 청년(14~25세) 대상 '엔드-투-엔드(end-to-end)' 창조기술 개발을 장려하는 '아카데믹 허브(Academic Hub)'의 영향을 분석한다.

정책과제 7 – 견습생 제도(Apprenticeship) 도입을 위한 법적·제도적 환경 마련

영국정부는 2013년까지 매년 5,000명의 인력 배출을 위한 견습생 제도를 도입한다.

연구 및 혁신 지원

정책과제 8 – 창조산업 발전 프로젝트 추진

기술전략위원회(TSB)는 1,000만 파운드(약 204억 원)를 투입, 기업들이 전문지식을 공유하고 새로운 아이디어·제품·공정·서비스의 공동개발을 통한 창조산업을 발전시키는 프로젝트를 추진한다.

정책과제 9 ― 창조적 혁신가 성장(Creative Innovators Growth) 프로그램 추진

국립과학기술예술재단(NESTA)은 300만 파운드(약 61억 원)를 투입, 창의력을 보유한 중소기업에 맞춤형 지원을 제공하는 상기 프로그램을 추진한다.

정책과제 10 ― 기술 이전 네트워크(Knowledge Transfer Network) 구축

기술전략위원회(TSB) 주도로 창의력을 보유한 중소기업에 기술전문가, 공급업체, 고객, 대학, 연구기술기관 등을 연계해 전문지식과 정보 제공을 도모한다.

정책과제 11 ― 창조산업 계량화 연구 추진

혁신대학기술부(DIUS)는 창조산업의 경제적 혜택, 혁신에 의해 창출되는 부가가치를 중심으로 정확한 계량화 연구를 추진한다.

자금 및 성장 지원

정책과제 12 ― 창의적 중소기업에 벤처캐피탈 제공

잉글랜드예술위원회(ACE)는 지역개발청(RDA)과 공동으로 예술적 우월성과 상업적 잠재력을 결합한 창조경제 프로그램의 목적이 달성될 수 있도록 창의력적 중소기업에 벤처캐피탈을 제공한다.

정책과제 13 – 문화 리더십 프로그램 추진

지역개발청(RDA)은 영국 남서부·남동부·북서부·북동부 및 웨스트미들랜드 지방에서 창조산업 지역 거점 네트워크를 구축하고, 창의적 중소기업들에 교육과 훈련을 실시한다.

정책과제 14 – 기업자본기금(Enterprise Capital Fund) 활성화

영국정부는 동 기금으로 투자흐름이 촉진되는 환경을 조성하고, 창의적 중소기업들이 이쿼티 파이낸싱(Equity Financing) 과정에서 직면하는 문제에 대한 경제적 분석을 실시한다.

지식재산 장려 및 보호

정책과제 15 – 불법파일 공유 공동대응 의무화 법령 제정

영국정부는 인터넷 서비스 제공업체와 지식재산권 보유자가 불법 파일공유 공동대응 의무화하는 법령을 제정하고, 관련 제도를 정비한다.

정책과제 16 – 효과적으로 지식재산이 보호·장려되는 활동계획 수립

영국특허청(UK-IPO)은 전국우수성센터(NCE)가 지재권과 관련된 문제를 각 지역에서 집행할 수 있도록 '전문가정책자원(expert policy resource)'을 허용하는 등 혁신을 통해 지식재산이 보다 효과적으로 보호·장려되는 활동계획을 수립한다.

정책과제 17 – 지식재산 가치와 중요성에 대한 일반 국민 인식 제고

영국정부는 학교 교과과정과 공공 캠페인 등을 통해 상기 활동을 추진한다.

창조 클러스터(그룹) 지원

정책과제 18 — 지역 창조경제 전략적 프레임워크(Regional Creative Economy Strategic Framework) 시범 구축

지역개발청(RDA)은 문화단체와 함께 영국 북서부와 남서부지역에서 창의력을 보유한 중소기업을 지원한다.

정책과제 19 — 미래 시장 개발을 저해하는 장애물 검토와 제거

영국정부는 온라인 비디오 게임, 비디오·음반 유통, 사용자 제작 콘텐트 보급, 차세대 브로드밴드 투자에 대한 미래 시장 저해 및 장애물을 검토 제거한다.

정책과제 20 — 지방 인프라 메뉴(Menu for Local Infrastructure) 개발

영국정부는 지방정부협회(LGA)와 지역개발청(RDA)을 통해 각 지방당국 창조허브 구축 정책 우선순위를 설정한다.

정책과제 21 — 도시기업 창조 허브인 혼합 미디어 센터(Mixed Media Centre) 설립

영국영화위원회(UKFC)는 잉글랜드예술위원회(ACE) 및 인문과학연구위원회(AHRC)와 공동으로 맨체스터콘하우스와 타이네사이드시네마 같은 도시기업 창조허브를 설립한다.

글로벌 창조허브 구축

정책과제 22 – 공연장 안전성 강화

영국정부는 라이브뮤직포럼(LMF) 권고에 따라 공연장 안전성을 강화
한다.

정책과제 23 – 창조산업 역량 향상 5개년 전략 추진

영국교역투자청(UKTI)은 글로벌 무대에서 혁신적 · 역동적 역량을 인
정받는 5개년 전략을 선도한다.

정책과제 24 – 세계 창조기업 컨퍼런스(회의) 출범

영국정부는 다보스경제포럼을 벤치마킹해 전 세계창조산업과 금융
부문 지도자들이 참석하는 연례 세계 창조기업 컨퍼런스를 2009년 출범
시킨다.

정책과제 25 – 전국에서 개최되는 각 지역 축제와 상호 이익관계 구축

영국정부는 런던 및 기타 파트너와 공동으로 런던 창의축제를 지원하
고, 이들 축제가 미들스버로 국제 애니메이션제와 버밍엄 국제영화제 등
전국에서 개최되는 각 지역 축제와 상호이익의 관계를 구축한다.

전략 업데이트

정책과제 26 − 인터랙티브 웹사이트 구축

영국정부는 창조 부문에서의 기술과 수요 등 급격한 변화에 유연하게 대처할 수 있도록 인터랙티브 웹사이트를 구축하여 이해관계자들의 견해를 수렴하는 등 위의 25개 전략의 최신성을 유지하도록 한다.

VII. 우리정부의 창조경제 특징과 전략

특징

우리정부는 '일자리 중심의 창조경제' 를 국정 비전인 '국민 행복, 희망의 새 시대' 달성을 위한 첫 번째 국정목표로 제시하였다.

우리나라는 해외 원조를 받는 세계 최빈국에서 세계무역 순위 8위('12년 기준), G20 정상회의 개최국 등 놀라운 경제성장과 국격 제고를 이루었다. 그러나 세계 최고수준의 저출산, 고령화, 저성장 등과 함께 성장동력이 멈춰 있다는 문제의식을 기반으로 경제 위기 타개책이 제시되었다.

2012년 8월 창조경제론, 2012년 12월 공약집, 2013년 2월 국정과제 등을 통해 미래의 우리나라 경제를 이끌어 갈 새로운 경제발전 패러다임으로 '창조경제' 개념을 구체화하였다.

핵심가치를 과학기술과 인적자원으로 제시하고 우리나라 미래 경제를 이끌고 세계시장을 선도하기 위한 추격형 경제에서 선도형 경제로의 패러다임을 전환한다. 또 과학기술 등 모든 분야에 상상력과 창의성을 접목하여 산업 융합 촉진을 통해 새로운 성장동력과 시장, 특히 일자리를 창출하기 위한 정책을 시행한다.

정부는 일자리 중심의 창조경제 구현을 위해 7대 실천전략 제시했는데 이를 요약하면 다음과 같다.

7대 실천전략

① **전 산업에 국민행복기술을 적용하여 새로운 시장과 일자리 창출**: 국민행복기술 중에 과학기술, 특히 ICT기술을 산업 전반에 적용하고 융합해서 새로운 성장동력과 일자리를 창출하는 스마트 뉴딜 정책을 우선 시행한다.

② **소프트웨어 산업을 새로운 성장동력으로 육성**: 소프트웨어 경쟁력도 높여 하드웨어–소프트웨어–디자인-콘텐츠 등을 융합 강화하고, 경쟁력 있는 기업생태계를 구축한다.

③ **개방과 공유를 통한 창조정부 실현**: 창조경제 구현을 위한 선결 과제로 창조형 정부로의 전환을 위한 국가 클라우드 컴퓨팅 센터의 방대한 지식정보를 체계적으로 분류하고, Big Data 등을 활용, 미래전략 시스템을 구축한다.

④ **창업국가 코리아 건설**: 창의적 아이디어가 기술과 결합되고, 지식재산권으로 발전하면서 일자리가 창출되고, 창조형 중소기업이 꽃을 피우는 국가를 건설한다.

⑤ **창조경제에 부합하는 스펙초월 채용시스템 구축**: 창조경제는 막대한 자본을 가진 대기업이 아니라도 젊은 인재들이 작은 단위에서도 본인들의 꿈과 끼를 마음껏 발휘할 수 있는 체계로 인간이 열정과

창의성으로 평가받는 사회를 이룩한다.

⑥ **대한민국 청년이 세계를 움직이는 K-move 시작:** 벤처, 중소기업들과 우리 청년들이 글로벌 시장을 개척하고, 글로벌 시장에서 일자리를 찾아가는 'K-move'를 시작하도록 한다. 그리고 이스라엘 요즈마 펀드를 벤치마킹하여, 해외 벤처캐피탈을 적극 유치하고 우리 벤처기업들의 해외진출을 적극 지원한다.

⑦ **미래창조과학부 신설:** 우리 경제가 나가야 할 창조경제 기반인 과학기술분야를 책임질 부처를 신설하여 창의적 융합인재 육성, 미래 선도 연구 지원, 지식생태계 구축과 보호를 위한 법제도 지원 등을 담당한다.

Ⅷ. 맺는말

지금까지 새 정부의 '창조경제'의 개념, 내용, 등장 배경, 영국의 창조경제 정책 사례, 그리고 정부 창조경제의 특징과 전략을 알아보았다. 앞으로 창조경제의 기틀을 공고히 하고 이를 발전시키려면 대략 다음과 같은 방향으로 전략과 정책을 이끌어 나아가야 할 것으로 생각된다.

정부의 창조경제는 상상력과 창의성, 과학기술에 기반을 둔 경제운용을 통해 새로운 성장동력, 시장, 일자리를 만들어 나가기 위한 정책으로, 기존 정책과 비교하여 관련 생태계와 과학기술 역할과 창업을 강조하고 있는데 앞으로 효율적 정책설계와 추진을 위해서 명확한 정책범위 설정이 필요하다. 정부의 창조산업에서 창조의 대상과 범위는 제품, 서비스, 시스템뿐만 아니라 경제적 가치 창출과 일자리로 확대하고 이들의 창출이 가능한 모든 산업을 창조산업으로 확대하는 것이다.

신성장동력(문화콘텐츠·소프트웨어·인문·예술 등), 사회이슈 해결(고령화·에너지 등 당면 이슈 등), 실용기술 활용(사업자·창업 아이디어 실현 등), 과학기술서비스(빅데이터·초고성능 컴퓨팅 활용), 거대·전략기술 기반산업(우주발사체·인공위성·대형 가속기, 원자력 등)을 창조산업 관련 국정과제에 제시하고 있다. 따라서 ICT 기반 우수 신융합기술 개발을 위해 ICT 적용 도메인 지식이 풍부한 중고급 핵심인력 양성 등 인력 양성 선순환 체계 구축을 통해 융합기반을 강화해야 할 것이다. 그리고 성장단계 및 경로별 중소·중견기업 육성 체계를 정비·강화하고, 신융합기술과 미래성장동력을 동반 육성하며, 창의적 도전연구 및 연구자 자율성을 강화하도록 하여야 할 것이다.

새 정부가 제시한 7개의 창조경제 핵심전략에서 구심점인 혁신생태계 진화를 위한 정부의 혁신은 매우 중요한 요소로서 창조경제의 비전 달성을 위한 정책추진력 확보를 위해 무엇보다 관련 부처 간 원활한 커뮤니케이션 채널 및 의사결정시스템 확보가 중요하다.

정부는 이러한 생태계 기반 조성을 위해 그동안 정부 R&D(연구개발투자)를 통해 축적된 다양한 지식자산을 공개·활용하는 등 생태계 조성 기반을 제공하는 동시에 혁신의 원동력이 민간부문에 있음을 직시하고, 민간기업의 연구개발 투자 확대, 세제지원 및 금융지원 확대, 기업가정신 교육 강화 등 창조와 혁신의 촉진자 역할을 강화하여야 할 것이다.

한·중 FTA 추진 의의와 기대효과

Ⅰ. 머리말

중국의 경제변화와 한·중 FTA

한·중 FTA 논의는 최초 2004년 9월 ASEAN+3[1] 경제장관회의를 계기로 당시 한·중 통상장관회담에서 민간공동연구 개시 추진에 합의함으로써 공식적으로 시작되었다. 그 후 2006년 11월 17일 APEC 각료회의[2]를 계기로 양국 통상장관회의에서 한·중 FTA 산관학(産官學) 공동연구를 2007년부터 개시하기로 합의한 이래 이 산관학 공동연구회가 제1차(2007년3월, 북경), 제2차(2007년7월, 서울), 제3차(2007년10월, 중국 위해), 제4차(2008년2월, 제주), 제5차(2008년6월, 북경)로 양국 간을 오가며 개최되어 왔다. 그리고

---

1) ASEAN(Association of South-East Asian Nations=동남아시아국가연합): 태국, 인도네시아, 싱가포르, 필리핀, 말레이시아, 브루나이, 베트남, 라오스, 캄보디아, 미얀마 등 10개국으로 이루어진 동남아시아 경제협력기구. 1967년 8월 설립. 그 후 여기에 한국, 중국, 일본 3개국을 추가해서 'ASEAN+3' 이라 지칭.
2) APEC(아시아 태평양 경제협력체): 호주, 브루나이, 캐나다, 칠레, 중국, 홍콩, 대만, 인도네시아, 일본, 한국, 말레이시아, 멕시코, 뉴질랜드, 파푸아뉴기니, 페루, 필리핀, 싱가포르, 태국, 베트남, 미국, 러시아 등 21개국이 참여하고 있는 경제협력체. 1989년 11월에 설립.

2010년 2월에 한·중 FTA 산관학 공동연구 수석대표 간 협의를 거쳐 2010년 5월 서울 양국 정상회담에서 두 정상 임석하에 양국 통상장관 간의 산관학 공동연구 종료 양해각서 서명이 이루어졌고, 드디어 2012년 5월 2일 북경에서 한·중 FTA 협상 개시 선언을 하기에 이르렀다. 이후 양국 FTA 협상이 제1차부터 이번에 이르기까지 회담장소를 양국으로 옮겨가며 진행해 왔다(한·중 양국정상은 2014. 11. 10. 베이징 정상회담에서 한·중 FTA 협상 실질적 타결을 공식 선언했음).

중국은 1980년대 개혁개방 이래 지난 30여 년간 고도성장을 지속하면서 경제대국으로 발돋움해 오고 있다. 이제 중국의 경제규모가 일본을 넘어섰고, 미국의 46%(2011년) 정도이지만, 제조업 부문만 따지면 GDP의 40%인 2조 달러로서, 미국의 1.8조 달러보다 크다. 이런 점에서 보면, 제조업으로 먹고사는 한국 등 여타 아시아 국가들에게는 그 중요성이 매우 크게 자리매김하고 있다. 이미 자동차, TV 등에서 중국시장은 미국을 제쳤다. 또한 선진국은 경제침체가 예상되는 반면, 금융 위기 대응으로 중국이 투입한 재정지출은 2,500억 달러로 한국 GDP의 25%에 달한다. 이러한 내수 회복 정책의 수혜가 한국기업에게 돌아오고 있다. 한국의 對중 무역은 對미, 對일 무역을 합친 것보다 크다. 최근 중국은 순수출의 성장기여도가 감소한 대신 내수의 기여도가 상승하였고, 인플레이션이 잡혀가고 있는 등, 중국경제의 성장추세는 중국 당국의 통제 가능한 범위 안에 있는 것으로 보인다. 이렇게 볼 때 향후 중국경제의 거대한 내수시장 확장을 한국이 어떻게 활용할 것인가의 문제가 한국경제의 재도약을 위한 관건이라고 지적할 수 있다.

한·중 FTA 논의가 속도를 내지 못하고 있는 데는 몇 가지 이유가 있다. 표면적으로는 양국 간 경제협력의 규모가 큰 만큼 FTA가 초래할 경제적 불확실성에 대한 우려도 매우 크기 때문이다. 특히 한국은 농업 및 일부 제조업 부문의 충격을 우려하고 있으며, 중국은 일부 제조업 부문의 충격을 우려하고 있다.

한편, 정치적 동기도 최근 강하게 작용하고 있는데 여기에는 한·미 FTA가 순조롭게 먼저 성사된 점이 중국 측으로 하여금 한·중 FTA에 대한 적극적 자세를 보이게 하는 효과가 있다 하겠다.

더욱이 최근 한·중 FTA가 주목 받게 된 것은 몇 가지 새로운 상황 전개와 관련이 있다. 우선 2008년 이후 글로벌 경제위기의 발생으로 야기된 미국 등 선진국 시장의 침체에 대비해서 중국시장의 중요성이 커졌다는 점이다. 특히 한국 기업들이 중국시장을 단순한 재수출용 공장기지 정도의 위상에서부터 탈피하여 중국 자체의 내수시장을 목표로 하는 대전환이 이루어지기 시작했다는 점이다. 이 경우, 종래에는 재수출을 전제로 부가세를 환급받았으나, 이를 내수로 전환하는 경우, 이런 환급을 받지 못하게 되어 추가비용이 발생하고, 이를 FTA에 의한 관세인하로 상쇄하여 보상적 수혜를 받는 것이 매우 절실하게 요구되는 상황이 발생한 것이다. 그렇지 않으면 장부상으로 홍콩에 수출하였다가 재수입하는 번잡한 삼각무역구도의 편법을 써야하는 상황이다. 즉, 크게 보아 중국경제가 수출에서 내수 위주로 바뀌는 것은 다른 어떤 나라보다 상대적으로 중국내에 공장을 많이 가지고 있는 한국 기업에게 큰 기회이며 이를 잘 활용하기 위해 양국 간 FTA가 결정적 계기가 될 수 있다. 현재 세계 주요 국가 가운데 한국은 중국 소비자들이 적극적으로 사고 싶어 하는 물건을 만들 수 있는 대상 국가이다. 이런 상황을 최대한 활용하기 위해 세심하게 접근할 필요가 있다.

한편으로 한국산 부품소재가 일본제품을 대체하기 시작한 지금이 적기라고 판단되는 것이다. 또 한 가지 더 고려할 요소는 대만과 본토 중국이 이미 자유무역협정(FTA)을 2010년에 체결하였다는 점이다. 대만과 한국은 똑같이 중국에 중간재를 수출하는 무역구조이고, 양국 생산품의 대체성을 고려할 때 한국기업은 관세면에서 상대적으로 불리한 위치에 놓여 있었는데, 이제 이를 커버하기 위해서도 한·중 FTA 체결은 시급한 입장에 있다.

한·중 FTA와 관련하여 한국이 고려해야 할 비용은 무엇보다도 농산물과 또 경쟁력이 약한 중소기업이다. 그런데 농산물에 대해서는 최근 중국의 몇몇 기 체결 FTA 사례(대만 및 동남아)에서 농산물 등 민감품목은 대상에서 제외한 선례가 있기 때문에 이를 활용하여, 한국도 그러한 방식의 FTA를 추진하는 것이 바람직하며 그 가능성도 또한 있다고 본다. 농산물과 중소기업은 이미 한·중 FTA 외에도 그동안 이미 추진된, 유럽, 미국, 동남아, 칠레 등과의 FTA에서 영향을 받고 있는데, 이러한 비용발생 부분에 대해서는 이득 발생 부분에서 나오는 편익을 근거로 적절한 보상과 동시에 이런 위기를 새 도약의 기회로 삼을 수 있는 경쟁력 강화 및 구조전환 정책이 필요한 것이다. 그러나 한·중 FTA 체결은 증가일로에 있는 한국의 對중 의존도를 더 심화 시킬 것이 확실하다. 그럼에도 불구하고 확대되어 가고 있는 중국시장을 최대한 신속히 활용하는 데에 초점을 맞추어 나아가는 것도 시급한 과제가 된다. 더구나 한국의 대외의존도[(수출+수입)/GDP]가 90%를 상회하는 현실에서 볼 때, 중국시장은 매우 중요한 지역이다.

중국의 국가경제 현황

중국의 2011년도 국내총생산(GDP)은 〈표 1〉에서 보는 바와 같이 7조

290억 달러로 한국의 6.1배이다. 그러나 1인당 GDP는 5,414달러로 한국의 22,490달러의 1/4 수준이다. 같은 해 중국의 경제성장률은 9.2%로 한국(3.6%)의 2.5배가 넘는 고도성장률을 나타내고 있다. 물가는 거대 경제규모에 비해 비교적 안정돼 있어 한국(4.2%)과 별 차이가 없다. 경상수지는 2,010억 달러로 한국의 7.7배나 되며, 무역규모(수출+수입)는 같은 해에 3조 5,641억 달러로서 한국의 1조 743억 달러의 3.3배나 된다. 따라서 무역수지도 중국은 2,436억 달러로서 한국의 311억 달러의 7.8배나 된다.

또한 세계 최대의 외환보유국으로서 보유액이 3조 2,027억 달러에 이르며, 이는 한국의 3,043억 달러보다 10배나 많다. 인구는 13.5억 명으로서 한국(4,890만 명)의 27배가 넘고, 면적도 956만km²로 한반도의 43배가 넘기 때문에 세계 거대시장의 요건을 완전히 갖추고 있는 대국이라 말할 수 있다.

〈표 1〉 중국의 국가개황

경제지표			2009	2010	2011	한국 (2011년도)
국내경제	GDP	억 달러	50,695	58,241	70,290	11,400
	1인당 GDP	달러	3,749	4,429	5,414	22,490
	경제성장률	%	9.2	10.4	9.2	3.6%
	재정수지/ GDP	%	−2.4	−1.5	−0.1	1.5
	소비자물가상승률	%	−0.7	3.3	5.4	4.2%
대외거래	경상수지	억 달러	2,610	3,053	2,010	262
	상품수지	억 달러	2,495	2,542	2,436	311
	수출	억 달러	12,038	15,814	19,038	5,527
	수입	억 달러	9,543	13,272	16,603	5,216
	외환보유액	억 달러	24,160	28,661	32,027	3,043
인구 (면적)	인 구 (면 적)	억 명 (천km²)	13.3 (9,561)	13.4 (9,561)	13.5 (9,561)	4,890만 명 (한반도의 43배)

※ 자료출처: 한국수출입은행, 2012.7.1.

한 · 중 FTA의 특징

한국과 중국은 오늘날 EU 사회가 그랬던 것처럼, 역사적으로 오랫동안 지리적 인접성과 문화적 동질성을 공유해 오면서 서로 통내하고 같은 울타리 안의 역사 환경 속에서 살아오고 있다. 이러한 환경 속에서 자유무역협정(FTA)을 체결한다는 것은 너무나 필연적이고 자연스러운 일이다.

우선 문화적 동질성에 대해서 살펴보자.

문화의 개념은 언어문자, 종교, 사회적 사상과 가치관 등이 주요 요소라 할 수 있다. 양국 국민은 동일한 한자문화권에 살고 있으면서 오랫동안 불교문화와 유교적 사회가치관을 공유하고 있다. 이러한 점은 국제무역거래에 있어서 보이지 않는 무역장벽을 태생적으로 제거해 주는 커다란 장치라고 볼 수 있다.

일반적으로 FTA의 원론적인 경제적 의의와 개념에 대해서는 이미 필자가 본고 「左水營」 논단[3]을 통해 여러 차례 언급하였으므로 여기서는 이를 생략하기로 하고, 다만 일반적 경제효과로서 무역창출효과 및 무역전환효과를 가져오게 된다는 점과 또 교역조건의 개선효과, 규모의 경제효과, 역내기업의 경쟁력 강화효과, 역내 신투자 · 신기술의 유발효과, 대외협상력 제고를 가져오게 되어 무역상생효과를 얻게 된다는 점을 다시 한 번 상기하고 강조하는 것으로 대신하고자 한다.

그러나 다른 한편으로 현실적인 협상접근을 하는 데는 산업별 이해관계 차이로 인해 앞으로 광범위한 심층분석과 대응이 필요할 것으로 보인다.

또 한 가지 중요한 사실은 한 · 중 FTA는 동아시아 주변국에 큰 변화를

---

3) 좌수영 제26호 p.146, "한 · 미 FTA 출범과 한국경제의 기대효과", 좌수영 제25호 p.157, "한 · 페루 FTA 체결과 기대효과", 좌수영 제24호, "한 · EU FTA 출범이 한국경제에 미치는 영향".

유발하게 된다는 점이다. 한국과 주력 수출품목이 유사한 대만과 일본의 입장에서 보면, 한국과 중국과의 교역증가에 따라 불리한 입장에 처하게 될 것이 불 보듯 뻔하다. ASEAN도 원자재와 노동집약적 산업에 영향을 받을 것으로 보인다. 따라서 한·중 FTA 출범은 동아시아의 경제통합의 자극제가 될 가능성이 크며, 이를 한국은 최대한 활용하는 전략이 필요하다.

II. 한·중 FTA의 경제적 효과

한 · 중 FTA의 거시경제적 효과

대외경제정책연구원(KIEP) 연구내용

한 · 중 FTA의 거시경제적 효과는 대외경제정책연구원(KIEP) 자료에 의하면 협정 발효일로부터 5년까지와 그 후 10년까지의 두 기간으로 나누어 분석하고 있다. 〈표 2〉에서 보면 협정 발효 후 GDP(국내총생산) 증가율이 5년 후에 0.95~1.25% 증가하고, 10년 후에는 2.28~3.04% 증가할 것으로 예상되고 있다.

〈표 2〉 한 · 중 FTA 발효 후 거시경제적 효과

	발효 후 5년		발효 후 10년	
	실질GDP(%)	후생(억 달러)	실질GDP(%)	후생(억 달러)
낮은 수준	0.95	176.5	2.28	275.9
높은 수준	1.25	233.3	3.04	365.8

※ 자료출처: 한 · 중 FTA 공청회 자료, p.13, 외교통상부, 2012.2.24.

삼성경제연구소(SERI) 연구내용[4]

우선 한·중 FTA가 한국의 거시경제에 미치는 영향을 농업, 제조업, 서비스업별로 관세가 차등 감축되는 시나리오별 모형을 짜 분석했는데 그 내용은 〈표 3〉에서 보는 바와 같다.

〈표 3〉 부문별 FTA 무역장벽 감축 시나리오

분야별	농 업	제조업	서비스업
시나리오 1	50% 감축	100% 감축	0
시나리오 2	100% 감축	100% 감축	0
시나리오 3	50% 감축	100% 감축	50% 감축

시나리오 1은 관세를 농업 50% 감축, 제조업 100% 감축, 서비스업 미개방의 경우이고, 시나리오 2는 농업 및 제조업 관세 모두 100% 감축, 서비스업 미개방의 경우이며, 시나리오 3은 농업 50% 감축, 제조업 100% 감축, 서비스업 50% 개방되는 경우이다.

다음은 한·중 FTA가 한국의 거시경제에 미치는 영향을 각 시나리오별로 분석한 결과인데, 이는 〈표 4〉에서 보는 바와 같다. 시나리오 1의 경우는 한국의 GDP는 정태모형(단기분석)과 축적모형(자본축적효과 포함)에 따라 2.02~2.72% 증가할 것으로 추정했고, 시나리오 2의 경우 한국의 GDP는 2.02~2.76% 증가할 것으로 추정했으며, 시나리오 3의 경우는 2.89~4.0% 증가할 것으로 추정했다.

---

4) "한·중 FTA의 의의와 주요 쟁점", SERI 연구보고서, III. 한중 FTA의 경제적 효과, (2011.4.), pp.67~80을 요약 정리.

〈표 4〉 한·중 FTA가 한국의 GDP 및 후생에 미치는 영향 (단위: %)

	시나리오 1		시나리오 2		시나리오 3	
	정태	자본축적	정태	자본축적	정태	자본축적
GDP 증가	2.02	2.72	2.02	2.76	2.89	4.00
후생증가	0.64	1.25	0.69	1.34	1.11	1.98

결국 종합하면 한·중 FTA가 발효되면 한국의 GDP(국내총생산)는 2%~4% 증가할 것으로 보았다. 또한 소비자후생(수입가격 인하로 얻게 될 수입품소비자들의 경제적 잉여)은 0.64~1.98% 증가로 추정했다.

한·중 교역면에서는 FTA가 발효되면 한국의 對중국 수출은 〈표 5〉에서 보는 바와 같이 34%(32~34%) 증가할 것으로 추정된다(시나리오 1과 2만을 가정했음).

〈표 5〉 한·중 FTA가 한국의 수출 및 수입에 미치는 영향 (단위: %)

구 분	시나리오 1		시나리오 2	
	정태	자본축적	정태	자본축적
교역조건	1.15	0.91	1.16	0.90
총수출	2.69	4.28	2.61	4.29
총수입	4.11	4.93	4.20	5.07
對중국 수출	32.19	33.99	32.11	33.98
對중국 수입	34.96	36.05	37.23	38.36

한편 한국의 對중국 수입은 38%(34.96~38.36%) 증가하여 수출보다 소폭 증가 예상되지만, 한·중 간 무역구조가 한국의 수출흑자구조(예; 2011년도 對중 수출 1341억 달러, 對중 수입 864억 달러, 무역수지 478억 달러 흑자)이기 때문에 절대액은 증가할 것으로 추정했다.

산업별 경제효과 분석[5]

　한·중 FTA가 발효되면 〈표 6〉에서 보는 바와 같이, 자동차, 섬유제품의 對중 수출이 크게 늘고 수산물은 시나리오 1에서 소폭 증가하며 시나리오 2로 되면 대폭 증가할 것으로 나타났다. 반면 농산물(식품류)은 수출 증가를 대폭 뛰어 넘어 對중 수입이 크게 늘 것으로 전망된다. 계수별로 보면, 차동차수출이 97.2%, 섬유산업제품이 73.6%, 전자제품 15.4%, 철 강제품 22.1%, 석유화학제품 37% 등 모두 두 자리 숫자로 대폭 호전이 예상된다.

〈표 6〉 한국의 산업별 대중국 수출 및 수입 변화율　　　　　　　　　　　　(단위: %)

구 분	시나리오 1		시나리오 2	
	對중국수출	對중국수입	對중국수출	對중국수입
농산물	48.3	104.8	100.0	209.3
축산물	30.2	54.8	66.0	108.4
수산물	18.8	18.2	39.5	36.4
식품	45.3	82.2	48.1	81.4
광업	22.3	21.6	22.2	21.8
전자	15.4	15.7	15.3	15.7
철강	22.1	12.7	22.0	12.7
석유화학	37.0	41.9	37.0	41.9
자동차	97.2	41.9	97.1	41.9
기계	39.6	52.1	39.5	52.1
섬유	73.6	49.3	74.0	49.3
제지	33.9	31.9	34.1	31.8
금속	35.3	37.5	35.1	37.4
기타제조	99.1	49.5	99.1	49.5

---

5) "한·중 FTA의 의의와 주요 쟁점", SERI 연구보고서, Ⅲ 한중 FTA의 경제적 효과, (2011.4.), pp.81~85 요약 정리함.

특히 한국의 사양산업인 섬유제품수출(저렴한 중국노동력 영향)이 크게 기대된다. 따라서 한·중 FTA의 농축산 부문의 개방도는 가급적 낮추는 것이 한국에 유리할 것이다. 예컨대 쌀을 민감품목의 양허 예외품목으로 선정할 필요성이 검토된다.

이밖에 한·중 FTA가 동아시아 국가에 미치는 영향은 크게 나타나고 있다. 우선 대만이 거시경제적으로 충격을 가장 많이 받는 국가가 될 것이다. 또한 이어서 ASEAN 및 일본이 다음으로 영향을 받게 될 것이다. 우선 대만의 GDP는 0.47%, 소비자후생은 0.22%, 교역조건도 0.16% 감소할 것으로 추정된다. ASEAN 의 GDP는 0.21%, 소비자후생은 0.12% 감소된다. 일본은 GDP 0.11%, 소비자후생 0.02% 감소로 가장 충격이 작다. 이를 〈표 7〉에서 확인할 수 있다.

〈표 7〉 한·중 FTA가 일본, 아세안, 대만의 거시경제에 미치는 영향 (단위: %)

구분	GDP 증가율	소비자후생증가율	교역조건 증가율
일본	−0.11	−0.02	−0.09
ASEAN	−0.21	−0.12	−0.04
대만	−0.47	−0.22	−0.16

한·중 FTA, 한·미 FTA 및 한·EU FTA의 경제적 효과 비교

한·중 FTA는 한·미 FTA, 한·EU FTA보다 큰 거시경제효과 창출

한·미 FTA와 한·EU FTA는 이미 협상이 타결돼 발효가 되었다. 중국은 경제규모면에서 미국이나 EU보다 작지만, 한국의 對중 교역 비중은 20.5%(2009년 기준), 對EU 교역 비중 11.5%를 상회하여 실제 관세 인하를 초점으로 하는 FTA의 효과는 더 클 것으로 예상된다. 〈표 8〉에서 보면, 한·미 FTA, 한·EU FTA 발효 후 경제효과 예상치는 한국 GDP가 각각 0.56%, 1.02% 증가할 것으로 분석되고, 소비자후생도 한·미 FTA의 경우 0.33%, 한·EU FTA의 경우 0.53% 각각 증가할 것으로 추정된다. 따라서 거시경제 측면에서 한·중 FTA가 한·미 FTA와 한·EU FTA의 효과를 압도하고 있다.

그러나 양쪽의 분석모형과 가상 시나리오가 각각 다르기 때문에 직접적으로 비교하는 데는 어려움이 있다.

〈표 8〉 한·미, 한·EU FTA와 한·중FTA의 거시경제 효과 비교　　(단위: %)

구 분	한·중 FTA	한·미 FTA	한·EU FTA
GDP 증가	2.72	0.56	1.02
후생증가	1.25	0.33	0.53
교역조건	0.91	0.09	0.20
총수출	4.28	1.80	2.35
총수입	4.93	2.04	2.69

한·중 FTA와 한·일 FTA의 경제적 효과 비교[6]

한·중 FTA가 한·일 FTA보다 큰 거시경제 효과 창출

한·중 FTA와 한·일 FTA의 거시경제효과 비교는 SERI보고서에 잘 나타나 있다. 한·일 FTA가 체결된다면 〈표 9〉에서 보는 바와 같이 한국

---

6) "한중 FTA의 의의와 주요 쟁점", SERI 연구보고서, III 한중 FTA의 경제적 효과, (2011.4.), pp.86~87 요약 정리한 것임.

의 GDP는 0.55%, 소비자후생은 0.37% 증가할 것으로 분석되고 있다. 이러한 한·일 FTA 효과는 한·중 FTA 거시경제효과 2.77%보다 훨씬 작다.

한·일 FTA로 인한 총수출과 총수입의 증가율도 2%대로 4%대의 한·중 FTA보다 작다. 또한 한·일 FTA는 한국의 교역조건을 0.22% 악화시킬 것으로 분석되었다. 따라서 거시경제적 측면에서 한·중 FTA가 한·일 FTA의 효과를 훨씬 앞지르고 있다.

⟨표 9⟩ 한·일 FTA와 한·중 FTA의 거시경제효과 비교 (단위: %)

구분	한·중 FTA	한·일 FTA	
	한 국	한 국	일 본
GDP증가	2.72	0.55	0.27
후생증가	1.25	0.37	0.06
교역조건	0.91	−0.22	0.24
총수출	4.28	2.77	0.62
총수입	4.93	2.98	0.85

※ [주] 시나리오 1(농업 50%, 제조업 100% 관세인하 모형)의 자본축적 모형 기준임.

반면에 한·일 FTA로 일본의 GDP는 0.27%, 소비자후생은 0.06% 증가할 것으로 분석되었고, 총수출과 총수입도 1% 미만의 증가에 그치고 있어 기대효과가 미미하다. 한국의 산업별부문 가운데 농수축산물과 식품수출 증가율이 가장 크게 증가할 것으로 보인다. 전체 농수축산물 수출이 6.36% 증가하기 때문이다(현행 관세율이 높다). 한국은 기계, 석유화학, 자동차의 수입이 증가할 것으로 전망되고, 특히 기계류 수입이 7.28%나 크게 증가 예상된다.

Ⅲ. 한·중 FTA의 경제외적(經濟外的) 효과 – 외교안보적 의미[7] 포함

① 한·중 FTA는 상호간 무역과 투자확대를 통해 국가간 상호 신뢰와 협력확대를 목표로 하는 외교안보적인 의미를 포함하고 있다. 중국은 2000년대 중반 이후 한국과의 FTA 추진 의사를 적극적으로 표명해 왔다.

② 중국은 기존 국제질서(WTO 가입국)의 최대 수혜자이며 책임 있는 대국으로서 앞으로 국제통상질서와 규칙에 따라 이에 적극 부응하려는 자세가 절실함을 인식하고 있다.

③ 한·중 FTA는 북한에 대해서도 장기적으로 개성공단의 활성화 등 경제협력 확대의 발판 마련에 기여할 것으로 기대된다.

④ 한·미, 한·중 관계의 교두보로서 역할을 증대시킴으로써 복합적 협력관계를 설정하는 계기를 마련할 수 있다.

⑤ 한·일 FTA, 한·중·일 3국 FTA, 여타 지역 FTA를 촉진시켜 궁극적으로 동아시아지역 경제통합에 긍정적인 역할을 기대할 수 있다. 특히 2012년 11월 20일 프놈펜 동아시아정상회의 합의에 따라 "동아시아 RCEP"(역내포괄적경제동반자협정)[8] 체결 추진을 2013년부터 개시하여 2015년 말까지 타결키로 했는데, 여기서 한·중 FTA 발효는 큰 역할과 협력이 기대된다.

---

7) "한·중 FTA의 외교안보적 의미", 신정승, 외교안보연구원, 한중 FTA 공청회자료, 2012.2.24. p.17~19 요약.

8) 이 협정 참가국은 아세안 10개국, 한국, 중국, 일본, 호주, 뉴질랜드, 인도 등 총 16개 동아시아 국가들이며, 인구 34억 명, GDP(2011년) 19조 7640억 달러로, 유럽연합을 능가하는 경제블럭이 탄생하게 된다.

그 밖의 기대효과 예상[9]

거대 중국시장의 관세장벽 제거로 시장 활용기회 확대

한·중 FTA 체결로 중국시장이 더 개방되면 한국기업들은 중국시장에서 아세안 기업, 아세안 진출 다국적기업, 그리고 대만기업들에 비해서 열위에 처해 있는 현재의 위치를 최소한 동등한 수준으로 격상시킬 수 있는 계기가 마련될 것으로 전망된다. 또한 내수주도 경제에서 한국기업은 과거 수출용부품 및 중간재의 생산과 그 수출에서 소비재나 내구소비재 수출을 늘일 수 있고 더구나 중국의 거대한 인구가 중산층으로 새로 진입하게 되면 대규모 신규 소비시장이 형성되어 다른 나라 기업에 비해 한국기업에게 새로운 기회를 제공해 줄 것이다.

한국경제의 대외 역동성 강화

한국은 동아시아를 범세계적으로 전개되고 있는 FTA 시대에 들어와서 상대적으로 유리한 입장에 서 있다. 이미 한국은 칠레, EFTA, 아세안, 인도, EU, 미국 등과 FTA를 발효시켰다. 아시아 지역 어느 국가도 미국, EU와 FTA를 타결하지 못한 상태이기 때문에 한국은 FTA의 허브 국가로 부상할 수 있는 여건을 이미 구비하고 있다. 따라서 한국은 이 같은 역동성을 앞으로 더욱 강화해 나아가야 할 것이다.

우호적인 동북아 산업분업 체제 형성

동북아 지역의 산업분업구조를 보면 한국의 對중국 흑자, 일본의 對한

---

9) "한·중 FTA의 의의", SERI, 2011. 4. 11., pp.37~50 참조.

국 흑자, 그리고 중국의 對일본 흑자로 맞물려 있다. 한국의 對일 적자는 자본재 및 부품수입에 기인된다. 한국이 중국에 부품과 소재를 수출하고, 중국이 일본에 경공업 및 전기전자 완제품을 수출하면서 동북아의 분업구조가 안정적으로 유지되고 있는 상황이다. 한국의 지속적 성장을 위해서는 對일 무역적자를 해소하는 것도 시급하지만 중국과의 교역에서 현재의 흑자구조를 유지해 나가는 것도 또한 중요하다.

Ⅳ. 맺는말

한·중 FTA는 동아시아 주변국에 큰 변화를 유발하게 되며, 한국과 주력 수출품목이 유사한 대만 및 일본의 경우는 한국·중국 간 교역증가에 따라 불리한 입장에 처하게 될 것으로 전망된다. ASEAN도 원자재와 노동집약적 산업에 영향을 받을 것으로 보인다. 따라서 한·중 FTA는 동아시아지역의 경제통합의 자극제가 될 수 있으며, 이를 한국은 최대한 활용하는 전략이 요구된다. 수산업분야에 있어서 중국산 수입수산물 원산지 및 위생증명을 강화하고, 對중국 수산물 수출 확대 전략도 수립하여 협상에 대응해야 할 것이다.

한국은 과거 경제성장기에 수출주도형 경제운용으로 고도성장을 지속해 올 수 있었지만 1997년 외환위기 이후, 성장률은 계속 저하되고 있으며 이에 따라 일자리 창출이 중요한 당면 과제로 떠오르게 되었다. 또한 수출의 고용창출력이 둔화됨에 따라, 우리는 최근 경제정책의 중심축이 수출 중시(重視)에서 고용 중시로 바뀌었다.

한국은 과거 생산자 보호 육성을 위해 무역자유화를 미뤄왔지만 이제는 소비자에게 경제적 잉여의 혜택을 마련하기 위해서라도 자유무역협정을 확대해서 물가 안정과 일자리 창출을 도모해야 할 때이다. FTA 경제효과의 기준도 이제는 과거처럼 무역 흑자에만 매달릴 것이 아니라 수출 및 수입 물량의 증가에 초점을 두어야 하겠다. 수입이 늘어난다면 그만큼 소비수요가 있고 물가 안정에 기여하게 되며 소비자후생도 늘어난다. 또한, 수입부문도 일자리를 창출하게 된다. 그것이 FTA의 효과이다.

한국이 EU 및 미국에 이어, 중국과 FTA를 체결하면, 세계 3대 경제권과 FTA를 체결한 유일한 나라가 될 것이고, 그것이야 말로 불황속에 든든한 버팀목이 될 것이다.

앞으로 협상단계에 본격적으로 접어들면, 민감한 농산품을 제외하는 등 비용 부분을 최소화한다는 전제 하에, 비교우위 부분의 성과를 확보하기 위해 최선의 노력을 다해야 할 것이다.

[제26호] 2011. 12. 31.

한·미 FTA 출범과
한국경제의 기대효과

Ⅰ. 머리말

한·미 FTA 비준안이 지난 2011년 11월 22일 국회를 통과했다. 2007년 4월 최초 협상 타결 후 그동안 4년 7개월 만에 한·미 FTA는 내년 초 공식 발효를 목표로 하는 핵심절차를 모두 마치게 된 것이다. 이번 FTA 비준안과 함께 14개 이행관련 부수법안도 이날 모두 동시 상정 가결처리돼 대한민국은 새로운 경제도약의 시점에 서게 되었다. 국민소득(GDP) 가운데 87.9%(2010. 12월말 기준)가 대외거래에 의존하고 있는 고도의 대외의존국가[1]인 한국이 이제 무역대국의 꿈을 안고 새로운 출발점에 서 있는 것이다. 더구나 2011년 12월 5일 기준으로 한국의 무역규모는 1조 달러(수출 5,150억 달러+수입 4,850억 달러)를 달성해 명실공히 세계 9대 무역대국으로 자리매김하게 된 이 마당에 한·미 FTA가 발효되면 이미

---

1) 자료출처: 기획재정부 주요경제지표에 의해서 산출함.
대외의존도= (수출+수입) / GDP×100 임. (대외의존도가 크다는 것은 그 만큼 무역과 통상으로 먹고 사는 나라라는 뜻이 된다.)

시행되고 있는 한·EU FTA와 더불어 세계 최대 시장인 두 선진 경제권 [(EU GDP+US GDP) / World GDP =47.5%]과 경제적 통합을 이루게 되는 것은 더욱 그 의의가 크다.[2]

본고에서는 먼저 자유무역협정(FTA)이 무엇이며 어떤 내용들을 담고 있는지 일반적 고찰을 한 다음, 일반학설적인 경제적 효과는 어떠하며, FTA의 현황은 어떠한지를 경제학자들의 이론적 주장과 함께 살펴보고자 한다.

다음으로는 한·미 FTA 출범이 갖는 한국 측의 국가적 의의가 무엇인지를 먼저 따져 본 다음, 한·미 FTA의 주요 내용을 고찰하고자 한다. 그리고 이번 FTA 협정의 경제적 기대효과를 다시 점검해 보고 더 나아가서 비경제적 거시적 효과도 살펴보면서 본고를 마무리하고자 한다.

II. 자유무역협정(FTA)의 효과 및 현황

FTA의 종류와 포괄범위

FTA란 무엇인가?[3]

자유무역협정(FTA: Free Trade Agreement)은 특정국가간에 배타적인 무역 특혜를 서로 부여하는 협정으로서 가장 느슨한 형태의 지역 경제통합 형

---

2) 2010 기준, EU 27개국 GDP합계는 15,337,900백만 달러이며, 미국은 14,452,400달러이므로 이들 합계액을 세계전체 GDP 63,044,068백만 달러로 나누면 47.5%가 도출된다(자료출처: UN National Account Main Aggregate Database, 2010).

3) FTA의 포괄적 개념·의의: 외교통상부 자유무역협정(2011. 11.)에서 요약 정리함.

태이며, 지역무역협정(RTA: Regional Trade Agreement)의 대종을 이룬다.

지역경제통합에는 다음의 〈표 1〉에서 보는 바와 같은 다양한 형태가 있는데, 발라사(B. Balassa)의 경제통합 5단계설이 가장 전통적인 학설로 알려져 있다.[4]

〈표 1〉 지역무역협정의 종류와 포괄범위

내 용 단계별	역내관세철폐	역내공동관세	역내생산요소 자유이동	역내공동 경제정책	초국가적 기구설치
자유무역협정	■■■■■■■				
관세동맹	■■■■■■■	■■■■■■■			
공동시장	■■■■■■■	■■■■■■■	■■■■■■■		
경제동맹	■■■■■■■	■■■■■■■	■■■■■■■	■■■■■■■	
정치동맹	■■■■■■■	■■■■■■■	■■■■■■■	■■■■■■■	■■■■■■■

발라사는 경제통합의 단계를 다섯 단계로 설정하고 제1단계는 앞서 말한 자유무역협정, 제2단계는 관세동맹, 제3단계 공동시장, 제4단계 경제동맹, 제5단계 완전경제통합(또는 정치동맹)으로 나누고 있다.

1단계의 자유무역지역(협정)(FTA:Free trade area/agreement)은 회원국 사이에 발생하는 재화 및 서비스의 교역에 대해서 관세 등 무역장벽을 철폐하여 역내 자유무역을 보장하는 것이다.

2단계의 관세동맹(Custom union)은 자유무역체결시 역내공동관세 자유화와 동시에 다시 대외공동관세정책을 체약국간에 실시해서 역외국에 대해서도 공동 대응하는 단계이다.

3단계의 공동시장(Common market)단계는 자유무역협정 기능과 관세동

---

4) B. Balassa, The Theory of Economic Integraion, George Allen & Unwin Ltd. London, 1961, pp.2-3 참조.

맹기능에 추가로 다시 역내간 노동 · 자본 · 생산기술 · 경영노하우 등 모든 생산요소의 자유이동을 보장하는 협정이다. 따라서 역외국가의 입장에서 볼 때, 그만큼 이들 체약국내에 경제진입의 벽이 높아진다.

4단계의 경제동맹(Economic union)은 역내 공동경제정책 실시와 함께 단일공동통화 사용을 협정하는 발전단계로서, 오늘의 유럽연합(EU)은 단일통화인 유로화(€)를 통용하고 있어 이 단계를 넘어서고 있다.

5단계의 정치동맹(완전한 경제통합)(Political union)은 단일 정치경제통합을 이룩하는 것이다. 초국가기구를 설치하여 가맹국의 모든 사회 · 경제정책을 조정 · 통합 · 관리한다.

FTA는 다자무역질서의 근간인 최혜국대우(MFN)원칙에 정면으로 배치되지만, WTO 규범은 아래와 같은 요건을 충족할 경우 적법한 예외로 인정하고 있다.

[상품분야는 관세 및 무역에 관한 일반협정(GATT) 제24조, 서비스 분야는 서비스무역에 관한 일반협정(GATS) 제5조]
- 실질적으로 모든 무역을 대상으로 하며, 특정한 분야를 전면적으로 제외해서는 안 됨.
- 관세 및 기타 상업적 제한의 합리적 기간내 (원칙적으로 10년이내)에 철폐하여야 함.
- 역외국에 대한 관세 및 기타 상업적 제한이 협정 체결전보다 더 후퇴해서는 안 됨.

위에서 언급한 GATT 및 GATS 조항 외에도 허용조항(Enabling Clause)이 있는데, 이는 GATT의 1979년 결정으로서 GATT 회원국들이 개도국에 대하여 차별적으로 보다 특혜적인 대우를 할 수 있도록 허용한 것이다. 동 조항은 일반특혜관세(GSP) 및 방콕협정 등의 근거가 되고 있다.

FTA가 포함하고 있는 분야는 체약국들이 누구인가에 따라 상당히 다른 양상을 보이고 있다. 전통적인 FTA와 개도국간의 FTA는 상품분야의 무역자유화 또는 관세인하에 중점을 두고 있는 경우가 많다. 그러나 최근 카타르 도하의 WTO체제의 출범(1995년)을 전후하여 FTA의 적용범위도 크게 확대되어 대상범위가 점차 넓어지고 있다. 상품의 관세 철폐 이외에도 서비스 및 투자 자유화까지 포괄하는 것이 일반적인 추세라고 하겠다. 그 밖에 지적재산권, 정부조달, 경쟁정책, 무역구제제도 등 정책의 조화부문까지 협정의 대상범위가 점차 확대되고 있다. 다자간 무역협상 등을 통하여 전반적인 관세수준이 낮아지면서 다른 분야로 협력영역을 늘려가게 된 것도 이 같은 포괄범위 확대의 한 원인이라고 할 수 있다.

FTA로 대표되는 지역주의(regionalism)는 세계화와 함께 오늘날 국제경제를 특징짓는 뚜렷한 조류가 되고 있으며, WTO 출범 이후 오히려 확산 추세에 있다. 예컨대, 47년간의 GATT시대에 GATT에 통보된 지역무역협정이 91건인데 비해, WTO 초기 9년간 이보다 많은 숫자(120)의 지역무역협정의 통보가 이루어졌다. 2005년에는 세계 총무역 중 지역무역협정내의 무역비중이 55%에 달할 것으로 추정되고 있다. 그렇다면 이와 같이 지역무역협정이 확산되고 있는 이유는 무엇일까? 학자들은 아래와 같은 원인을 들고 있다.

- FTA가 개방을 통해 경쟁을 심화시킴으로써 생산성 향상에 기여한다는 측면에서 무역부문의 중요한 개혁조치로 부상
- 무역 및 외국인 직접투자의 유입이 경제성장의 원동력이라는 인식

확산과 FTA체결이 외국인 직접투자 유치에 큰 도움이 된 사례(NAFTA 이후 멕시코 등)가 교훈으로 작용

- WTO 다자협상의 경우 장기간이 소요되고, 회원국 수의 급증으로 컨센서스 도출이 어렵다는데 대한 반작용
- 특정국가간의 배타적 호혜조치가 실익 제고, 부담 완화 및 관심사항 반영에 보다 유리할 수 있다는 측면 고려
- 연내 국가간의 보다 높은 자유화 추진이 다자체제의 자유화를 선도할 수 있다는 명분론(주로 선진국)
- 지역주의 확산에 따라 역외 국가로서 받는 반사적 피해에 대한 대응 필요

지역무역협정에 대한 WTO의 규정이 불명확하고, 불충분하여 특정 지역무역협정이 WTO 규정에 합치하는지를 판단하는 것은 현재로서는 매우 어려운 실정이다. WTO 지역무역협정위원회(CRTA: Committee on Regional Trade Agreements)를 중심으로 지역무역협정에 관한 WTO 규정을 명확히 하고 보완하기 위한 협상이 진행되고 있으나 논의속도는 매우 부진한 편이다.

FTA를 포함한 지역무역협정의 이익은 가시적이고 직접적인 반면, 역기능을 억제하기 위한 다자적인 감시기능이 제대로 작동하기 어려운 상황에서 지역주의는 앞으로도 확산될 것으로 전망된다.[5]

---

5) 외교통상부 자유무역협정 자료(2011. 11.) 참조.

FTA의 일반적 경제적 효과

무역창출효과와 무역전환효과

협정체결국 간 역내국은 무역창출효과와 무역전환효과를 가져오게 된다. 미국의 경제학자인 바이너는 소비효과가 일정하다는 가정하에 생산효과를 분석하면서 무역협정(경제통합)이 무역창출효과(Trade creation effect)와 무역전환효과(Trade diversion effect)를 통해서 자원배분의 효율성 및 후생수준에 영향을 미친다고 보았다. 즉, 역내관세가 철폐되면 역내 각국의 비교우위상품의 상호교역에 의한 교역량이 증대된다. 다시 말해서 역내상품 생산지가 생산비용이 상대적으로 비싼 회원국으로부터 상대적으로 싼 회원국으로 이동되고 이에 따라 무역이 증가되어 무역창출효과가 발생된다.

따라서 무역창출효과는 역내에서 회원국들이 비교우위에 따라 생산에서 특화를 할 수 있게 되어 역내의 효율적인 자원배분을 가능케 해 줌으로써 역내 회원국의 후생을 증대시키게 된다.

무역전환효과란 무역협정으로 역외에 대한 관세부과로 무역이 종래 역외의 저비용 국가로부터 역내의 고비용 국가로 전환되어 발생되는 현상을 뜻한다. 바꾸어 말하면 협정이 이루어지기 전에 역외국으로부터 수입했던 상품이 협정 후 역외국에 대해 차별적인 관세가 부과됨에 따라 역내국에서 생산이 이루어지는 전환효과가 발생된다. 바이너는 이를 무역전환효과라 불렀다.

그 밖의 일반적 경제효과[6]

첫째 교역조건의 개선효과

역내관세 철폐로 인한 무역형태의 변화는 상품교역조건에 영향을 미치게 되어 역내생산이나 소비의 기본적 제 조건이 일정하다면 외국제품에 대한 역내국의 상호수요의 이동이 커지는데 이러한 이동이 크면 클수록 교역조건은 크게 개선된다. 교역조건의 개선효과는 수입상품에 대한 가격탄력성이 적을수록(비탄력적일수록) 크다. 그것은 공급의 가격탄력성이 낮을수록 수요의 변화에 대해 가격이 더욱 큰 폭으로 변화하기 때문에 수입전환효과 등으로 인하여 수입수요가 감소하는 경우에 수입가격이 크게 하락하기 때문이다.

둘째 규모의 경제효과

역내국의 기존 무역장벽이 제거되고 교역의 증가가 이루어지기 때문에, 과거 국가간 교역에서 발생하던 행정비, 수출입비용 등 거래비용 감소와 더불어 역내 국가간 기술-규격 등 표준화가 이루어짐에 따라 제조원가 및 마케팅비용을 절감하는 효과가 있고, 이같이 교역의 확대와 더불어 비용절감이 동시에 이루어지므로 규모의 경제효과를 누릴 수 있게 된다.

셋째 역내기업의 경쟁력 강화효과

역내관세 철폐로 역내 같은 부문의 동일산업의 경쟁상대자의 수가 증

---

6) 이종원 외, 「국제지역경제」, 비봉출판사, 1996. pp. 23-46.

가한다. 자국산업의 종전 차별적 보호장치 제거로 인해 역내의 경쟁격화를 가져오게 되는 것이다. 따라서 이 같은 경쟁격화는 동종상품간 가격 인하 경쟁을 통해 생산효율성 증대와 함께 상품의 질적향상을 수반하게 되어 소비자후생이 늘어나게 된다.

넷째 역내 신투자 · 신기술의 유발효과

대규모 광역시장의 형성에 따라 투자환경이 개선되고 역내시장 확보를 목적으로 한 새로운 외국인투자가 증가되어 역내 자본형성의 큰 원천으로 등장할 것이다. 또한 대규모 광역시장 형성은 역내국 각 산업의 고도화와 신기술개발에 박차를 가하게 되고 역내 기술교류 확대를 통하여 급격한 산업기술 발달을 촉진시키게 될 것이다.

다섯째 대외협상력 제고

역내 국가들은 역외국과의 협상에서 우군으로서 집단적인 대응이 가능해질 뿐만 아니라 시장규모 및 경제력의 확대를 배경으로 대외관계에서 발언권이 제고되고 역내 공동이익을 극대화할 것이다.

세계의 FTA 추진현황

자유무역협정(FTA: Free Trade Agreement)은 특정국가간에 배타적인 무역특혜를 서로 부여하는 협정으로서 가장 느슨한 형태의 지역경제통합 형태이며, 지역무역협정(RTA: Regional Trade Agreement)의 대종을 이루고 있다. 전 세계에서 현재 발효 중인 지역무역협정 현황은 297건(2011. 5. 13. 현재)으로 1947년부터 1994년까지 91건(GATT체제)이었고, 1995년 WTO(세계무역기구)출범 이후인 1995년 이후 2011년 5월 현재 206건이 체결되어 21세기에 접어들어 지역주의 영향이 확산되고 있는 추세임을 엿볼 수 있다. 이에 따라 2007년 기준 전 세계교역량의 50% 이상이 지역무역협정 역내 교역에 절대적 영향을 준 결과임을 추정할 수 있다.[7]

한국의 FTA 추진현황

한국은 국민소득(GDP) 가운데 87.9%를 대외거래(수출 및 수입)에 의존하고 있는 고도의 무역의존국가로서 그동안 지금까지 꾸준히 FTA를 추진해 왔는데 이를 종합하면 다음과 같다. 한국은 2011년 11월 현재 25개국과 FTA 관계를 가지고 있다.

〈표 2〉 한국의 FTA 추진현황

A. 발효된 FTA(7개)	B. 발효 대기 중인 FTA(1)	D. 공동연구 진행 중인 FTA(10개)
−한·칠레 FTA	−한·미 FTA	−한·일본 FTA
(2004.4.1. 발효)	(2007.6.30.서명)	−한·중국 FTA
−한·싱가포르 FTA		−한·중·일 FTA
(2006.3.2. 발효)	**C. 협상 진행 중인 FTA(7)**	−한·MERCOSUR
−한·EFTA FTA	−한·캐나다 FTA	(남미공동시장) FTA
(2006.9.1. 발효)	−한·멕시코 FTA	−한·이스라엘 FTA
−한·ASEAN FTA	−한·GCC FTA	−한·베트남 FTA
(2007.5.1.−09.9.1. 발효)	−한·호주 FTA	−한·몽골 FTA
−한·인도 CEPA	−한·뉴질랜드 FTA	−한·중미 FTA
(2010.1.1. 발효)	−한·콜롬비아 FTA	−한·마레이시아 FTA
−한·EU FTA	−한·터키 FTA	−한·인도네시아 FTA
(2011.7.1. 발효)		
−한·페루 FTA		
(2011.8.1. 발효)		

(합계: 25개국)

7) 자료출처: WTO 및 외교통상부자유무역협정 자료, 2001.11.

III. 한·미 FTA의 주요내용

한·미 양국의 교역관계 분석

미국은 EU(유럽연합)와 함께 세계 최대시장이다

대외(무역)의존도가 매우 높은 한국으로서는 해외시장의 확보가 생존의 관건이다.

미국은 한국의 가장 중요한 수출시장이며 한국 또한 미국의 7대 교역상대국이다. 미국의 시장규모는 GDP규모에서 창출된다. 〈표 3〉은 미국의 전 세계 GDP에서 차지하는 비중을 연도별로 보여 주고 있으며, 중국의 2.5배 규모이다. 한·미 FTA가 발효되면 이미 시행되고 있는 한·EU FTA와 더불어 세계 최대 시장을 지닌 두 선진 경제권[(EU GDP+US GDP) / World GDP=47.5%]과 경제적 통합을 이루게 되는 것이다.

〈표 3〉 미국의 전 세계 GDP 비중 추이 (단위: %)

연도별	1990	1995	2001	2003	2010
GDP비중	23.2	25.0	32.0	30.0	23.1

※ 자료출처: UN National Account Main Aggregate Database, 2010.

한국의 對미 수출비중 추이는 〈표 4〉에서 보는 바와 같이 절대규모는 증가하고 있으나 전 세계에서 차지하는 비중은 점차 낮아지고 있는데, 이는 중국의 미국시장 진출 확대와 관련이 있다.

이번 한·미 FTA 체결은 한국이 일본, 중국을 비롯한 아시아 경쟁국들을 앞질러서 세계 최대 시장을 선점한다는 의미가 있고, 또 경쟁국의 기회비용이 상대적으로 증가하기 때문에 한국산업과 기업들에게 유리한 환경을 조성하게 되는 것이다.

한편으로 상품별로 한국의 對미국 무역수지 추이를 보면 〈표 5〉에서와 같이 무역수지 흑자기조가 점차 확대되어 가고 있는 추세이다. 대외의존도가 매우 큰 한국의 입장에서 볼 때, 바로 여기에 초점을 두어야 하는 이유이다.

〈표 4〉 한국의 對미 수출비중 추이   (단위: 백만 달러, %)

연도별	對미 수출	對세계 수출	對미 수출 비중
1990	19,360	65,016	29.8
1995	24,131	125,058	19.3
2001	31,211	150,4369	20.7
2002	32,780	162,471	20.2
2003	34,219	193,817	17.7
2004	42,849	253,845	16.9
2005	41,343	258,900	15.9
2010	49,816	466,383	10.7

※ 자료출처: 한국무역협회, 2010.

〈표 5〉 한국의 주요 상품별 대미 무역수지 추이   (단위: 백만달러)

품목명	1995	1997	2000	2002	2005	2010
총 계	−6,272	−8,497	8,369	9,772	10,757	9,013
농수산물	−3,945	−3,288	−2,465	−2,474	−2,165	....
화학공업제품	−3,897	−3,515	−2,806	−2,622	−3,596	....
섬유류	2,474	2,488	3,428	3,054	2,090	....
철강금속제품	−341	−38	858	390	620	....
기계류	−4,819	−3,181	2,720	5,686	7,484	....
전자전기제품	5,184	296	6,170	5,342	4,397	....

※ 자료출처: 대외경제정책연구원(KIEP) 2006.

한 · 미 FTA 양허내용 요약

한·미 FTA 양허내용은 한·미 FTA 상세설명자료(외교통상부, 2011. 7. pp.1~181)에 따라 중요사항만 추출해서 요약 설명하기로 한다.

용어의 정의, 주요 원칙

① 지방정부(주정부)에도 협정준수 의무가 명문화되었다.

② 국민(national)의 정의: 국적법의 의미 내에서 국민을 말한다. 따라서 북한주민에게는 혜택이 부여되지 않는다(다만, 개성공단 생산제품은 한국 산과 동일한 특혜 관세를 부여받을 수 있는 구체적인 제도적 틀을 마련함. 양국 간 OPZ, 즉, 한반도역외가공지역위원회(Committee on Outward Processing Zone on the Korean Peninsula)에서 일정 기준하에 별도 부속서를 채택함에 따라 OPZ내에서 생산된 제품은 일정 요건 하에 한국산과 동일한 특혜관세를 부여 받게 된다).

③ 중앙정부 및 지방정부의 정의: 한국은 중앙정부 외에 지방정부에는 지방자치단체(특별시, 도 및 시, 군 및 구)가 있고, 미국은 중앙정부(연방정 부), 지역정부(주정부) 외에, 지방정부(county)가 있다.

④ 내국민대우원칙 등 예외인정: 한국 측의 쌀 등 우리의 초민감품목 의 양허제외. 미국 측(서부 17개주) 주정부 소유 원목은 수출금지하고 민간 소유 산림의 원목은 수출허용됨.

⑤ 물품취급수수료 및 항만유지수수료 철폐

⑥ 양국 특산품(주류) 인정: 한국의 안동소주, 경주법주 / 미국의 버본위 스키, 테네시위스키

상품(공산품/임수산물 포함) 양허 내용

상품(공산품/임수산물 포함) 양허 내용을 개괄하면 다음과 같다.

- 양국은 상품 전 품목에 대해 관세철폐
- 모든 승용차[8]를 대상으로 양국 상호 4년 후 관세철폐
- 한국 측 민감 수산물 및 임산물에 대해 장기 철폐. TRQ[9](관세율할당) 도입으로 민감성 확보.(명태 15년, 민어 12년 등, 장기철폐기간 확보).
- 양국은 상품 전 품목에 대해 관세를 철폐함으로써 높은 수준의 FTA 를 달성했으며 향후 양국 간 실질교역증대 효과를 기대하게 되었다. 또한 관세철폐를 통해 한국의 대미 수출주력품목의 시장점유율 확대 및 잠재적 품목의 미국시장 진입 가능성을 제고시켰다.[10]
- 미국 시장 내 주요 경쟁국 중 미국의 FTA 체결국인 케나다, 멕시코 와 동등한 입장에서 미체결국인 일본, 중궁에 비해서 유리한 입장 에서 경쟁기반을 조성할 수 있게 됐다.

양국의 상품(공산품, 섬유, 농산물 포함) 양허내용은 〈표 6〉과 같다. 여기서 한국은 전체 수입품목수의 80.5%를 수입액의 77.9%까지 즉시 관세를 철폐하고, 미국은 전체 수입 품목수의 82.1%를 수입액의 85.5%까지 즉시 관세를 철폐한다.

그리고 앞으로 10년 이내에 완전철폐(미국은 100% 철폐, 한국은 97.4% 철폐 후 나머지는 추가 일정에 따라 철폐)한다. 한편, 양국의 상품(섬유, 농산물 제외) 양허내용은 〈표 7〉과 같다. 여기서 한국은 전체 수입 품목수의 85.6%를 수입액

---

8)한·미 자동차분야 특징: 1. 미국 자동차 시장 규모는 한국의 8배, 2. 대미 자동차 수출은 수입의 3배, 3. 한국 자동차의 미국시장 내 점유율은 10% 근접.

9) TRQ: Tariff Rate Quota. 정부에서 허용한 일정물량에 대해서 저율관세가 부과되는 것을 말한다.

10) 시장점유율 확대예상품목은 승용차(일본), LCD모니터(중, 일), 캠코더(일), TV카메라(일), 오디오 앰프(중), 폴리스티렌(멕), 금속절삭가공기계(일), 이어폰(중), 에폭시수지(캐), 칼라TV(멕) 등.

의 80.6%까지 즉시 관세를 철폐하고, 미국은 전체 수입 품목수의 87.1%
를 수입액의 87.2%까지 즉시 관세를 철폐한다. 그리고 앞으로 15년 이내
에 완전철폐하도록 되어 있다. 양국 양허 단계별 주요 품목 내용은 〈표
8〉에 제시되어 있다.

〈표 6〉 양국의 상품(공산품, 섬유, 농산물 포함) 양허내용

(단위: 억 달러, %)

단 계	우리나라 전체 품목				미국 전체 품목			
	품목수	비중	수입액	비중	품목수	비중	수입액	비중
즉시철폐	9,061	80.5	218.5	77.9	8,628	2.1	349.	85.
3년 이내	9,826	87.3	252.1	89.9	8,998	5.7	377.6	92.4
5년 이내	10,335	91.8	259.7	92.6	9,744	92.8	391.3	95.7
6~7년 이내	64	0.6	1.3	0.5	92	0.9	0.3	0.1
9~10년 이내	669	5.9	12.4	4.4	587	5.6	17.2	4.2
10년 이내	11,068	98.3	273.4	97.4	10,423	99.2	408.9	100.0
10년 초과	161	1.4	4.8	1.7	82	0.8	0.02	0.0
현행관세/제외	32	0.2	2.4	0.1				
총 계	11,261	100.0	280.6	100.0	10,505	100.0	408.9	100.0

※ 자료출처: 한 · 미 FTA 상세설명자료, 외교통상부, 2011. 7., p.8

〈표 7〉 양국의 상품(섬유, 농산물 제외) 양허내용

(단위: 억 달러, %)

단 계		우리나라 전체 품목				미국 전체 품목			
		품목수	비중	수입액	비중	품목수	비중	수입액	비중
즉시 철폐		7,218	85.6	200.0	80.6	6,176	87.1	331.0	87.2
3년이내		7,937	94.1	233.2	94.0	6,536	92.2	359.2	94.6
5년이내		8,105	96.1	237.0	95.5	6,732	95.0	367.9	96.9
10년이내		8,430	100.0	248.0	100.0	7,077	99.9	379.5	99.9
12년	비선형	1	0.0	–	0.0	17	0.2	0.02	0.0
	TRQ	2	0.0	0.03	0.0				
15년(TRQ)		1	0.0	0.04	0.0				
총 계		8,434	100.0	248.4	100.0	7,094	100.0	379.6	100.0

※ 자료출처: 한 · 미 FTA 상세설명자료, 외교통상부, 2011. 7., p.8

〈표 8〉 한·미 양허 단계별 주요 품목
( )안은 관세율

단계별	한국측	미국측
즉시	자동차부품(3~8), 크실렌(5), 통신용광케이블(8), 항공기엔진(3), 에어백(8), 전자계측기(8), 백미러(8), 디지털TV(8)	자동차부품(1.3~10.2), LCD모니터(5), 캠코더(2.1), 폴리스타렌(6.5), 컬러TV(5), 전구(2.6), 전기앰프(4.9)
3년	실리콘오일(6.5), 폴리우레탄(6.5), 치약(8),향수(8),	DTV(5), 컬러TV(5), 골프용품(4.9), 샹들리에(3.9)
5년	승용차(8), 고주파증폭기(8), 알루미늄판(8), 안전면도날(8), 환자 감시장치(8), 면도기(8), 헤어린스(8), 바다가제(20)	승용차(2.5), 타이어(4), 가죽의류(6), 폴리에테르(6.5), 스피커(4.9)
10년	기초화장품(8), 페놀(5.6), 초음파영상진단기(8), 볼베어링(13), 콘택트렌즈(8)	전자레인지(2), 세탁기(1.4), 폴리에스테르수지(6.5), 모조장신구(11), 베어링(9), 섬유건조기(3.4), 화물자동차(25)
10년 비선형	아귀(10.냉동), 가오리(10.냉동), 볼낙(101.냉동), 오징어(24.냉동), 꽁치(36.냉동), 꽃게(20.산 것), 합판(12)	참치캔(6~35), 세라믹타일(8.5/101), 철강(4.3~6.2)
10년 이상	명태(30.냉동), 민어(63.냉동), 기타넙치(101.냉동),고등어(10.냉동) 특수신발(201~55.3)	특수신발(201~55.3)

농업분야

농업협정문 주요 내용

- 관세율할당(TRQ: Tariff Rate Quota)의 운영 및 이행
- 농산물 세이프가드(Agricultural Safeguard Measures): 미국산 특정 농축산물(쇠고기, 돼지고기, 사과, 고추 등 30개 품목)이 일정한 물량을 초과하여 수입될 경우, 초과수입물량에 대해 관세를 추가하여 부과할 수 있도록 함.
- 농업무역위원회(Committee on Agricultural Trade)가 협정이행의 감독기능을 담당함.

한·미 양측 농산물 양허협상 결과

– 국내 영향이 없거나 수요량의 대부분이 수입의존품목은 관세율 즉
시 철폐

– 쌀 및 쌀 관련 제품(16개 세 번)은 완전 제외

– 농산물 세이프가드 실시로 국내시장 보호(쇠고기, 돼지고기, 사과, 고추,
마늘, 양파, 인삼, 보리 등 30개 품목).

섬유 및 의류분야

섬유양허 내용: 對미국 주력수출품목 상당수가 즉시 철폐에 해당함(스
웨터, 양말, 화섬남성바지, 폴리에스텔섬유 등).

양허로 인한 예상효과: 제품당 가중평균 13% 수준의 관세가 철폐되어
가격경쟁력을 크게 제고하는 계기가 되고 경쟁국 대비 대미 수출여건 개
선이 전망됨.

섬유원산지: 원산지기준 예외확보(합성직물 33개 품목)에 대해 예외 확보.
투입재인 레이온, 리오셀, 아크릴에 대해 예외확보. 또한 공급이 부족한
원료의 역외조달 허용.

의약품 및 의료기기

양질의 보건의료 제공을 위한 의약품 및 의료기기에 대한 충분한 접근을
원칙으로 하며, 의약품/의료기기의 급여 및 가격산정에 적용되는 각종 절
차·기준이 공평하고 합리적이며 비차별적으로 이루어지는 것을 상호 보장.

의약품·의료기기 관련합의사항의 이행점검, 상호이해협력 기회마련
을 위해 보건 및 통상공무원이 공동의장이 되는 의약품·의료기기위원
회를 설치함.

원산지 규정 및 원산지 절차

특혜원산지 합의내용

– FTA 특혜원산지 판정기준 중 완전생산기준, 실질적변형기준 등 원산지판정의 일반원칙은 협정문에서, 각 품목에 대한 개별적원산지 판정기준은 부속서에서 규정함.

– 글로벌 아웃소싱 활성화와 무역업계의 편의도모 향상을 위해 민감산업분야에 대한 안전장치를 마련함.

개성공단 관련 합의내용

– 개성공단 제품이 한국산과 동일한 특혜관세를 부여받을 수 있는 구체적인 제도적 틀을 마련함. 양국 간 OPZ(한반도역외가공지역위원회 =Committee on Outward Processing Zone on the Korean Peninsula)에서 일정 기준하에 별도부속서를 채택함.

– OPZ내에서 생산된 제품은 일정 요건하에 한국산과 동일한 특혜관세를 부여 받으며, 개성공단 외 다른 북한지역까지도 OPZ로 선정할 수 있다.

관세행정 및 무역위원회

이를 요약하면 다음과 같다.

– 물품반출의 신속화를 위해 양측간 간소화된 통관절차를 규정.

– 특급화물 통관절차 간소화를 위해 원칙적으로 통관서류 제출 후 4시간 이내에 국내 반출 허용을 규정.

– 통관절차의 자동화를 위해 정보통신 기술을 활용하여 화물반출 절

차를 신속히 하도록 규정.

– 원산지 등 사전판정제를 도입하여 시간절약과 원활한 통관을 보장
토록 규정.

– 원산지 자율증명제도를 도입하여 원산지증명서류를 자율적으로 발
급되도록 규정.

위생·식물위생 조치 및 무역에 대한 기술장벽(TBT)

– 사람과 동식물의 생명과 건강을 보호하기 위해 위생 및 검역조치 규
제를 규정.

– 기술규정 등 정보제공에 대한 지방정부의 의무사항을 명시하여 미
국 주정부를 포함시키고, TBT위원회를 설치하여 양국 간 문제발생
을 신속처리하고 협정의 신속한 이행을 도모함.

자동차

한·미 FTA 자동차협상 결과를 요약하면 다음과 같다.

– 우리 측은 승용차(8%)는 협정발효시 4%로 인하하고 4년 후 한꺼번
에 철폐한다. 전기자동차(8%)는 발효시 4%로 인하한 후 4년간 균등
분할 철폐한다. 또 화물자동차(10%)는 즉시 철폐한다.

– 미국 측은 승용차(2.5%)는 협정발효 4년 후 한꺼번에 철폐하며, 전기
자동차(2.5%)는 4년간 균등철폐, 화물자동차(2.5%)는 7년간 현행 유
지 후 2년간 균등 철폐한다.

– 이밖에 자동차 배기량 기준 세제를 변경했고, 배기가스허용기준(표
준)을 바꾸었다.

– 또한 자동차 세이프가드제를 도입하고, 자동차 신속분쟁해결절차

를 도입했다.

ISD(투자자 · 국가간 분쟁해결절차)에 대한 고찰[11]

ISD란 무엇인가?

ISD(Investor-State Dispute Settlement)는 투자유치국 정부의 투자협정상 의무 위반 등으로 손해를 입은 투자자가 투자유치국 정부를 상대로 국제중재를 요청할 수 있는 제도이다. 147개국이 참여하고 있는 세계은행 산하 국제투자분쟁해결센터(ICSID: International Centre for Settlement of Investment Disputes) 등 전문성과 중립성을 가진 국제기구가 중재절차를 수행한다. 중재판정부는 전문성을 지닌 중립적인 기관이다. ISD는 외국에 투자하는 기업을 보호하기 위한 최소한의 안전장치로서 반세기동안 여러 국가들이 인정해 온 "글로벌 스탠다드" 이다. 전 세계 2,676개 투자협정에 대부분 포함되어 있으며, 한국의 경우도 이미 발효 중인 FTA와 투자협정 85개 중 81개에 ISD가 포함되어 있다. EU 회원국들과는 한 · EU FTA에서가 아니라 개별 투자협정을 통해 ISD를 반영한다.

ISD는 우리에게 더욱 필요한 제도이다

최근 5년간 한국 기업의 대미 투자가 미국 기업의 한국 투자보다 3배 이상 많다. 이에 따라 ISD를 통하여 미국에 진출한 한국 기업들을 보호해야 할 필요성이 점점 커지고 있다. ISD가 없으면 한국 기업은 미 국내

---

11) ISD 자료출처: 기획재정부, 2011. 및 외교통상부(통상교섭본부), ISD 설명자료, 2011. 11.

법에 따라 50개주 지방법원에 제소해야 한다. 또한, 양질의 외국인 투자를 유치해야 하는 한국으로서는 ISD는 국내에 투자하려는 외국인 투자자를 안심시키는 효과도 있다. 향후 여타 국가와의 FTA 가능성, 그리고 빠르게 증가하고 있는 한국 기업의 해외투자 추세를 감안할 때 ISD는 더욱 중요한 제도가 될 것이다.

한국정부의 공공정책 자율권은 보장된다

한국정부의 공공정책이 정당하고 미국 기업에 대해 비차별적인 경우 정부가 ISD 제소를 당할 가능성은 거의 없다. 특히, 공공정책상 필요한 분야는 협정문에 한국정부의 자율성을 충분히 확보해 두었다. 4대 보험(건강보험, 산재보험, 고용보험, 국민연금) 등 사회보장제도는 협정 적용이 배제된다. 공중보건, 안전, 환경 및 부동산 가격안정화와 같은 공공복지 목적을 위한 비차별적 규제, 안보, 비차별적 과세조치 등은 ISD 예외 대상이다. 정부조달, 금융, 공공서비스, 공기업 민영화 등 여러 분야의 정책권한은 확보된다. 교육 · 에너지 · 운송 · 방송 등 정부가 정책목적 달성을 위해 필요한 조치를 할 수 있도록 44개 분야는 정부권한을 유보한다. 따라서 ISD가 도입되면 정부의 정당한 자율적 규제권한이 위축된다는 주장은 오해에서 비롯된 것이다.

IV. 한·미 FTA의 경제적 기대효과

자료분석배경

2007년 4월 대외정책연구원(KIEP) 등 11개 정부연구기관이 참여하여

한·미 FTA 타결에 따른 거시경제 전반 및 각 산업분야별 기대효과를 분석 발표한 바 있다. 그러나 분석 이후 4년이 경과함에 따라 교역규모, 관세율 등 그동안의 경제여건이 변화했으므로 이를 반영하고, 한편으로 2010년 12월 추가협상이 타결됨에 따라 이를 포함한 한·미 FTA의 경제적 효과를 전반적으로 재분석 필요성이 있어서 2011년 7월, 대외경제정책연구원 등 10개 연구기관[12] 이 참여하여 한·미 FTA의 경제적 효과에 대한 재분석을 실시하였다. 다음은 이 재분석자료를 요약 설명한 것이다.

그리고 기존 분석자료(2007년 4월)와의 비교는 지면 관계상 생략했다.

거시경제 효과[13]

성장 및 후생 수준

- GDP: 실질GDP는 5.66% 증가할 것으로 예상
  - 한·미 FTA 이행에 따른 경제적 효과가 반영되어 우리경제의 변화와 구조조정이 이루어진 후 새로운 균형상태에 도달하는 기간 중 발생하는 효과
  - 단기적으로 관세감축에 따른 교역 증대와 자원배분 효율화에 따라 실질GDP가 0.02% 증가

---

12) 대외경제정책연구원, 한국개발연구원, 노동연구원, 산업연구원, 농촌경제연구원, 해양수산개발원, 보건산업진흥원, 문화관광연구원, 정보통신정책연구원, 금융연구원 등(2007년 참여 분석기관 중 조직이 통폐합된 방송위원회는 참여하지 않고 관련 분야인 방송서비스 분야 분석은 정보통신정책연구원이 이를 수행).
13) 한·미 FTA 경제적효과 재분석, 대외경제정책연구원 외 9개 기관 공동발표, 2011. 8. 5. 참조.

– 장기적으로는 자본축적*과 생산성 향상**을 통해 5.66% 증가

  * 자본축적: 관세감축에 의해 증가된 국내생산(Y) 가운데 일부가 다시 투자(I)로 재투
  입되어 생산능력을 확충

  ** 생산성 향상: 중장기적으로 개방을 통한 기업간 경쟁환경의 강화, 선진기술의 이전,
  국내 제도 · 규범의 투명화, 선진화 등을 통해 생산성 향상

– 제조업은 1.2%p, 서비스업은 사업서비스에 한해 1%p의 생산성
  향상 효과 반영

• 후생 수준: 관세철폐에 따른 가격 하락과 소비자 선택폭 확대 등으
  로 단기 5.3억 달러~장기 321.9억 달러의 소비자후생 증가

〈표 9〉 한 · 미 FTA가 실질GDP 및 소비자 후생에 미치는 효과

	교역 증대 및 자원배분 효율화 (단기)	자본 축적(장기)	
		생산성 증대 미고려	생산성 증대 고려
실질GDP(%)	0.02	0.48	5.66
후생 수준(억 달러)	5.3	25.5	321.9

고 용

• 한 · 미 FTA 이행으로 취업자가 35만 명 늘어날 것으로 전망

– 단기적으로는 수출증대와 생산증가 등에 따라 4천 3백 명 증가

– 장기적으로는 자본 축적 및 생산성 향상을 통해 취업자가 35만 명
  까지 늘어날 것으로 예상

– 산업별로는 제조업과 서비스업에서 크게 증가할 것으로 전망되
  며, 농어업도 장기적으로는 농식품 가공산업의 비중 증대로 취업
  자가 증가세로 전환될 것으로 예상

〈표 10〉 한 · 미 FTA의 고용효과   (천 명)

구 분	교역 증대 및 자원배분효율개선 (단기)	자본축적	
		생산성 증대 미고려(중기)	생산성 증대 고려(장기)
고용창출 효과	4.3	40.6	351.3
· 제조업	2.3	14.8	81.6
· 농림어업	△0.7	△2.0	0.5
· 서비스업	2.7	27.8	269.2

수출입 및 무역수지

- 한·미 FTA 이행으로 향후 15년간 對세계 무역수지는 연평균 27.7억 달러 흑자가 확대될 것으로 분석

  - 對세계 수출은 31.7억 달러 증가하지만, 對세계 수입은 4.0억 달러 증가에 그칠 것으로 전망

  - 산업별로는 제조업에서 관세철폐 및 생산성 향상으로 연평균 30.3억 달러 흑자가 늘어날 것으로 전망되나, 농수산업에서는 연평균 2.6억 달러 적자가 발생

- 對미 무역수지는 향후 15년간 연평균 1.4억 달러 흑자가 확대

  - 對미 수출은 연평균 12.9억 달러 증가하고, 수입도 11.5억 달러 확대

    * 對미 수입 증가규모보다 對세계 수입 증가규모가 작은 것은 미국 이외의 국가에서 수입되던 제품이 한 · 미 FTA로 미국으로 수입선이 전환되는데 기인

  - 산업별로는 제조업에서 연평균 5.7억 달러 흑자, 농수산업에서 연평균 4.3억 달러 적자가 발생

〈표 11〉 한 · 미 FTA에 따른 수출입 · 무역수지 증감   (15년간 연평균, 백만 달러)

	수출 증가		수입 증가		무역수지	
	對세계	對미	對세계	對미	對세계	對미
제조업	3,167	1,285	138	711	3,029	573
농 업	–	–	264	424	△264	△424
수산업	–	0.8	–	11.8	–	△11.0
합 계	3,167	1,285	402	1,147	2,765	138

※ **對세계 수출입과 對미 수출입의 차이 원인**

- (수출: 對세계 〉對미) 한 · 미 FTA로 생산성이 향상되면 미국뿐 아니라 다른 국가로의 수출도 동시에 증가

- (수입: 對세계 〈 對미) 다른 국가에서 수입되던 물품이 한 · 미 FTA에 따라 가격이 인하된 미국산으로 수입선이 전환

외국인 투자

• 외국인의 국내투자 여건 개선에 따라 향후 10년간 연평균 23~32억 달러의 외국인 직접투자가 추가 유입될 것으로 예상

  * 외국인 투자에 영향을 미치는 국내제도와 관행의 선진화, 외국인투자 보호수준 등에 변화가 없으므로 기존 분석결과와 동일함

산업별 효과

제조업

• 수출입: 관세 인하 등의 효과로 향후 15년간* 對세계 수출은 연평균

31.7억 달러 늘어나지만 수입은 1.4억 달러 증가에 그쳐 무역수지 흑자가 30.3억 달러로 크게 늘어날 전망.

* 농업의 관세철폐가 대부분 15년 이내에 이루어짐을 고려하여 일관성 유지를 위해 제조업의 경우에도 분석기간을 15년으로 설정

〈표 12〉 한·미 FTA에 따른 對세계 수출입 증가액 　　　　(15년간 연평균, 백만 달러)

	수 출	수 입	무역수지
자동차	1,171	41	1,131
전기전자	826	△32	858
섬유	138	13	125
일반기계	179	28	152
화학	311	21	291
철강	34	△6	40
기타	508	75	433
제조업 전체	3,167	138	3,029

• 對미의 경우도 향후 15년간 수출이 연평균 12.9억 달러, 수입은 7.1억 달러 증가하여 연평균 5.7억 달러의 무역수지 개선 효과가 있을 것으로 예상

〈표 13〉 한·미 FTA에 따른 對미 수출입 증가액 　　　　(15년간 연평균, 백만 달러)

	수 출	수 입	무역수지
자동차	722	97	625
전기전자	161	145	16
섬유	105	24	81
일반기계	58	89	△31
화학	46	135	△89
철강	7	2	5
기타	186	219	△34
제조업 전체	1,285	711	573

• 생산: 관세 철폐에 따른 수출 증가와 생산성 향상 등으로 생산은 향후 15년간 연평균 8.8조원 수준 증가할 것으로 예상

    − 업종별로는 자동차 산업의 생산증가 효과(2.9조원)가 가장 크고, 전기전자(2.0조원), 화학(0.9조원) 순으로 생산 증가가 크게 나타남

〈표 14〉 한 · 미 FTA에 따른 제조업 생산 증가액   (연평균, 억 원)

	연평균	1~5년	6~10년	11~15년
자동차	28,813	13,061	36,419	36,960
전기전자	20,490	10,327	25,390	25,755
섬유	3,006	1,968	3,431	3,619
일반기계	5,607	2,697	7,026	7,099
화학	9,007	4,200	11,118	11,702
철강	5,073	2,450	6,333	6,437
기타	15,695	7,546	19,224	20,412
제조업 합계	87,691	42,249	108,941	111,984

    − 對세계 수출입: 對세계 수출은 최근 통계에 나타난 제조업 수출 증가추세가 분석에 반영되어 증가규모가 확대

      * 제조업 對세계수출(억 달러): ('03~'05년 평균) 2,278 → ('06~'08년 평균) 3,398 (49.2%↑)

    − 반면, 對세계 수입은 우리 제조업의 생산성 향상 등으로 경쟁력이 제고되어 감소하고 전체 무역수지는 개선

<표 15> 對세계 수출입의 영향   (15년 연평균, 백만 달러)

구분	기존분석 〈'03~'05 통계〉	재분석 〈'06~'08 통계〉
수출(A)	2,547	3,167
수입(B)	195	138
무역수지(A-B)	2,352	3,029

- 對미 수출입: 기존 분석에 비해 수출이 다소 줄고 수입이 늘어나 무역수지 흑자규모가 감소할 것으로 전망
- 최신 교역통계에 반영된 수입증가세가 수출증가세보다 큰 것이 원인인 것으로 분석

  * 제조업 對미수출(억 달러): ('03~'05년 평균) 379 → ('06~'08년 평균) 416 (9.7%↑)

  * 제조업 對미수입(억 달러): ('03~'05년 평균) 245 → ('06~'08년 평균) 309 (26.1%↑)

<표 16> 對미 수출입의 영향   (15년 연평균, 백만 달러)

구분	기존분석 〈'03~'05 통계〉	재분석 〈'06~'08 통계〉
수출(A)	1,387	1,285
수입(B)	591	711
무역수지(A-B)	796	574

- (생산) 증가된 최신 생산통계 반영, 對세계 무역수지 흑자 규모 증가 등에 따라 섬유를 제외한 대부분의 업종에서 생산이 늘어남

<표 17> 제조업 생산 증가액 비교   (15년 연평균, 억 원)

구분	합계	자동차	전기전자	섬유	일반기계	화학	철강	기타
기존분석(A)	55,324	28,542	11,903	4,846	1,539	3,584	591	4,304
재분석(B)	87,691	28,813	20,490	3,006	5,607	9,007	5,073	15,695
증감(B-A)	32,367	271	8,587	△1,840	4,068	5,423	4,482	11,391

농 업

- 수입: 향후 15년간 농업 부문 對미 수입은 연평균 4.2억 달러 증가하고, 對세계 수입은 2.6억 달러 증가할 것으로 예상
  - 對미 수입 증가폭에 비해 對세계 증가폭이 작은 것은 한·미 FTA로 수입선이 다른 국가로부터 미국으로 전환되는 효과에 기인

〈표 18〉 한·미 FTA에 따른 농업부문 對미 수입 증가액   (백만 달러)

	연평균	1~5년	6~10년	11~15년
對미 수입 증가(A)	424	233	449	591
타국 수입 증가(B)	△161	△88	△170	△224
對세계 수입 증가(A+B)	263	145	279	367

※ 수출은 분석대상 품목(20개)의 수출실적이 미미하여 분석에서 제외

- 생산: 농산물 수입증가 등으로 국내 농업의 생산 감소액은 향후 15년간 연평균 8,150억 원 수준
  - 가장 큰 영향을 받는 축산업은 향후 15년간 연평균 4,866억 원의 생산이 감소할 것으로 예상

〈표 19〉 분야별 농업 생산 감소액   (15년 연평균, 억 원)

	합 계	축산	과수	채소·특작	곡물
생산감소액	8,150	4,866	2,411	655	218

※ 발효 이후 15년 이전에 관세철폐 이행기간이 종료되는 품목은 종료되는 해의 생산감소액이 15년까지 계속된다는 가정하에 생산감소액을 산출

수산업

• 수입: 수산물의 對美 수입은 향후 15년간 연평균 1,178만 달러 증가
할 것으로 전망

 – 품목별로는 명태(459만 달러), 넙치(293만 달러), 아귀(96만 달러) 등의
순으로 수입증가가 크게 발생할 것으로 예상

• 수출: 수산물의 對美 수출은 향후 15년간 연평균 78만 달러 증가할
것으로 예상

 – 對美 수출 가능성이 있는 품목은 다랑어와 굴 등으로 분석

〈표 20〉 對美 수출입 증가액 (천 달러)

	연평균	1~5년	6~10년	11~15년
수입	11,777	8,561	12,768	14,002
수출	776	374	867	1,086

• 생산: 향후 15년간 연평균 295억 원 수준 감소할 것으로 분석

 – 생산감소폭이 가장 큰 업종은 원양산업으로서 연평균 154억 원
의 생산감소 예상

 * 원양산업의 주요 조업품목인 명태 등은 미국이 세계 최대 생산국으로서, 한·미 FTA
발효에 따라 미국산 수입이 크게 늘 것으로 예상

〈표 21〉 어업별 생산 감소액 (백만 원)

	연평균	1~5년	6~10년	11~15년
합계	29,542	16,877	31,731	40,016
연근해	8,741	4,460	9,553	12,209
양식	4,924	3,515	5,227	6,029
원양	15,401	8,651	16,406	21,146
내수면	476	252	544	632

서비스업

방송 서비스

- 방송쿼터 축소: 한·미 FTA로 국산 영화 쿼터가 25%에서 20%로, 애니메이션 쿼터가 35%에서 30%로 각각 5%p씩 축소

  - 이에 따른 영화·애니메이션 산업의 소득 감소 규모는 향후 15년간 연평균 51.9억 원 수준으로 분석되어 '07년 분석(26.9억 원 감소)에 비해 소득감소폭이 확대

    - 이는 최신 통계를 반영하는 과정에서 그간의 방송서비스 매출('05년 438→'08년 905억 원) 및 동 산업의 부가가치율 증가 추세('03~'04년 평균 25% → '06~'08년 평균 34%)가 반영된 데 기인

- PP시장 개방: 협정 발효일 3년 후부터 PP(Program Provider, 방송채널사용사업자*) 지분의 100%까지 외국인 간접투자를 허용

  * 고유채널을 가지고 방송프로그램을 제작·편성하여 종합유선방송사업자 등에게 제공하는 사업자

〈표 22〉 방송쿼터 축소에 따른 연평균 소득 감소액   (억 원)

연평균	1~5년	6~10년	11~15년
51.9	49.3	53.2	53.2

  - 이에 따른 시장 확대 등으로 향후 15년간 생산은 연평균 323억 원 증가하고 소득은 연평균 90억 원 증가 예상

    - 생산증가액은 기존분석(328.6억 원)과 유사하나, 소득증가액(89.8억 원)은 최신통

계 반영 과정에서 동 산업의 부가가치율 감소(’05년 34.5% → ’09년 27.8%)에 따라 기존분석(113.4억 원)에 비해 감소

〈표 23〉 PP 시장 개방에 따른 생산 및 소득 증가액 (억 원)

	연평균	1~5년	6~10년	11~15년
생산	323.2	22.8	176.0	770.8
소득	89.8	6.3	48.6	214.3

지적 재산권

- 지적 재산권 보호기간 연장: 출판 · 음악 · 캐릭터 저작물에 대한 보호기간이 현행 50년에서 70년으로 20년 연장
  - 이에 따라 해외 저작권자에게 추가로 지불할 저작권료가 향후 20년간 연평균 89억 원 발생할 것으로 전망되어 기존분석(71억 원)에 비해 증가
    - 이는 최신통계 반영 과정에서 저작권 보호기간 연장 대상에 포함되는 저작물이 캐릭터 부문에서 증가한 데 기인
  - 추가 지불 저작권료가 가장 크게 나타나는 분야는 캐릭터 저작물로 향후 20년간 연평균 57억 원으로 예상

〈표 24〉 저작권 보호기간 연장에 따른 추가 지불 저작권액 (억 원)

	연평균	1~5년	6~10년	11~15년	16~20년
출판	31.6	30.6	33.7	31.1	31.1
음악	0.7	0.5	0.7	0.8	0.8
캐릭터	57.1	33.6	50.4	65.4	78.8
합계	89.4	64.7	84.8	97.3	110.7

통신 서비스

• 통신분야 시장 개방: 협정 발효 2년 내에 기간통신사업자*(KT, SKT 제외) 지분의 100%까지 외국인 간접투자를 허용**

  * 교환설비·선로 등의 전기통신회선설비를 설치하고 이를 이용하여 전화·인터넷접속 등의 서비스를 제공하는 사업자

  ** 현행은 외국인의 직·간접 투자를 49%까지만 허용

  − 외국인의 진입 확대로 향후 15년간 생산은 연평균 710억 원, 소득은 310억 원 증가할 것으로 분석

    * '07년 분석 결과(생산은 693억 원, 소득은 303억 원 증가)와 유사한 수준

  − 다만, 외국계 사업자의 시장 점유율 확대 및 배당 이익 등 해외 이전 증가 등 영향도 예상

금융 서비스

• 한·미 FTA 협상 결과 금융부문에서 일부 시장을 개방하였으나 직접적인 영향은 크지 않을 것으로 예상

  − 비대면방식*에 의한 보험중개업의 국경간 거래 허용의 경우 실질적인 거래 확대 규모가 크지 않을 것으로 예상

    * 미국 금융기관이 현지에서 인터넷 등 통신수단을 통해 금융서비스 제공

  − 손해사정, 위험평가 등 보험 부수 서비스업은 현재도 허용되고 있는 거래로서 이를 양국이 상호 확인하는 수준

• 한편, 금융 관련 법령·규제가 글로벌 스탠더드에 가깝게 선진화될 경우 금융산업 경쟁력 향상에 기여할 것으로 전망

  − 지점이나 현지법인의 자산관리·회계 등 후선업무를 본점·계열사에 위임토록 허용하여 Back Office 부문의 비용절감

101

– 한국의 금융제도 · 회사에 대한 미국의 신뢰도를 높여 미국에 진
출하는 우리 금융회사의 영업여건 개선도 기대

  * 미국 규제당국은 외국 금융회사에 대한 감독과 검사시 해당 금융회사 모국(home
  country)의 규제감독 수준을 명시적 · 비명시적으로 고려

법률 서비스

• 미국 변호사 자격 소지자가 우리나라에서 국제 공법 및 자격취득국
의 법률에 대해 자문 서비스를 제공하는 것을 단계적으로 허용
  – 이에 따라, 국내에서 보다 양질의 국제거래 관련 자문서비스를
  공급받을 수 있는 여건이 조성되는 한편,
  – 외국 유수 로펌과의 전략적 제휴 등 다양한 형태의 협업관계를
  통해 국내 로펌들이 세계적 네트워크에 통합되는 효과 기대

제약업

• 수출입: 제약업의 對미 수입은 향후 10년간 연평균 1,923만 달러 증
가하는 반면, 수출은 334만 달러 증가하여 對미 무역수지 적자가 연
간 1,589만 달러 확대될 것으로 예상

〈표 25〉 제약업 對미 수출입 및 무역수지에 미치는 영향 (만 달러)

	연평균	1~5년	6~10년
수입증가액(A)	1,923	1,662	2,184
수출증가액(B)	334	261	406
무역수지(B-A)	△1,589	△1,401	△1,778

- 생산 및 소득: 국내 복제의약품 생산이 향후 10년간 연평균 686~1,197억 원 감소, 소득은 457~797억 원 감소할 것으로 예상

〈표 26〉 제약 분야의 경제적 효과
(억 원)

	연평균	1~5년	6~10년
수생산 감소	686~1,197	492~810	880~1,584
소득 감소	457~797	328~539	586~1,055

종합평가

- 분석의 기초가 되는 통계를 update함에 따라 항목별로 구체적인 경제적 효과가 '07년 분석과 일부 차이가 있으나, 한·미 FTA가 우리 경제의 성장·고용·무역수지 증가를 통해 국익에 기여한다는 점은 동일한 것으로 분석됨

---

① 성장: 교역확대, 생산성 향상과 경제구조 선진화 등을 통해 실질 GDP가 5.66% 증가(기존분석은 5.97%)

② 고용: 35만여 개의 새로운 일자리가 창출되어 성장과 고용의 선순환 구조를 강화(기존분석은 33.6만 명)

③ 무역수지: 對세계 무역수지는 향후 15년간 연평균 27.7억 달러 증가하여 무역수지 개선과 성장기반을 강화(기존분석은 21.2억 달러)

- 對미 무역수지는 여전히 연평균 1.4억 달러의 흑자 예상(기존분석은 4.2억 달러)

- 농수산업 부문은 15년간 연평균 8,445억 원(농업 8,150, 수산업 295) 수준

의 생산이 감소할 것으로 예상

– 피해규모를 크게 초과하는 농수산업 지원대책이 이미 추진되고 있고, 이를 더욱 보완할 계획이므로 이러한 피해는 충분히 보전될 수 있음

  * 생산감소액은 15년간 총 12.7조원 수준(농업 12.2조원, 수산업 0.4조원)이나, 10년간 21.1조원을 투입하는 한 · 미 FTA 보완대책('07.11월)이 기 마련되어 있음

• 서비스업 개방은 경쟁을 통한 효율성 증진으로 서비스업이 우리 경제의 성장동력으로 성장할 기반을 강화할 것으로 기대

– 특히, 경쟁력이 취약하거나 공공성 침해 소지가 있는 분야는 개방에 따른 영향에 대응할 수 있도록 개방 속도를 조절

  * 법률 · 회계는 단계적 개방, 교육 · 의료는 미개방

V. 맺는말

지금까지 한 · 미 FTA의 의의와 경제적 전망을 고찰해 보았다. 우리나라는 자원이 부족하고 지정학적 환경이 매우 어려운 처지에 놓여 있는 나라이다. 이곳에서 터를 잡고 반만년이 넘는 유구한 역사와 전통을 이어 왔고, 앞으로 또한 영원히 발전을 거듭해 나가야 할 곳이다. 이번 FTA 체결과 그 출범은 이와 같은 배경 아래서 이루어진 커다란 쾌거라 할 수 있다. 따라서 우리는 현실에 안주할 것이 아니라 다음과 같이 나라 전체의 운명적인 의의를 되살펴보아야 할 때이다.

이번 FTA의 경제적 기대효과분석 자료에도 나와 있는 것처럼, 가장 피해가 큰 농업분야에 대해서 입법부와 행정부는 함께 머리를 맞대고 보완

책을 하루 속히 수립 하는 게 급선무이다.

이번 FTA 비준안과 함께 14개 이행관련 부수법안이 국회를 통과했으니, 하루 속히 여야가 합심해서 거기에 따른 보상 집행 예산 등을 확정지어야 할 것이다. 예산안이 어떻게 짜여 있는지 상세한 내용을 알 수는 없지만, 합심해서 잘 해결할 수 있는 사안이라고 믿고 싶다.

우리 국민은 현명하다. 따라서 제대로 결정이 날 것으로 믿는다. 이렇게 해서 한·미 FTA가 발효되면 다음과 같은 긍정적인 결과를 기대하게 될 것으로 확신한다.

첫째, 세계최대 무역시장의 확보
둘째, 외국인 직접투자(FDI)의 對한국 진출 확대 강화
셋째, 산업구조의 고도 선진화
넷째, 한국의 대외신인도 제고 및 동북아 경제적 입지 강회와 역할 증대
다섯째, 글로벌스탠다드(global standard)의 적용 확대로 선진경제권 시장의 공유
여섯째, 동북아지역 안보망 공동 구축 및 코리아 디스카운트의 완전 불식

이리하여 우리는 또 한 번 한국의 기적을 온 인류 앞에 자랑스럽게 보여 주어야 할 기회가 온 것이라고 믿고 싶다.

한·페루FTA 타결 가(假)서명과 기대효과

– 상호보완적 무역구조 하에서 상생이득(相生利得)을 가져오는 협정

Ⅰ. 머리말

한국과 페루 양국은 2010년 11월 15일 자유무역협정(FTA)에 가(假)서명했다. 2011년 3월경 정식 서명한 후 각각 국회 비준을 받게 된다. 한·페루 FTA는 한국의 여덟 번째 FTA로, 남미국가로는 칠레에 이어 두 번째이다. 한국은 페루를 포함해 유럽연합(EU), 아세안(ASEAN=동남아시아국가연합)과 FTA를 통해, 45개 구성국가들과 협상을 타결했다. 지금 세계 무역환경은 다자간 협정체제에서 양자간 체제로 바뀌어가고 있으며, 그 중심에 세계무역기구(WTO)가 자리 잡고 있으면서 무역질서를 총괄하고 있다.

이번 한·페루 FTA 가서명은 2010년 11월15일 방한한 페루의 가르시아 대통령과 이명박 대통령 간에 양국 정상회담을 가진 직후, 한국의 김종훈 통상교섭본부장과 페루 에두아르도 통상장관이 FTA 협정문에 가서명함으로써 이루어졌다.

한·페루 FTA는 한국이 타결한 FTA 가운데 특히 처음으로 에너지자원 협력을 명시적으로 포함시켰다는 점에 큰 의의가 있다. 페루는 은(세계 1

위), 아연(2위), 구리(3위), 주석(3위) 등 주요 광물자원이 매장량 기준으로 세계 3위권 이내이며, 석유와 천연가스 매장량도 상위권인 자원 부국이다. 이에 반해서 한국은 자동차와 전자제품 등 공산품의 對페루 수출이 획기적으로 확대될 전망이다. 이처럼 양국의 경제구조는 이상적으로 상호보완적 구조를 가지고 있어 FTA가 정식 발효되면 양국이 서로 상생효과를 가지게 될 전망이다. 그 뿐만 아니라 한국은 칠레와 더불어 남미의 거대시장에 진입하는 교두보를 확보했다는 점에서 크게 기대된다.

Ⅱ. 한·페루 FTA 내용 요약

한·페루 FTA는 2008년 11월 양국 정상회담시 한·페루 FTA를 추진하기로 합의한 이후, 5차례의 공식협상, 2차례의 회기간 회의, 3차례의 통상장관회담을 거쳐 2010년 8월 30일 1년 9개월 만에 타결되었다.

한·페루 FTA 주요 내용[1]

한·페루 FTA 협정이 발효되면 자동차와 전자제품 등 한국 공산품 분야의 페루 수출이 늘고, 페루는 한국에 바나나, 오징어 등 농수산물 분야를 비롯해서 광산물 등 1차 산품의 수출이 늘어날 것으로 전망되어 상호보완적인 효과를 가져올 전망이다.

---

1) 이 내용은 조선일보 2010. 11. 16. 보도내용 기사를 요약한 것임.

〈표 1〉 한 · 페루 FTA 주요 내용

분야	품목(현행 관세율)		협정 발효 후 관세 철폐 시기	
공산품	승용차	9%	3000cc 이상	즉시 철폐
			1500~3000cc	5년 이내 철폐
			기타 승용차	10년 이내 철폐
	컬러TV	9%	전 품목	즉시 철폐
	세탁기	0~17%	전 품목	4년 이내 철폐
	냉장고	17%	전 품목	10년 이내 철폐
농수산물	오징어	10~22%	냉동 오징어	10년 이내 철폐
			기타 오징어	5~7년 이내 철폐
	커피	2%		즉시 철폐
	바나나	30%		5년 이내 철폐
	쌀, 쇠고기, 고추, 명태 등 107 품목			관세 철폐 대상에서 제외
	돼지고기 등 202개 품목			10년 초과

※ [주] 현행 관세율은 공산품은 페루, 농수산물은 한국이 적용하는 것임.
※ 자료: 통상교섭본부

　　한국의 주력 수출품인 승용차에 대한 페루의 관세는 9%인데, 협정이 발효되는 즉시 배기량 3000cc 이상 대형 승용차에 대한 관세부터 철폐된다. 1500~3000cc 중형 승용차의 관세는 5년 이내, 기타 승용차는 10년내에 철폐된다. 자동차는 對페루 수출의 16.2%(2007년~2008년 평균 연간 9,700만 달러)를 차지하는 최대 수출품이다.

한 · 페루 FTA 협정 발효의 의의

　　한 · 페루 FTA의 타결은 첫째, 페루는 규모는 작지만 성장잠재력이 큰 시장으로서 한국의 중남미 진출의 교두보를 확보했다는 점에서 의의가 있다.

둘째, 페루는 중남미 국가 중 가장 활발히 FTA를 추진 중이며 이미 미국, 중국 등과의 FTA가 발효 중으로 이번 한·페루 FTA 타결을 통해 페루시장에서 다른 경쟁국들과 어깨를 나란히 할 수 있게 되었으며, 현재 페루와 FTA 협상중인 일본에 비해 상대적으로 시장 선점효과를 누릴 것으로 기대된다는 점에서 의의가 있다. 셋째, 페루는 아연, 주석, 납, 동 등 광물자원이 풍부하여 한국의 전략적인 자원협력 파트너로서 자리매김을 했다고 평가된다.

2009년 기준 한국의 對페루 수출은 6.4억불(62위), 수입은 9.2억불(37위), 무역수지 적자는 2.8억불로, 현재 교역규모는 그다지 크지 않다. 다만, 한국의 경우 페루의 13번째 수출대상국이자 9번째 수입대상국으로 한·페루 FTA는 단기적으로는 페루에 더 큰 영향을 미칠 것으로 보인다.

교역 품목을 살펴보면 한국은 페루에 자동차, 무선전화기, 석유화학제품 등 중화학공업 제품을 수출하는 반면, 페루는 한국에 동광, 아연광 등 광물자원과 수산물, 섬유원료 등 천연자원을 주로 수출하고 있다.

페루 수입시장에서는 미국이 가장 높은 비중을 차지하고 있으며 중국이 큰 폭의 상승세를 보이는 가운데 한국의 점유율은 다소 횡보세를 보이다 최근 개선되고 있는 중이다. 한국 품목구성과 주요 경쟁국의 품목구성을 비교하여 경합도를 분석한 결과, 이미 FTA가 발효된 미국, 중국보다도 일본과의 경합도가 두 배 이상 높은 것으로 나타나 페루 시장의 최대 경쟁자는 일본인 것으로 판단된다.

한국의 주요 수출 품목 중 자동차, TV, 의약품 등은 9%의 높은 관세를 유지하고 있어 FTA 체결 여부가 수출시장 경쟁력에 핵심요소로 작용할 것으로 보인다. 또한 최근 페루의 건설 수요 증가 및 청정개발 메커니즘의 개발, 성형수술 시장 확대 등 새로운 트렌드에 따라 의료기기 및 의료

장비 관련 품목 수출이 유망할 것으로 기대된다.

앞으로 일·페루 FTA가 타결되어 발효되기 전에 한·페루 FTA가 발효되어 선점효과를 극대화하도록 한국정부는 공식서명 및 국회 비준 등 향후 일정을 조속히 진행해야 할 것이다. 또한 한국 업계의 중남미 진출의 출발점을 앞당기기 위해 현재 협상중인 콜롬비아, 메르코수르[2] (MERCOSUR: 남미공동시장) 등과의 FTA 협상에도 박차를 가해야 할 것이다. 한국 업계에서는 해당 수출 품목이 한·페루 FTA의 혜택을 받을 수 있는지 여부를 점검하고 이를 마케팅에 적극 활용해야 할 것이다.

중남미에서 가장 건조한 성장세를 보이고 있는 페루는 규모는 적지만 무한한 가능성을 지닌 시장으로서 칠레에 이어 중남미 시장 진출의 교두보 역할을 할 것으로 전망된다.

페루의 GDP는 한국 GDP의 15%에 불과하며 한국 수출시장에서 페루가 차지하는 규모(0.2%)보다 페루 수출시장에서 한국이 차지하는 규모(3.2%)가 더 커 한국보다는 페루에 더 큰 효과가 있을 것으로 예상된다.

한국과 페루의 경제현황 비교

2009년 기준 한국과 페루의 경제현황을 비교하면 다음 표와 같다.

---

2) MERCOSUR(Mercado Comun del Sur; 남미공동시장)는 1991년 3월 26일 아순시온 조약 체결로 성립된 공동시장이다. 남미지역의 대표적인 경제공동체로서, 지역협정 가운데 역내 국가 간에 관세 및 비관세 장벽을 철폐하고 생산요소(서비스, 노동, 자본, 생산기술 등)의 자유이동을 보장하는 협정이다. 현재 회원국은 브라질, 아르헨티나, 우루과이, 파라과이 등 4개국이다.

〈표 2〉한국과 페루의 경제현황 비교 (2009년 기준)

	단위	한국	페루
명목 GDP	억 달러	8,333	1,259
실질GDP 성장률	%	0.2	0.9
인구	백만 명	48.3	29.2
총 수출금액	억 달러	3,557	226
총 수입금액	억 달러	3,494	225
對 세계 주요 수출품목		선박, 전화기, 직접회로, 액정 디바이스, 승용차	금, 동광 및 정광, 동 및 동합금, 석유 및 역청유, 수산물
對 상대국 수출	억 달러	6.3	7.2
수출시장에서 상대국이 차지하는 비중	%	0.2	3.2
對 상대국 투자금액	천달러	40,138	922

※ 자료: Global Insight, IMF, World Trade Atlas, KITA, 수출입은행, 지식경제부.

페루는 최근 5년간 6% 이상의 높은 경제성장률을 유지해왔으며, 2005
년부터 2009년까지 최근 5년간 평균 경제성장률은 6.8%로 중남미 주요
국에서 페루가 가장 높다.

또한 최근 5년간 수입시장 성장률이 20%에 달하며 외국인투자 역시
최근 30% 이상 증가하는 등 중남미 국가들 중 성장잠재력이 매우 큰 시
장이다.

최근 중남미 주요국의 경제성장률과 주요 지표 비교

최근 중남미 주요국의 경제성장률과 주요 지표를 비교하면 다음 표와
같다.

<표 3> 최근 중남미 주요국 경제성장률 (단위: %)

	2005	2006	2007	2008	2009	2010	최근 5년간 평균성장률
페루	6.8	7.7	8.9	9.8	0.9	6.9	6.8
칠레	5.6	4.8	4.7	3.4	−1.4	4.6	3.4
콜롬비아	5.0	7.1	6.3	2.7	0.8	4.4	4.4
브라질	3.2	4.0	6.1	5.1	−0.2	6.8	3.6
멕시코	3.2	4.9	3.3	1.5	−6.5	4.8	1.3
베네주엘라	10.3	9.8	8.2	4.8	−3.1	−2.7	6.0

※ 자료: Global Insight

<표 4> 중남미 주요국가 경제현황 및 지표 비교 (단위: 백만 명, %)

구분	페루	칠레	콜롬비아	브라질	멕시코	베네주엘라
인구 (2009)	29.2	16.9	45.7	198.1	109.6	28.8
15~24세(2010) (인구비중)	19.1	17.2	23.5	17.3	17.9	18.7
수입시장연평균 증가율 (2004-2009)	20.0	18.8	18.6	21.1	4.7	36.2
국가신용등급 (Fitch:2010)	BBB−	A	BB+	BBB−	BBB	B+
FDI Inward* 연평균증가율 (2005-2008)	31.7	23.7	36.8	25.5	−1.9	3.7
對세계에너지 매장량 비중 (2009)	동(11.7), 아연(9.5),원유(0.1),천연가스(0.2)	동(29.6) 은(17.5)	원유(0.1), 천연가스(0.1)	원유(1), 천연가스(0.2), 철광석(10), 우라늄(5.1), 리튬(1.9)	원유(0.9), 천연가스(0.3),동(7), 은(9.3)	원유(12.9), 천연가스(3)

※ 자료: Global Insight, UN Population Database, IMF, 한국수출입은행, UNCTAD, British Petroleum, U.S. Geological Survey.
※ 對페루 외국인직접투자 유입액을 말함.

112

페루의 對세계 교역 현황

페루의 對세계 교역 현황은 다음 표와 같다.

〈표 5〉 페루의 對세계 교역 현황 (단위: 백만 달러, %)

	2004	2005	2006	2007	2008	2009	2010 (1~6월)
수출	12,370 (42.0)	17,001 (37.4)	23,431 (37.8)	27,588 (17.7)	31,208 (13.1)	26,535 (-15.0)	15,463 (34.5)
수입	10.111 (20.1)	12,502 (23.6)	15,327 (22.6)	20,464 (33.5)	29,982 (46.5)	21,864 (-27.1)	13,461 (32.6)
교역총액	22,482 (31.3)	29,502 (31.2)	38,759 (31.4)	48,052 (24.0)	61,190 (27.3)	48,400 (-20.9)	28,924 (33.6)
무역수지 〈증감액〉	2,259 〈1,965〉	4,499 〈2,240〉	8,104 〈3,606〉	7,124 〈-980〉	1,225 〈-5,899〉	4,671 〈-3,446〉	2,002 -

※ [주]: 괄호 안은 전년 동기 대비 증가율
※ 자료: WTA, 페루 관세청(Super Intendencia Nacional de Aduanas).

페루는 지리적으로도 칠레, 에콰도르, 볼리비아, 브라질, 콜롬비아 등과 국경을 접하고 있어 한국의 중남미 시장 진출에 발판이 될 것으로 예상된다.

페루는 현재 14개국과의 FTA가 발효 중이며, 최근 중·페루 FTA가 2010년 3월부터 발효되었고, 페루 통신에 따르면 2010년 9월 안에 일본과의 FTA 타결도 기대하고 있는 것으로 알려지고 있다. 또 최근에는 미국, 호주, 베트남 등과 P4 협정[3](칠레, 브루나이, 싱가포르, 뉴질랜드) 가입 의사

---

3)Trans-Pacific SEP(Comprehensive Trans-Pacific Strategic Economic Partnership Agreement)는 TPP(Trans-Pacific Strategic Economic Partnership) 혹은 Asia-Pacific FTA라고도 한다. 현재 칠레, 뉴질랜드, 브루나이, 싱가포르 등이 속해 있으며, 미국, 호주, 페루, 베트남이 가입의사를 밝혔고 대만도 가입 의사를 밝혀 태평양 연안의 총 9개국을 아우르는 환태평양 경제 협정으로 발전할 가능성이 있다.

를 밝히고, 모로코, 남아프리카 공화국, 러시아, 인도, 중앙아메리카 7개 국과 신규 FTA 협상 개시 의사를 의욕적으로 밝히고 있다.

전략적 자원협력 파트너로서 자리 매김

페루는 세계 광물자원 중 아연, 주석, 납, 동 등 전략적 광물자원의 보고(寶庫)이며 중남미 신흥산유국 및 천연가스 공급기지로 외국기업의 자원개발 참여가 제도적으로 잘 뒷받침되어 있다. 현재 한국석유공사, SK에너지, 대우인터내셔널 등이 진출해 있으며 페루는 한국 기업이 남미지역 중 가장 활발하게 유전개발 사업을 추진 중인 국가이다.

〈표 6〉 페루의 광물생산 세계 순위

광물	세계 순위	중남미 순위
아연	2	1
주석	3	1
납	4	1
금	5	1
은	1	1
동	3	2

※ 자료: KOTRA 자료 재인용.

Ⅲ. 한·페루 교역 현황

2009년 기준 한국의 對페루 수출은 641백만불(62위), 수입은 919백만불(37위), 무역적자는 278백만불로서 현재 교역규모는 그다지 크지 않다. 2008년 세계금융위기 여파로 2009년 수출증가율이 마이너스를 기록한 것을 제외하고는 최근 5년간 한국의 對페루 수출은 지속적으로 두 자리수 증가 추세를 보이고 있다.

국제 원자재가격 인상으로 2006~7년간 한국의 對페루 수입은 큰 폭으로 증가했으나 2008년 금융위기로 줄어들었으며, 최근 다시 증가 추세를 보이고 있다.

한국은 페루의 13번째 수출 대상국이자 9번째 수입 대상국이다.

〈표 7〉 한국의 對페루 교역 현황   (단위: 백만 달러, %)

	2004	2005	2006	2007	2008	2009	2010 (1~7월)
수출	245 (19.9)	282 (15.2)	359 (27.1)	466 (29.9)	720 (54.5)	641 (-10.9)	549 (122.6)
수입	283 (45.6)	249 (-11.9)	676 (170.9)	1,040 (53.9)	904 (-13.1)	919 (1.7)	573 (29.0)
교역총액	528 (32.7)	531 (0.6)	1,035 (94.9)	1,506 (45.5)	1,624 (7.8)	1,560 (-3.9)	1,122 (62.4)
무역수지 〈증감액〉	-38 〈-48〉	33 〈71〉	-317 〈-350〉	-574 〈-257〉	-184 〈390〉	-278 〈-94〉	-24

※ [주] 괄호 안은 전년 동기 대비 증가율임.
※ 자료: 한국무역협회.

교역 구조는 한국이 공산품을 수출하고 원자재와 농수산물을 수입해오는 전형적인 산업간 보완적 무역구조로서 FTA를 이미 발효한 바 있는 칠레와 유사한 수출입 구조를 보이고 있다.

한국의 對페루 주요 수출품은 승용차, 화물자동차, 자동차부품, 열연강판, 철강후판, 의약품, 휴대폰, 컴퓨터, 타이어, 시멘트, TV 등 공산품 등을 주로 수출하고 있으며, 한국의 對페루 수입품은 동광, 아연광, 아연제품, 은, 나프타 등 광물과 농수산물 가운데 커피, 오징어 등 1차산품이 대부분을 차지하고 있다.

Ⅳ. 페루 수입시장의 경쟁 현황

페루 수입시장에서는 미국이 가장 높은 비중을 차지하고 있는 가운데, 중국이 큰 폭의 상승세를 나타내며 미국을 추격하는 한편, 한국의 점유율은 다소 횡보세를 보이다가 최근 개선되고 있다. 미국산이 페루 수입시장에서 차지하는 비중은 2000년대 중반 감소세를 보였으나 재차 상승 추세에 있으며, 2009년 2월 미·페루 FTA 발효를 계기로 페루 수입시장에서 수위를 고수할 수 있을 것으로 보인다.

중국산 페루시장 점유율은 폭발적으로 증가하여 최근 5년간 점유율이 두 배 이상 늘어 2010년 현재 16.6%를 차지하고 있으며, 2010년 3월 중·페루 FTA 발효로 이러한 증가 추세가 이어질 것으로 보인다.

페루 수입 시장에서 한국과 일본이 차지하는 비중은 횡보세를 보이다가 최근 들어 소폭의 증가세를 보이고 있으며, 양국 모두 페루와의 FTA의 발효 여부가 향후 점유율 추이에 큰 영향을 미칠 것으로 보인다.

對페루 수출 유망 품목과 관세율 관계를 열거하면 다음과 같다.

페루의 관세율 구조는 한국이 주로 수출하는 공산품의 경우 0%, 9%, 17%의 단순한 구조를 지니고 있으며, 현재 페루 전체 수입 가운데 약 49%(품목수 기준)는 이미 무관세로 FTA의 직접적인 영향이 없을 것으로 보인다.

일부 품목을 제외하고 경유 등 석유제품, 휴대폰, 철강, 석유화학 등 한국 주요 수출품의 페루 수입 관세는 이미 無관세로 FTA 체결로 인한 관세철폐의 영향이 없는 상태이다. 한국의 주요 수출품 가운데 자동차, TV, 의약품 등은 9%의 높은 관세를 유지하고 있어 FTA로 인한 관세철폐의 직접적인 혜택을 얻어 수출 증가가 기대된다.

한편, 상대적으로 수입규모는 작으나 9~17% 관세를 부과하고 있는 냉장고, 부직포, 편직물 등 일부 섬유제품, 일부 석유화학 제품 등도 FTA로 인한 관세철폐시 수출 경쟁력 상승으로 수출증가가 기대된다.

V. 평가와 향후 과제

한·페루 FTA는 한·칠레 FTA에 이어 경제 성장이 유망한 중남미 신흥시장 진출의 교두보를 확보했다는 점에서 큰 의의가 있다. 특히 페루는 중남미 국가들 가운데 연평균 경제성장률이 가장 높은 국가로서 성장 잠재력이 매우 큰 시장이며 자원부국이다.

한국 주요 수출품목 중 자동차, 의약품, TV 및 냉장고, 가전제품, 석유화학제품 등 9~17%의 고관세 부과 품목들이 FTA 체결로 수출 증대효과가 기대된다.

자동차의 경우 시장 점유율이 증가 추세이며 FTA가 발효될 경우 일본 등 경쟁국과의 점유율 격차를 줄일 수 있을 것으로 보인다. 페루 시장에서 미국 및 중국 등에 비해 FTA 체결이 늦어졌으나 일본에 앞서 타결함으로서 상대적인 선점효과를 누릴 수 있다는 데 의의가 있다.

수입시장에서의 경합도를 분석한 결과, 미국이나 중국보다 일본이 두 배나 앞서 페루 시장에서 일본이 한국의 최대 경쟁자로 부상할 것으로 판단된다.

한국 정부는 한·페루 FTA의 공식서명 및 비준절차 등을 조속히 진행하여 FTA 선점효과를 극대화해야 할 것이다(특히 일본에 앞서 선점효과를 극대화해야 하는 것이 중요하다).

또한 페루와 이미 FTA를 발효한 미국(2009년 2월 발효), 중국(2010년 3월 발효) 등의 경쟁국을 추격하고 페루 시장에서 경쟁관계가 높은 일본과의 FTA 타결에 대비해야 할 것이다. 또 한편으로는 아직 협상이 진행 중인 콜롬비아, 메르코수르(MERCOSUR) 등 중남미 국가들과의 FTA 협상에 박차를 가하여 한국 업계의 중남미 시장 진출을 지원해야 하는 것도 중요하다.

한편, 업계에서는 해당 수출 품목이 한·페루 FTA의 혜택을 받을 수 있는지 여부를 점검하고 이를 마케팅에 적극 활용해야 할 것이다. 최근 연이어 타결되고 있는 여러 FTA의 원산지 규정에 대한 이해와 원산지 증명서 준비 등에 만전을 기해야 할 것이다.

한·EU FTA 출범이
한국경제에 미치는 영향

Ⅰ. 머리말

한국과 EU(유럽연합) 양측은 2009년 10월 15일 FTA(자유무역협정) 협정문에 가서명했다. 이로써 한국은 이 지구상에서 가장 큰 교역상대 주체(인구, GDP, 교역 규모에서 미국과 대비되는 주체)인 EU에 대하여 교역의 동반자 대열에 오르게 되었다. 한·EU FTA 협상경위를 요약하면, 지난 2007년 5월 서울에서 1차 협상이 개최된 이래 2009년 3월까지 모두 8차례에 걸쳐 한국(서울)과 벨기에(브뤼셀)를 오가며 협상을 진행, 그동안 원산지 관련 쟁점 및 관세환급 등을 제외한 주요 핵심쟁점들이 잠정 타결됐고, 그 후 EU 27개 회원국이 이 잠정타결협상안을 수용, 동년 7월 양측이 한·EU FTA 협상안에 최종 타결을 보게 됨에 따라 3개월 후인 10월에 드디어 양측이 협정문에 가서명을 마치게 되었다.

이번 협정문에 따르면, EU 측은 공산품 전 품목에 대해 앞으로 5년 내에 관세를 없애기로 하고, 이 중 99%는 3년 내에 철폐하기로 했으며, 이에 대해 한국 측은 3년 내에 관세철폐품목을 96%로 하기로 했다. 쌀은 관세철폐 대상에서 제외됐다. 1000페이지에 달하는 협정문은 EU 가맹국의 23개 공식언어로 번역을 거쳐 진행이 되기 때문에 2010년 1/4분기쯤에 각국의 정식 비준서명이 끝나면 2010년 7~8월 경(여름)에 정식 발효될 전망이다.

한·EU FTA 비준에서 걸림돌은 역시 자동차분야이다. EU 자동차수출의 중요 주체국인 이탈리아가 비준과정에서 거부권 행사를 시사하고 있기 때문이다. 이 점은 이미 끝난 한·미 FTA에서도 자동차분야에서 후폭풍이 일어나고 있는 것과 같은 맥락이다. 그러나 한·EU FTA의 경우는 협상 대표로 직접 참가했던 현 EU 초대 외교통상담당 집행위원 캐서린 애슈턴(Catherine Ashton)의 중재노력을 기대할 때 큰 문제는 없을 것으로 관측된다.

Ⅱ. 한·EU FTA 출범의 의의

이번 FTA 타결로 한국은 對선진경제권 수출의 25%(미국 11.0%, EU 13.8%), FDI(외국인직접투자)의 61%(미국 27.0%, EU 34.3%)를 차지하는 양대 선진경제권과의 교역·투자를 고도화하는 기반을 구축하게 되었다. 그 뿐만 아니라 장기적으로는 한국경제의 생산성 제고 및 잠재성장력을 부양하는데 많은 기대를 할 수 있다는 데 큰 의의를 찾을 수 있다.

한·EU FTA 체결로 한·미 FTA 이상의 경제적 효과 기대

EU는 세계 1위 경제권이자 한국의 제2 교역 파트너로서, 한국 측 주요 수출 품목의 관세율이 그동안 높았기 때문에, 앞으로 수출 확대에 유리하게 되었다. 특히 동유럽지역은 성장잠재력이 높으며 한국의 현지 생산 경쟁력 강화, 연관산업 활성화 등으로 높은 파생효과를 기대할 수 있다(현대-기아차의 체코 및 슬로바키아, LG전자의 폴란드, 삼성전자의 헝가리 및 슬로바키아 등).

그 뿐 아니라 투자자유화 확대 및 서비스시장의 개방으로 EU의 다국적기업 지역본부, R&D센터본부 등의 한국 유치를 가속화시킬 수 있게 되었다.

심화되고 있는 對일본 貿易逆調 개선의 계기 마련

EU가 강점이 있는 기계류, 정밀화학원료 등 부품·소재를 중심으로 對日 수입전환효과(수입선을 일본에서 EU로 전환시키는 효과)를 가져와 만성적인 對日 수입의존도 완화에 기여하게 되었다.

미국 내 한·미 FTA 비준에 긍정적 효과

미국과 EU간 역학관계 및 한국시장에서의 미·EU간 경쟁관계를 고려할 때, 미국 의회의 한·미 FTA 비준의 촉진요인이 될 전망이다.

국제 신인도 제고

한·미 FTA에 이어 한·EU FTA 타결로 한국경제의 투명성 및 예측가능성을 제고시킴으로써 한국경제의 국제신인도 및 투자유입 제고가 기대된다.

Ⅲ. 유럽연합(EU)은 어떤 나라인가?

EU의 개황

유럽연합은 유럽 대륙 27개국(서유럽 17개국+동유럽 10개국)이 결합한 국가 연합체이다. 이들 국가는 개별적으로는 독립국가체제(대내정치, 경제, 사회)를 유지하지만, 유럽 밖의 대외적 행동은 단일체제를 유지하는 독특한 구조이다. 이러한 구조는 발라사의 경제통합론에 따르면 경제통합의 맨 마지막 단계인 완전경제통합 또는 정치동맹(political union)단계에 해당한다. 유럽헌법, 유럽집행위원회, 각료이사회, 유럽의회, 유럽사법재판소, 회계감사원, 유럽중앙은행, 유럽투자은행 등 통합기구가 조직되어 운영되고 있고 1999년부터 단일통화가 통용되고 있음은 이미 앞에서 언급한 바와 같다.

EU 회원국

서유럽 17개국

프랑스, 독일, 이탈리아, 벨기에, 룩셈부르크, 네덜란드, 영국, 아일랜드, 덴마크, 그리스, 스페인, 포르투갈, 오스트리아, 핀란드, 스웨덴, 사이프러스, 몰타

동유럽 10개국

헝가리, 폴란드, 체코, 슬로바키아, 슬로베니아, 에스토니아, 라트비아, 리투아니아, 루마니아, 불가리아 (EU 가입 순)

EU 경제규모

2008년 12월 31일 현재 EU 27개국의 GDP(국민총생산) 총액은 15조 3,379억 달러로 이 가운데 독일이 3조 190억 달러로 전체의 19.7%를 점하는 1위의 최강국이다. 다음은 프랑스가 15.9%인 2조 4,400억 달러로 2위, 영국은 13.5%인 2조 790억 달러로 3위를 차지하고 있다.[1] 따라서 이들 3대 국가가 EU 전체 GDP의 절반을 차지한다.

EU 27개국의 1인당 평균 GDP는 3만 1,157 달러인데 이들을 국가별로 보면, 1인당 GDP 1위는 룩셈부르크 11만 4,925 달러, 2위 덴마크 5만 5,187 달러, 3위 아일랜드 5만 1,533 달러, 4위 네덜란드 4만 9,990 달러, 5위 오스트리아 4만 4,098 달러, 6위 핀란드 4만 2,578 달러, 7위 벨기에 4만 1,405 달러, 8위 프랑스 4만 802 달러, 9위 독일 3만 6,463 달러, 10위 스웨덴 3만 5,030 달러 등이며 이탈리아 및 영국이 그 뒤를 쫓고 있다.

EU의 교역규모(수출+수입)는 8조 6,086억 달러로, 이 가운데 1위 독일 2조 1,369억 달러, 2위 프랑스 8,970억 달러, 3위 영국 8,079달러, 4위 이탈리아 7,658 달러, 5위 네덜란드 7,096억 달러 등으로서 독·불·영 3대 강국의 교역합계는 EU전체의 44%로 거의 절반에 가깝다.

EU의 탄생과 변천

유럽연합의 모체가 된 것은 앞에서 언급한 바와 같이 1951년 출범한 유럽석탄철강공동체(ECSC)이며, 여기에는 세계대전의 양대 적대 진영인 독일 · 프랑스 · 이탈리아를 비롯하여 베네룩스 3국(벨기에 · 네덜란드 · 룩셈

---

1) '세계국가편람' (한국수출입은행, 2009.)에서 편집 작성(이하 같음).

부르크) 등 6개국이 주도적으로 추진해서 실현가능하게 된 것이다.

그 후 1957년 ECSC 회원국들은 로마조약을 체결하여 유럽경제공동체(EEC)와 유럽원자력공동체(Euratom)를 출범시켰고, 이어서 1965년에는 기존의 이들 3기구(유럽석탄철강공동체, 유럽경제공동체, 유럽원자력공동체)를 통합하는 유럽공동체(EC: European community)를 발족시켰다. 1991년 12월 12개 정상회의에서 정치 · 경제 · 통화 동맹을 달성하기 위한 마스트리히트조약이 체결되어 1993년 1월 유럽 단일시장이 출범케 되었고, 1998년 7월 유럽중앙은행(ECB)의 출범에 이어 1999년 1월 유로화체제의 11개국에 의해서 유럽단일통화(장표통화)가 1차 출범했고, 2002년 1월에 2차통화(주화 및 지폐)가 출범하였다.

이제 EU를 이끌어갈 기본 틀인 「유럽헌법」(리스본조약)에 대해서 27개국 비준이 그동안 각국에서 진행돼 왔었는데 2009년 11월 3일 체코가 마지막으로 서명을 함으로써 동년 12월 1일자로 헌법이 발효되었다. 이어서 이 헌법에 따라 초대 EU대통령(EU 정상회의 상임의장)에 헤르만 반 롬 푸이(벨지움)가 선출되었고, 초대 EU 통상담당집행위원(안보 · 외교정책총책)에 캐서린 애슈턴(영국)이 선출되어 이들은 2010년 1월에 정식 취임을 앞두고 있다. 이로써 EU를 새 헌법에 따라 이끌고 나갈 수뇌부 진용이 모두 구성되었다.

Ⅳ. 한·EU FTA(한·유럽연합 자유무역협정) 협상내용 요약

주요 협상결과

공산품 양허

상호간 높은 수준의 시장개방을 통해 교역증대가 기대된다.

– EU는 최대 5년 내, 우리 측은 최대 7년 내 모든 공산품관세가 철폐
되는 높은 수준의 시장 개방에 합의하였다.

 * 주요 수출품목의 EU측 관세율: 자동차(10~22%), TV · 오디오 · 비디오(14%), 섬유최

 대(12%), 석유 및 유기화학최대(6.5%), 비철최대(7.5%) 등이다.

– 양국 간 제조업 경쟁력 차이, 관세율 차이를 반영한 이익 균형달성
을 도모하였다.

 * 3년 내 관세철폐비율(수입액기준): 한국 91.8% / EU 93.3%

원산지

기계, 전기전자, 섬유, 자동차 등 대부분 품목에서 우리 기업이 수출하
는 데에 어려움이 없도록 원산지 기준 합리화를 기했다.

 * EU는 자국의 표준원산지규정을 한 · EU FTA 협상에서 처음으로 대폭 수정했다.

투자 및 서비스

상호간 외국인투자 보호 및 자유화를 확대하였다.

– 우리 측은 한·미 FTA와 유사한 수준의 개방에 합의하였다.

* 전문직 서비스 · 법률 · 회계 · 세무 등 단계적 개방 사업조사 · 경비 · 부동산 등 육상

　　수송 우편 · 쿠리어 · 건설 등 대부분의 분야를 개방하였다.

– EU측의 전문직 서비스, 유통서비스, 건축서비스 등을 추가 개방하

　였다.

* EU측 개방 범위는 총 139개 분야, 우리 측은 115개 분야이다.

비관세

자동차, 전기전자 등 분야별 기술 기준의 조화 및 적합성 평가절차 간

소화로 양국 간 교역증대 여건을 조성하였다.

* 자동차 국내 안전기준 42개 중 32에 대해 UN/ECE 기준과의 동등성을 인정하였다.

분야별 협상결과 요약

공산품양허

전반적 양허수준

– 조기 철폐(3년 내 관세 철폐)를 기준으로 한국은 對EU 수입의 91.8%,

　EU는 對韓 수입의 93.3%를 관세 철폐하는 높은 수준이다.

〈표 1〉 양국 간 양허안 현황

구 분		즉시철폐	3년	3년내철폐	5년	7년	총계
한국	수입액	69.4	22.4	91.8	6.9	1.3	100.0
	품목수	90.7	5.1	95.8	3.7	0.5	100.0
EU	수입액	76.7	16.6	93.3	6.7	–	100.0
	품목수	97.3	2.1	99.4	0.6	–	100.0

※ 작성기준: 공산품 및 임산물(한국 측 9,404개, EU측 7,398개 품목 대상)

업종별 양허수준

– 우리 측은 기계·화학부문에서, EU측은 자동차부문에서 상대적으로 자국산업의 민감성을 반영한 양허안에 합의하였다.

원산지

주요 품목에서 우리 기업이 충족 가능한 품목별 원산지 안에 합의하였다.

– 특히 업계의 우려가 컸던 기계·전기전자(84,85,90류) 부분에서 만족할 만한 수준이다(세 번 변경 또는 역외 부가가치 45~50%으로 합의하였다).

– 개성공업단지 관련 상항

한국·EU 쌍방 간에 한반도역외가공지역위원회(Committee on Outward Processing Zones on the Korean Peninsula)를 협정 발효 1년 후에 구성하여 역외가공무역지역(OPZ) 운영에 관한 세부사항을 결정하기로 하였다.

한반도역외가공지역위원회는 역외가공지역에 적합한 지리적 구역, 역외가공지역의 생산품이 FTA 관세율을 적용하기 위한 요건 등을 협의(매년 1회 개최, 또는 쌍방 합의 시에 수시 개최)키로 하였다. 한편, 개성공단은 한미방식을 채택하여 발효1년 후 추가 논의 예정이다.

(본건 자료출처: 日本 JETRO Report, 2009. 10. p.21.)

<표 2> 주요 품목별 원산지안 합의 내용 평가

산업구분	조기 철폐 비율		조기 철폐 주요 품목	
	한국	EU	한국	EU
자동차 및 부품	95.1	72.2	양국 공히 중대형차(1,500CC 초과) 3년, 일부 품목을 재외한 대부분의 자동차부품을 즉시 철폐	
전기 전자	96.5	97.8	반도체생산부품, 발전기, 축전지, 가전제품, 무선기기	TV(14), TV부품(5), 비디오(14), 라디오(12), 밧데리(4.7)
섬유	92.8	99.9	면사, 아크릴사, 일부 양모사, 가죽제품, 의류	일부 모직물 제외 전품목 즉시 철폐(7~12)
기계	81.7	98.7	공구, 펌프, 공조기, 인쇄기, 연삭기, 벨브, 베어링, 계측기	베어링(8), 광학기기(6.7), 엔진부품(4.2), 벨브(2.2), 펌프(1.7)
석유화학	87.3	100.0	폴리아미드, 실리콘, 폴리카보네이트, 플라스틱 제품 등	폴리에틸렌, ABS 제외 전품목 즉시 철폐(0~6.5)
정밀화학	86.9	100.0	정밀화학원료, 색조화장품, 의약품, 세라믹, 유리 등	세라믹, 유리제품 제외 전품목 즉시 철폐(0~12)
철강	100.0	100.0	기타 철강제의 관연결구류 제외 전품목 즉시 철폐	전품목 즉시 철폐(0~7)
비철금속	87.8	100.0	니켈, 아연, 주석제품, 동, 알루미늄 제품 일부	일부 동제품 제외 전품목 즉시 철폐(1.5~10)
생활용품	91.4	100.0	신발, 타이어, 안경, 악기, 연필, 만년필 등	일부 가방, 신발, 타이어 제외 전품목 즉시 철폐(3~17)

　원산지 증명 방식은 한미와 같이 자율증명방식을 채택하여 우리 기업의 활용에 유리할 전망이다.

(단, EU는 수출인증절차가 선행할 필요)

－ 원산지 검증은 EU측이 참관하는 간접검증방식을 채택하였다.

　그리고 수출시 원자재의 수입관세를 환급해 주는 관세환급제도를 유지하되 세이프가드(safe-guard: 자율규제조치)조치를 병행하여 운영하기로 하였다.

발효 5년 후부터 우리기업의 對EU 수출이 크게 증가하고 對EU 수출 증가율보다 역외산 원부자재의 수입증가율이 클 경우, 수출품에 대한 관세환급은 원부자재 기납입된 관세 중 5% 세율까지 환급하기로 하였다.

〈표 3〉 원산지 규정 합의내용 평가(한·미 FTA 대비)

품목		한·EU FTA 합의안	한·미 FTA	평가
합성수지 (39류)		세 번(4) -일부 역외 부가(50)	세 번(4/6)	대부분의 품목에 대해 세 번 변경기준 관철
섬유·의류 (50-63류)		[의류] Fabric forward [섬유] Yarn-forward -일부 수입 쿼터 적용	Yarn-forward -TPL 직물-의류 각각 1억 SME	미국보다 완화된 2단계 공정, 충분한 역외산 원 료 쿼터 확보
비철금속 (74-81류)		세 번(4) -일부 역외 부가	세 번(4)	세 번 변경기준 중심, 일부품은 부가가치기준
기계·전기전자 (84,85,90류)		[일부기준] 세 번(4) 또는 역외부가(50) [예외기준] 세 번(4) 또는 역외부가(45)/ 일부 역외부가(45/50)	세 번(4/6) -일부역외부가(55)	대부분의 품목에서 원산 지 증명 원활 예상
자동차 (87류)	완성차	역외부가(45)	역외부가(45)또는 순원가법(35)	한·미 수준의 원산지안
	자동차 부품	세 번(4) 또는 역외부과(50)	세 번(4/6)	세 번 변경기준과 부가 가치 선택 적용

비관세

자동차

안전수칙: 양측은 상대국이 수입 차량이 국제기준인 UN/ ECE 기준*을 충족하는 경우에 각각 자국 기준과 동등성을 인정하기로 합의하였다.

* 자동차기술표준의 국제조화를 목적으로 하는 58협정 48개 체약국에 근거한 자동차안전

및 환경기준(우리나라는 2004년 11월에 이미 가입).

- 이에 따라 우리 측은 총 42개국 내 기준 중 범퍼충돌, 연료누출 등 총 32개 항목에 대해 상응하는 UN/ECE 기준과의 동등성을 인정하였다.

환경기준: 우리 측은 2014년부터 EU식 배출가스 자기진단장치 (EURO-6 OBD)와 한국식 OBD 간의 동등성을 인정하게 되었다.

- 2013년 말까지 한시적으로 對EU 수입차량 일정대수에 대해 EURO-5 OBD를 장착할 경우 한국식 OBD 장착의무를 면제키로 하였다.

    * 2010년 6,700대, 2011년 7,000대, 2012년 7,300대, 2013년 7,300대

    * EU는 2014년부터 현행 EURO-5보다 강화된 EURO-6 기준을 도입예정.

- 한편, 한미 FTA와 같이 1만대 이하 판매 제작사에 대해서는 현행 기준 보다 다소 완화된 평균배출량제도(FAS)를 도입하는 데 합의하였다.

    * 다만 동 잠정조치 상의 배출기준은 한미 FTA에서 합의된 것보다 강화된 기준이며 한·미 FTA가 발효되어 1만대 이하 판매제작사에 대한 배출기준이 도입될 때까지 적용한다.

전기전자 및 화학물질

기술기준의 조화 및 적합성 평가절차 간소화를 통해 양국 간 교역비용 절감 및 교역증대여건을 조성하기로 하였다.

전기전자: 자율안전 확인신고 및 공급자 적합성 선언방식**(SDoC) 등

도입으로 적합성 평가절차를 간소화하였다.

가. 자율안전 확인신고: 지정된 시험기관에서 제품시험을 하고 인증기
   관에 신고하는 방식
나. 공급자 적합성 선언방식(Self Declaration of Conformity): 제품의 안전기
   준 적합성 여부를 공급자가 스스로 확인한 후 적합마크를 표시하
   여 제품을 판매하는 방식

화학물질: 제도운영에서 투명성 증진 및 화학물질 관리분야에서 국제
기준의 조화를 위한 정보교환 등에 상호 입력키로 합의하였다.

투자 및 서비스

투자자유화 확대 및 보호 개선을 위한 양측의 의무를 협정문상에 명시
하여, 한·EU 간 투자의 활성화를 위한 기반을 마련하였다.

* EU 27개국 중 22개국과는 BIT를 이미 체결하여 투자자보호를 확보하고 있으나 FTA 체결
  을 통해 상호간 투자자유화 확대에 합의하였다.

- 시장접근보장(MA)*의무의 적용범위를 비서비스업 분야(제조업, 광업)
  로 확대함으로써 우리의 기 체결FTA**에 비해 자유화 수준을 제고
  하였다.

  *투자자수, 총산출량, 거래규모, 등을 한정하는 제한조치(ex: 독점 쿼터 등)를 금지
  **한미 FTA를 비롯한 우리 기체결 FTA에서는 시장접근보장의무를 서비스분야에만
    적용
- 개방된 EU의 거대한 서비스시장을 확보하여, 국내 서비스업체의

현지 진출기회를 안정적으로 보장하게 되었다.

– 양측은 전반적으로 한 · 미 FTA와 유사한 수준의 개방에 합의하였
으며, 일부 분야에서는 미 FTA 플러스* 수준을 달성하였다.

한국 측: 일부 통신서비스(방송용 국제위성 전용회선 서비스) 및 환경 서비스
(생활하수처리서비스) 추가 개방(우리 측 개방 범위층 115개 분야)

EU측: 한 · 미 FTA에서 미국이 개방하지 않았던 해운서비스, 무선통
신서비스, 수의사 서비스 등을 추가적으로 개방(EUCMR 개방범위 총 139개)

역규제

보조금 또는 덤핑조사 관련하여 WTO보다 완화된 조치*를 적용하기
로 합의하여 우리 기업에 대한 수입규제 완화를 위한 제도적 장치를 확
보하였다.

* 최소부과원칙, 공익고려 조항, 조사개시 15일전 통보, WTO 미소기준(deminimis)을 원
  심뿐만 아니라 재심에도 확대적용(덤핑마진이 수출가액의 2% 미만인 경우 반덤핑관세
  부과 금지)

* EU의 對한국 무역구제 조치(반덤핑 상계관세) 현황: 12건, 2건(WTO, '95.1~'08.12)

또한 FTA에 따른 수입급증 피해에 대비, 양자 세이프가드 설정에 합의
하였다.

발동기간: 2년 후 2년 연장가능, 재발동 가능, 200일 동안 잠정조치 가능
존속기간: 관세 철폐 후 10년

전자상거래

– 양측은 전자적 전송물에 대해 관세를 부과하지 않는 WTO 각료회의
선언을 존중*하여 양국 간에 영구적으로 무관세하기로 합의하였다.

> * WTO는 98년 5월 각료회의에서 전자적 전송물에 대해 무관세하기로 결정하였고 이후
> 거듭된 각료회의를 통해 무관세 방침을 연장

– 전자상거래분야에서 소비자보호, 전자무역, 전자서명, 스팸 등 모
든 문제에 대한 대화채널을 유지하여 상호 협력하기로 합의하였다.

V. 한 · EU FTA의 경제적 기대효과[2]

한국 · EU FTA가 발효되면 관세인하 효과로 인해 對EU교역이 제조업
분야에서 연간 47억 달러가 증대될 것으로 기대된다(KIET 분석자료).

> * 한국 · EU간 교역규모는 수출 584억 달러, 수입 400억 달러로 총 984억 달러 규모(2008년
> KIET 자료)

> * 한 · 미 FTA 교역증대 효과는 연간 17억 달러 수준(15년간 연평균 수출 11억 달러 수입
> 6.1억 달러: 2007년도 KIET 자료)

업종별로는 완성차, 디지털가전, 섬유, 섬유화학 등을 중심으로 對EU
수출이 증가하여 우리의 對EU 무역수지가 개선될 것으로 전망된다. 이
들을 분야별로 취합하면 〈표 4〉 "업종별 경제적 기대효과"에서 보는 바
와 같다.

– 자동차 · 부품분야는 현지 시장에서 일본 등 경쟁국 대비 경쟁력을

---

2) 지식경제부, 2009. 10.

제고할 것으로 기대되며, 특히 자동차부품은 현지조립용 부품의 가격경쟁력 제고뿐만 아니라 기 유럽 완성차 대상 OEM(주문자생산방식) 납품을 확대할 수 있는 계기가 될 것으로 기대된다.

- 섬유분야에서는 EU시장에서의 가격경쟁력을 제고시키고 산업구조 고도화 촉진을 통해 한국 섬유산업의 재도약을 위한 토대가 마련될 것으로 기대된다. 또한 EU의 기술이전 및 투자유치 활성화 등을 통해 패션·산업용섬유 등 고부가가치 제품 생산의 기반을 구축하고 기술력 향상을 기대할 수 있게 되었다.

- 석유화학 분야에서는 EU시장으로의 접근성 확대로 수출·투자협력 증대가 기대되며, 국내생산이 없거나 부족한 고부가제품의 對日 수입대체를 기대할 수 있다.

〈표 4〉 업종별 경제적 기대효과

구 분	기대효과
자동차	EU시장규모 및 높은 관세율(10%)로 인해 최대 수혜업종이 됨. -단, 현지생산으로 인해 단기적으로는 수출증가 효과가 크지 않을 것임.
섬유	편직물, 중저가 의류 중심으로 수혜가 예상되나, 고가 브랜드 의류, 모사 등 고부가가치 직물은 수입증가가 예상됨.
석유화학	비에틸렌계 범용제품 중심으로 수출확대가 전망되나, 실리콘수지 등 고부가가치 specialty 제품은 수입증가가 예상됨.
기계	베어링, 벨브, 펌프 등 기계요소와 대형 머시닝 센터 등은 수입이 확대되며, EU측 관세율이 높은 (6~8%) 전동축, 프레스 등은 수출증가가 예상됨.
정밀화학	염료, 계면활성제 등 범용제품은 수출증가가 예상되며, 의약품·화장품 분야는 수입확대가 예상됨.
전기전자	TV, 디스플레이, 음향기기 등 EU측 고관세(최대 14%)품목 위주로 수출확대 예상되나, 정밀기기(의료기기, 계측기기)는 수입확대가 예상됨.
철강	철강재는 이미 무세화되어 FTA에 따른 직접적 효과는 제한적일 것으로 보임.
비철금속	동, 알루미늄 범용제품은 수출확대가 예상되나, 알루미늄 판재, 동박 등 고부가가 제품은 수입이 증대될 것으로 예상됨.
기타	생활용품, 기타 제조업은 전반적으로 EU로부터 수입이 확대될 것으로 예상됨.

– 기계분야에 있어서는 관세율 측면에서 부정적 영향이 우려되나, EU
  시장에서 경합중인 일본 및 중국 대비 가격경쟁력이 향상되어 이에
  따른 수출증대가 기대된다. 또한 독일, 영국, 스웨덴 등 기계류 경쟁
  우위국가들과의 기술협력 확대가 예상된다.

– 정밀화학분야에서는 염료, 도료, 계면활성제 등 범용제품의 對EU
  수출증가가 예상되나, 의약품, 화학품 등을 중심으로 수입증가가 예
  상된다.

– 전기전자분야에서는 EU가 미국에 비해 상대적으로 높은 관세를 부
  과하고 있는 바, FTA 체결시, 한·미 FTA 대비 관세철폐효과가 클
  것으로 기대된다. 특히 디지털 가전산업은 한국의 주력 수출품목(컬
  러 TV 등)에 대한 EU 측의 고관세 철폐(9~14%)로 인해 수출이 증대될
  전망이다.

한편, 의료·중전기 분야를 중심으로 EU의 원천기술과 한국의 응용기
술을 접목하는 형태의 기술협력이 유망할 것으로 기대된다.

VI. 한·EU FTA의 보완대책 필요성

한·EU FTA 체결에 따른 국내 피해기업에 대한 지원 등이 한·미 국
내 보완대책과 연계해서 추진되어야 하며, 전체 FTA 대비 우리 산업의
경쟁력 강화를 위한 지원대책도 추진되어야 할 것이다.

「무역조정지원제도」 및 「사업전환지원제도」의 활용

무역조정지원제도

FTA 이행으로 인한 수입증가로 피해를 입거나 피해를 입을 가능성이 높은 기업의 경영개선 및 근로자의 공용안정을 지원하는 제도이다.

사업전환지원제도

이미 경쟁력이 저하된 업종·품목에 대해 새로운 업종·품목의 사업에 진출하는 중소기업의 사업전환을 지원하는 제도이다.

FTA 대비 기술지원 강화

한·미 FTA 발효시 경쟁심화 예상품목에 대한 기술개발지원사업과 연계하여 기계, 화학 등 EU와의 경쟁력 취약품목에 R&D 지원을 추진하여야 한다. 또한 한·EU 기업간 양자·다자간 공동연구개발의 협력을 지원해야 한다.

Ⅶ. 맺는말

한·EU FTA 협정이 발효되면, 이미 고찰한 바와 같이 우리경제가 한 단계 업그레이드하는 경제적 효과를 기대할 수 있지만, 산업정책적 측면에서 피해예상부문에 대한 효과적인 정책적 뒷받침 수립도 시급하게 요구된다.

이미 주지하는 바와 같이 과거에는 FTA가 체결국간의 상품무역에 장애가 되는 관세를 없앰으로써 상품무역의 분야만을 원활하게 하는데 초점을 맞추어 왔으나, 최근에는 FTA가 상품무역의 자유화뿐만 아니라 금융, 통신 등 서비스시장 개방 및 투자자유화, 지적재산권보호 등 폭넓은 범위의 무역·투자자유화를 포함하고 있다. 농업분야가 제외되어 당장 큰 문제점은 노출되지 않겠지만 제조업분야 및 공업분야에 있어서는 미리 대비해야 할 부분이 많을 것으로 전망된다.

앞서 보완대책을 몇 가지 언급했듯이 면밀한 중장기계획을 수립하는 데 있어 관과 민이 합심해서 난국을 함께 타개해 나가야 할 것이다. 여기에는 기존 EU와 다른 나라들의 FTA 체결내용과 진전상황에 대한 철저한 벤치마킹도 뒤따라야 할 것으로 생각된다. 그리하여 여러 분야에 대한 사례연구와 그 시사점들을 함께 분석하고 대응책을 마련하는 것도 미래의 내실을 다지는 데 필수적인 대응책이 될 것이다.

[제23호] 2008. 12. 31.

글로벌 다국적기업의 현황과 전망

I. 머리말

우리 기업들이 글로벌산업의 역할을 수행하면서 세계적 기업들과 경쟁하고 있는 가운데 최근 미국 포천(Fortune)지가 매년 7월에 발표하고 있는 세계 500대 기업에 한국 기업이 15개사가 포함되어 커다란 기대를 모으고 있다. 이처럼 우리나라의 기업력이 세계 경제강국들과 어깨를 나란히 하면서 크게 두각을 나타내고 있는 것은 큰 자랑이 아닐 수 없다.

이번 논고에서는 이와 같은 다국적기업의 일반적인 개요와 그 특성을 살피고, 세계 500대 기업에 우리나라의 어떤 기업들이 진입해 있는지를 알아보기로 한다. 그리고 마지막으로 다국적기업의 전망과 결론을 제시하고자 한다.

II. 다국적기업과 해외직접투자

다국적기업의 개념

다국적기업(multinational corporations)이란 "2개 이상의 국가에서 생산활동을 하면서 다수의 해외 자회사를 소유하거나 통제는 동시에, 이들 자회사들이 국경을 넘어 경영활동을 하는 것을 1개국에 위치한 의사결정센터에서 총괄하는 기업"이라고 정의할 수 있다. 즉, ① 다국적기업(모기업)이 해외 자회사에 대해 경영통제권을 행사하고, ② 구조·성과·형태측면에서 다국적성(2개국 이상)을 지니고 있고, ③ 모기업(또는 본사)이 어느 1개국에 하나의 단일화된 의사결정센터를 가지고 있어야 한다. 따라서 다국적기업은 해외직접투자(FDI)를 통해 이와 같은 해외경영활동을 전개하게 된다.

다국적기업의 특징

다국적기업은 사업장이 자기 나라가 아닌 해외시장 중심지 여러 곳에 설치 운영되고 있어 생산, 제조, 판매, 제3국 수출 등 활발한 경영활동을 전개하기 때문에 여러 가지 독특한 특징이 있다. 이 특징은 학자들의 주장에 의하면, 주로 다음의 7가지가 있는데 이 특징을 이해하면 곧 다국적기업이 무엇인가를 터득할 수 있다.

거대한 경제력

다국적기업의 가장 큰 첫 번째 특징은 초대규모의 경제력이다. 다국적기업들의 연간 매출액은 수백억 달러에서 최고 수천억 달러에 이르고 있다. 다국적기업의 매출액이 일부 국가 전체의 GDP와 맞먹는 규모로 초대형 기업도 허다하다. 예컨대, 2007년 기준으로 월마트, 엑슨모빌, 로열다치쉘, 영국석유, 지엠 등 세계 5대 기업의 연간매출액은 2,100억~3,500억 달러인데 이는 오스트리아, 노르웨이, 폴란드, 덴마크, 그리스 등 유럽 여러 나라(强小國)의 각 GDP와 맞먹는 규모이다.

강력한 기술력

다국적기업의 두 번째 특징은 다국적기업 자체의 R&D(연구개발)투자에 의해서 기술개발의 우위를 독점적으로 행사함으로써 강력한 경쟁력을 확보할 수 있다는 것이다. 또한 개인 또는 소규모기업에 의해서 개발된 획기적 창작물에 대한 소유권을 매입함으로써 인력 · 자금 · 판매량 · 투자 등에 대한 제약에서 벗어나 다국적기업의 기술로 활용한다. 2007년 기준으로 지엠, IBM, 지멘스 등의 연간 R&D투자액은 4,100억~5,300억 달러로 스웨덴, 네덜란드, 스위스 등 유럽 국가들의 국가 전체 R&D투자액과 비등한 실적을 나타내고 있다. 이와 같이 다국적기업은 거대한 기술력을 지니고 있어 오늘날과 같이 각국의 산업경쟁력과 국제경쟁력을 결정짓는 기술주도형 국제분업시대에 대응하고 있고, 또 현지기업에 대한 다국적기업의 중요한 독점우위(monopolistic advantages)의 원천을 이룩하고 있다.

범세계적 분업

UN 다국적기업센터에 의하면, 오늘날 약 4만여 개의 다국적기업이 전세계에 8만여 개의 자회사 망(網)을 가지고 국제생산체제를 구축하고 있다(UN World Investment Report). 이 같은 분업의 이유는 원료 · 자재의 안정적 공급, 자회사의 용이한 설립, 조세 부담을 절감, 생산비(노동력, 임차료 등 생산요소) 절감, 환리스크의 극소화 등에 기인된다.

지역적 계층화

다국적기업은 글로벌 경영체제를 갖추고 세계의 여러 진출지역을 모회사, 자회사, 단순생산거점 등 세 가지 형태의 구조로 계층화 (hierarchization) 하는 피라미드 조직체계를 가지고 있다.

〈표 1〉 다국적기업의 지역적 계층화

	주요기능	의사결정유형	위 치	관리자
① 모회사	〈전략본부〉 · 경영목표 및 전략수립 · 기술개발(R&D) · 자금관리	전략적 의사결정	〈선진국〉 · 뉴욕, 런던, 도쿄 등 국제금융센터 가까이에 위치	〈최고경영자〉 · 주로 미국인, 유럽인, 일본인으로 구성
② 자회사	〈지역본부〉 · 정보전달 · 교육훈련 · 3단계 관리자의 업무조정	관리적 의사결정	〈선진개발도상국〉 · 싱가포르, 홍콩, 리오데자네이로 등 지역적 거점 도시에 위치	〈중간관리층〉 · 다양한 나라에서 온 직업적 국제경영자로 구성
③ 단순 생산 거점	〈생산거점〉 · 노무관리 · 시장조사 등 일상적 업무	일상적 의사결정	〈개도국〉 노동력이 풍부한 국가에 위치	〈현지채용관리자〉 · 주로 현지국의 전문 관리자를 채용

※ 자료출처: 안세영, 다국적기업 경제학, 박영사, 1993. p.23.

〈표 1〉은 S. Hymer 또는 H. C. Reed 등이 말하는 '다국적기업의 피라미드형 계층 조직구조'이다. 즉, ① 1단계(본사 · 모기업의 전략본부) ② 2단계 (지역본부) ③ 3단계(단순 생산거점)로 구성된다. 국경을 초월한 제품, 기술,

자본, 정보, 인력의 이동과 경영의사의 결정–전달–집행이 다국적기업 내부의 '삼원적(三元的) 피라미드 조직' 속에서 이루어진다.

집권화(centralization)

가. 의사결정의 집권화

다국적기업은 해외 자회사의 활동에 영향을 미치는 중요 의사결정, 즉, 임원의 임명, 배당률, 장기자금조달, 제품의 사양(仕樣), 설비투자 및 연구개발계획 등 의사결정이 전략본부에서 이루어지며 피라미드형 계층조직을 통해 2단계, 3단계의 지역본부와 해외생산기지에 상의하달식으로 전달되는데, 이러한 의사결정체계를 의사결정의 집권화라고 말한다. 그러나 지역본부에서도 제품생산시기, 생산량, 재고량, 원재료 부품조달, 현지 마케팅 방법, 제품 판매가격 등 자체의 의사결정이 이루어진다.

나. R&D(연구개발투자)의 집권화

국적기업은 신제품이나 새로운 기술을 개발하는 연구개발, 즉 R&D 활동도 의사결정 못지않게 피라미드의 장점인 전략본부에 집권화되어 있다.

다시 말해서 미·일·EU 등 선진 투자국(전략본부 소재지)에서 주로 이루어진다.

내부화(internalization): 기업 내 거래

다국적기업은 그들이 지닌 기업 특유의 우위를 내부화하기 위해서 재화와 기술의 '기업 내 거래'(intra-firm transaction)를 선호하는 경향이 있다.

즉, 겉으로는 A국에서 B국으로 재화나 기술이 이동하는 것처럼 보이지만, 실제는 A국에 위치한 모기업에서 B국에 위치한 해외 자회사로 이동하는 것에 불과한 경우가 많다.

다국적기업의 내부거래의 특징을 보면 다음과 같다.

① 다국적기업이 개발한 기술을 모·자회사간 기업 내부거래를 통하여 무상 또는 저렴한 가격으로 이전할 수 있으며, 독점기술의 외부유출을 방지하고 규모의 경제를 실현할 수 있다.
② 다국적기업의 제품생산에 소요되는 원료, 중간재, 부품 등에 대한 내부거래에 의해서 저렴한 생산비와 상품 경쟁력을 제고시킬 수 있다.
③ 방대한 해외 생산거점체제를 구축하고 부품과 중간재 생산을 최적생산 거점에 집중하여 규모의 경제(economy of scale)를 실현할 수 있다.

초국경적 기업활동: 무국적성

다국적기업의 해외 매출액 비중의 절대우위

다국적기업의 경영활동과 해외매출액비중과 해외자산비중이 50%~96%까지 달한다. 예컨대, 스위스에 본사를 둔 네슬레(Nestle)는 해외매출액비중이 98%, 해외자산비중이 95%에 달하고 있다.

기업 소유의 무국적화

1980년대에 들어 '국경을 넘나드는 주식투자'(cross-border equity investment)가 급속히 증가하고 있다. 예컨대, 미국인, 영국인, 일본인 등에 의한 국제간 포트폴리오 주식투자가 매년 증가하고 있다. 이와 같이 주식투자의 국제화는 다국적기업 주식이 여러 나라 국적을 가진 주주에 의해 분산 소유되는 것을 촉진하고 특정국(모기업 국적)에 대한 귀속성을 희석시킨다.

상품의 무국적화

다국적기업이 생산한 상품에 대한 국적 판별이 어려워지는 것을 말한다. 상품의 국적을 판단하는 데는 두 가지 기준이 있는데, 생산한 기업의 '상표(mark) 기준' 과 '생산지 기준' 이 그것이다. 예컨대, GM 마크가 붙은 Pontiac Le Mans 자동차는 미국차이지만 실은 독일의 OPEL사의 설계, 한국 대우의 일본엔진조립, GM의 미국판매 등 역할이 나누어진다. 또 GE 마크가 붙은 전자제품도 미국제품('Made in USA')이지만 실은 중간재의 대부분이 동남아 또는 멕시코에서 하청 생산한 것이다.

해외직접투자의 개념

앞에서 살펴본 바와 같이 다국적기업은 해외직접투자를 통해 해외경영활동을 전개해 나가는데, 여기서 해외직접투자의 개념과 정의를 살펴보기로 한다. 해외직접투자(Foreign Direct Investment: FDI)는 어떤 기업이 해외에서 경영지배 또는 통제권을 행사함으로써 직접 사업을 수행하기 위하여 해외현지에 투자하는 것으로서, 자본뿐만 아니라 제품, 기술, 경영능력 등과 같은 제반 경영자원의 이동을 의미한다. 이러한 해외직접투자의 개념을 루트(F. Root)는 경영통제권을 갖는 해외기업에 대한 장기지분투자로 정의하였으며, 고지마(K. Kojima)는 해외기업의 경영과 이익에 대한 통제권을 주목적으로 하는 자본이동으로 정의한다.

이와 반면에 해외간접투자(해외증권투자)는 경영지배나 통제의 목적이 아닌 단순한 배당금이나 이자수입을 목적으로 외국기업의 주식이나 채권을 취득하는 것으로서, 자본, 즉 화폐자산만의 이동을 의미한다. 따라서 해외직접투자와 해외간접투자의 차이는 피투자기업에 대한 경영통제권의 행사 유무에 있다고 할 수 있다.

위의 FDI는 다국적기업이 그 주업무를 수행하는데, 이들 기업의 외형은 매출액수익(Revenues)의 규모를 가지고 따지는 것이 국제적 추세이다.

Ⅲ. 세계 500대 기업의 동향분석

세계 15대 기업의 매출액 순위

2008년 7월 21일자 포천(Fortune)지의 '세계 500대 기업'(global five hundred corporations)의 발표내용을 분석해 보면 불과 1년 동안에 순위변동이 크게 일어났음을 알 수 있다. 이들 기업은 이미 우리가 고찰해 온 바와 같이 모두 다국적기업들이다.

〈표 2〉에서 보면 2007년 및 2008년의 세계 15대 기업(매출액 기준)의 순위변동을 보여주고 있는데, 유통업과 석유산업, 그리고 자동차산업이 강세를 보이고 있고, 금융업이 그 뒤를 따르고 있다. 여기서 15대 기업의 구적별로 분석하면, 미국 7개사, 네덜란드 3개사, 프랑스 2개사, 그리고 영국, 일본, 벨지움 등이 각각 1개사이다.

<표 2> 2007년 중 세계 15대 기업의 매출액 순위변동　　　　　(단위: 100만 달러)

2008	2007	회 사 명	국적	매출액(Revenues)
1	1	Wal-Mart Stores	미국	378,799
2	2	Exxon Mobil	미국	372,824
3	3	Royal Dutch Shell Group	네덜란드	355,782
4	4	British Petroleum(B/P)	영국	291,438
5	6	Toyota Mortor	일본	230,201
6	7	Chevron	미국	210,783
7	13	ING Group	네덜란드	201,516
8	10	Total	프랑스	187,280
9	5	General Motors	미국	182,347
10	9	ConocoPhillips	미국	178,558
11	8	Daimler Chrysler	독일	177,167
12	11	General Electric	미국	176,656
13	12	Ford Motor	미국	172,468
14	20	Fortis	벨지움/네덜란드	164,877
15	15	Axa	프랑스	162,762

※ 자료출처: Fortune, July 21, 2008, page F.5에서 발췌 작성.

세계 500대 기업 중 한국기업의 매출액 순위

포천에 의하면 <표 3>에서 보는 바와 같이 500대 기업 가운데 한국기업들은 삼성전자(38위), LG(67위), 현대자동차(82위), SK(86위) 등이 100위 안에 들었고, 포스코(224위), 한국전력(245위), 삼성생명(247위), GS(267위), 신한금융(278위), 우리금융(279위), 한화(329위), 현대중공업(378위), KT(한국통신 387위), 국민은행(461위), 삼성물산(475위) 등이 그 뒤를 따르고 있다.

여기서 보면 한국도 세계기업환경에 적응화면서 전자, 자동차, 석유, 금융, 철강, 통신 등의 산업부문에 기업이 집중되고 있음을 알 수 있다. 그러나 세계시장에서의 시장경쟁력은 아직도 미흡하여 총매출액 점유비에 있어서는 다른 선진국들(중국 포함)과 신흥시장국가들의 신장세에 밀리고 있는 실정이다.

<표 3> 2008년 중 세계 500대기업 중 한국 기업 매출액 순위

(단위:100만 달러)

2008	2007	회 사 명	업 종	업종별매 출액순위	매출액 (Revenues)	이익금 (Profits)	세계 1위 기업
38	46	1. 삼성전자	전자	2/17	106,007	7,986	Siemens(독)
67	73	2. LG	전자	4/17	82,096	2,916	Siemens(독)
82	76	3. 현대자동차	자동차	11/33	74,900	1,722	Toyota(일)
86	98	4. SK(선경)	정유	13/39	70,717	1,505	Exxon Mobil(미)
224	244	5. 포스코(포항제철)	철강	4/13	34,014	3,830	ArcelorMittal(룩)
245	228	6. 한국전력	전력	9/19	31,355	1,535	State Grid(중)
247	229	7. 삼성생명	보험	13/19	30,905	765	Axa(프)
267	–	8. GS Holdings	정유	27/39	29,477	400	Exxon Mobil(미)
278	–	9. Shinhan Financial그룹	은행	43/67	28,729	2,579	ING Group(네)
279	–	10. WooriFinance Holdings	은행	44/67	28,679	2,181	ING Group(네)
329	374	11. 한화	화학	7/11	24,372	241	BASF(독)
378	422	12. 현대중공업	중공업	6/7	22,483	1,861	Caterpillar(미)
387	388	13. KT(한국통신)	통신	18/22	21,687	1,228	AT&T(미)
461	349	14. 국민은행	은행	65/67	18,085	4,041	ING Group(네)
475	436	15. 삼성물산	무역	10/10	17,585	514	Mitsubish (일)
합계		15 개사			621,091	33,304	

※ 자료출처: Fortune, July 21, 2008, page F.1~10에서 참조.

세계 500대 기업 중 주요국 기업체 수 현황

각국별로 500대 기업 보유국을 보면, 〈표 4〉에서 보는 바와 같이 미국 (153개), 일본(64개), 프랑스(39개), 독일(37개), 영국(34개) 등이며, 한국은 15 개사로 보유회사 수를 기준해서 세계 7위를 차지하고 있다. 그러나 중국 의 급부상과 인도, 러시아의 질주로 머지않아 순위에 많은 기복이 있을 것으로 전망된다. 특히 중국은 전년 대비 5개사가 새로 증가하여 신흥시 장의 위력을 크게 발휘하고 있는데 이들은 한국의 수출시장과 경합되고 있어 앞으로 중국의 저가물량공세와 일본의 기술집약적 상품수출 사이에서 넛크래커(nutcracker) 또는 샌드위치(sandwich)와 같은 형국 속에서 어렵게 활로를 개척해 나아가야 할 것이다.

〈표 4〉 2008년 중 세계 500대 기업 중 주요국 기업 수

(단위:100만 달러)

2008	2007	국가명	증감	주요 기업이름
153	162	1. 미국	△9	WAL-Mart, Exxon Mobil, GM, Chevron, Ford, ConocoPhillips, GE, Ford Mortor
64	67	2. 일본	△3	Toyota Mortor, Honda Mortor, Nippon T.T., Hitach, Nissan Mortor
39	38	3. 프랑스	+1	TOTAL, AXA, Credit Agricole, Carrefour, BNP Paribas, Societe Generale
37	37	4. 독일	0	Daimler Chrysler, Allianz, Volkswagen, Siemens, Deutsche Bank, Deutsche Telecom
34	33	5. 영 국	+1	BP, HSBC Holdings, AVIVA, Royal Bank of Scotland, Tesco
29	24	6. 중 국	+5	SINOPEC, State Grid, China National Petroleum, Industrial & Commercial Bank of China
15	14	7. 한국	+1	삼성전자, LG, 현대자동차, SK, 한국전력, 삼성생명, 포스코, 신한금융, 우리금융, 국민은행, 한화, KT, GS Holdings
14	16	8. 캐나다	△2	Royal Bank of Canada, ManuLife Finacial, George Weston, Power Corp. of Canada
14	13	8. 스위스	+1	UBS, Nestle, Credit Swisse, Zurich Finacial Service, NOVARTIS, Roche Group
13	14	10. 네덜란드	△1	Royal Dutch Shell, ING Group, AEGON, EAOS, Royal Ahold
11	9	11. 스페인	+2	Santander Central Hispano Group, Telefonica, Endesa, Reposol YPF
10	10	12. 이탈리아	0	ENI, Assicurazioni Generali, Fiat, ENEL Telecom Italiano, Poste Italiano,Unicredit 그룹
8	8	13. 호 주	0	BHP Billiton, National Australia Bank, Woolworths, Commonwealthl Bank of Australia

※ 자료출처: Fortune, July 21, 2008, F.24-35에서 발췌 작성.

Ⅳ. 맺는말

　지금까지 세계 500대 기업을 중심으로 다국적기업들의 현황을 분석해
보았다. 또한 아시아 50대 기업들의 현황도 살펴보았다. 우리나라는 대
외의존도가 70%를 넘고 있어 해외교역을 통해서 국부(GDP)를 늘려야만
한다. 그 밖의 다른 방법이 없다. 세계 선진국들은 WTO창설 이래 각국
의 무역확대를 위해 다자간협상 또는 그 대안으로 양자간협상(FTA)을 도
모하고 있다. 이러한 와중에서 교역확대의 첨병역할을 하는 경제주체가
바로 기업, 즉 다국적기업이다. 이들이 주역을 맡게 되는 것이다. 이들
기업이 성장해서 매출액이 세계수준으로 늘어나면 바로 세계 500대 기
업에 진입하게 된다. 이와 같이 세계시장에서 대기업(다국적기업)이 많아
지면 많아질수록 우리의 경제력은 커지고 세계무역광장에서 경쟁력을
얻게 되는 것이다.

　따라서 우리는 차분하게 우리의 다국적기업들을 정책적으로 지원하
면서, 변화하는 세계무역환경에 대응하기 위해 조속히 한미자유무역협
정(韓美FTA)을 비준처리하고, 더 나아가서 동북아(韓中日)자유무역협정, 남
미(南美)자유무역협정 등도 적극적으로 추진하여 세계시장에서 교역발판
을 굳게 닦아놓아야 할 시점에 와 있다.

기업의 적대적 인수·합병(M&A)과 대응방안

Ⅰ. 머리말

우리 기업들이 글로벌산업의 역할을 수행하면서 세계적 기업들과 경쟁하고 있는 가운데 최근 기업간 인수·합병(M&A)을 통해 규모의 경제를 실현하려는 경향이 늘어나고 있다. 특히 외국의 투기자본들에 의한 적대적 M&A 시도는 날로 현실화되어 우리에게 닥아 오고 있어 이에 대한 심도 있는 검토와 정책적인 대비가 어느 때보다도 시급한 과제로 떠오르고 있다.

본 논고에서는 이 같은 적대적 M&A에 대한 개요와 당면 현안의 문제점들을 고찰하고 정책적 대응방안을 제시하는데 목적이 있다.

Ⅱ. M&A 의의 및 동기

이론적으로 기업의 경영권은 주주총회에서 다수결원칙에 의하여 이

전될 수가 있다. 특정 기업의 경영권을 장악하고자 하는 개인이나 기업은 주식의 유통시장에서 주식을 매입하여 51%의 지분을 확보하면 경영권을 장악할 수가 있다. 이처럼 주식의 매입에 의하여 경영권이 이전되는 것을 기업의 인수 및 합병(mergers and acquisitions; M&A)이라 한다. 그리고 이러한 거래가 이루어지는 시장을 M&A시장 또는 기업지배권시장이라고도 하며, 인수합병의 동기는 다음과 같다.

첫째로 규모의 경제를 살릴 수 있다. 동종 분야인 경우, 두 회사가 합병함으로써 생산규모가 확대되고 평균생산비용이 낮아지기 때문에 생산효율을 높일 수 있다.

둘째로 원청과 하청관계의 합병인 경우에는 수직적통합에 의하여 원자재 구입을 원활하게 하거나 판매망을 확대할 수 있다.

셋째로 한 기업은 이익을 많이 올리고 다른 기업이 적자를 시현한 경우 두 기업의 합병으로 조세 부담을 줄일 수 있다.

넷째는 한 기업의 성장이 한계에 이르고 잉여현금보유가 많을 때 이를 타기업 인수에 이용할 수 있다.[1]

다섯째 오늘날 많이 이용되는 합병·매수의 동기는 현 경영진의 비효율 내지 비능률 제거일 것이다. 회사의 수익성도 좋고 성장전망도 밝으나 현 경영진의 비능률로 기업의 가치가 하락한 기업이 기업지배권시장에서 주 인수대상기업이 된다.

---

1) Richard A. Brealey, and Stewart C. Myers, Principles of Corporate Finance, 4th ed.(New York: McGraw Hill Inc., 1991), pp.817-24.

Ⅲ. 적대적 매수(hostile takeover)

인수·합병 가운데 특히 논의의 대상이 되는 것은 현 경영진의 의사에 반하여 기업탈취자(raider)들에 의하여 강제적으로 기업의 경영권이 이전되는 경우인데 이것을 적대적 매수(hostile takeover) 또는 적대적 M&A(hostile M&A)라고 한다.

완전자본시장의 가정하에서는 기업의 소유와 경영이 분리될 수 있다. 그러나 현실적으로는 소유와 경영의 분리로 인하여 대리인문제(principal and agent)가 발생한다. 즉, 소유주경영자에 비하여 전문경영인은 비용절감의 정도가 낮고 오로지 단기적 이익만을 챙기면서 더 열심히 회사를 위하여 헌신하지 않음으로써 주주와 경영자 사이에 갈등이 생길 수 있고 이로 인하여 대리비용이 발생한다. 대리인비용 문제라 함은 주주가 경영자의 비리를 캐기 위해 필요한 정보수집 및 관리를 위해 지출하는 비용을 말한다.

대리인문제가 심각한 기업일수록 기업탈취자의 인수대상이 되기가 쉽다. 기업탈취자들은 유통시장에서 이런 기업의 주식을 매입하거나 의결권을 모아 경영권을 탈취한다.

구체적으로 말한다면 첫째, 의결권을 대리 위임받아 행동(회사지배권행사)에 옮기는 위임장경쟁(proxy fight)제도가 있고, 둘째, 직접 주주들에게 공시하고 주식을 매입하여 실행에 옮기는 공개매수(tender offer)제도가 있다. 또 셋째, 시장매집(market sweep)과 같이 장내시장에서 비공개적으로 목표주식을 매집하는 방법도 있다.

주식을 매입하기 위해서 필요한 자금을 조달할 목적으로 채권을 발행하는 경우가 있는데 이를 정크본드(junk bond)라 부른다. 기업인수 자체의 성공 여부도 불확실하고 인수 후에 기업의 비능률이 제거되어 기업을 성공시키는 것도 불확실하기 때문에 정크본드를 '고위험 · 고수익(high risk and high yield)채권' 이라 한다.

　기업지배권시장에서는 당장 현금을 가지고 주식을 매집하는 경우는 드물고 자기자본보다는 대개 부채를 이용하여 다른 기업을 인수할 자금을 조달하는 경우가 많으며 이러한 형태를 차입매수(leveraged buyout; LBO)라 한다. 적대적 M&A의 전략별 기법들을 비교하면 〈표 1〉과 같다.

〈표 1〉 적대적 M&A의 전략별 기법비교

구 분	공개매수	시장매수	위임장대결
특징	· 정해진 기간 일정 주식 수를 일정한 가격으로 취득할 수 있는 법적제도	· 주식시장을 통해 은밀하게 목표주식을 매수하여 보유지분을 늘려가는 전략	· 목표기업의 주요 주주 또는 일반주주에 대한 설득 및 권유를 통해 의결권행사의 위임을 받아 주주총회결의에 강력한 영향력을 행사하는 전략
장점	· 단기간에 원하는 지분율 확보 가능 · 매수자금 예측가능 · 매수의 불투명성 및 일반 투자자 이익배려	· 은밀한 진행 가능 · 주식시세에 따라 탄력적 매수 가능 · 저가매집 가능	· 상대적으로 소규모매수 자금 · 공개적 여론 조성
단점	· 선전포고 효과 · 실패에 따른 이미지 실추 · 상대적으로 고가매수	· 장기간 소요 · 정보누출에 따른 주가 급등 · 위법성 시비 위험	· 엄격한 법적절차 · 목표기업의 확실한 내부 정보 필요 · 불완전한 경영권 확보

　　사외이사 선임 문제를 둘러싼 칼 아이칸과 KT&G의 공방이 정면 충돌 양상을 보이고 있습니다.

　　칼 아이칸이 KT&G 주식을 현 주가보다 훨씬 높은 주당 6만원에 공개 매수하겠다는 의사를 공식 통보한 것으로 확인됐습니다.

　　김건훈 기자입니다.

　　세계적 기업 사냥꾼으로 불리는 칼 아이칸이 KT&G의 주식을 공개 매수하는 쪽으로 초강수를 띄웠습니다. 사외이사 선임 등 그동안 진행한 경영권 압박 수준을 뛰어넘어 적대적 M&A에 나서겠다는 분명한 의사 표시로 풀이됩니다.

　　칼 아이칸과 공동전선을 펴고 있는 스틸파트너스 법무대리인인 대륙과 에버그린은 KT&G의 현 주가 5만 천원대보다 17%나 높은 주당 6만원에 공개 매수하겠다는 서한을 KT&G에 발송했다고 밝혔습니다.

　　아이칸 측은 또 자기자금 2조원에 외부 부채를 동원할 예정이며, 이를 위해 에스크로(escrow a/c), 즉 특수목적 결제자금 계좌에 공개매수자금을 예치하기로 했습니다.

　　현재 KT&G의 시가총액 8조3170억 원을 감안할 때 아이칸 측은 자기자금 2조원만 동원해도 20.5%에 달하는 지분을 확보해 단숨에 27% 이상을 보유하게 됩니다. 추가자금 규모는 알려지지 않았지만 30% 이상을 확보하는 수준이 될 것이란 예상입니다.

　　이밖에 아이칸 측은 오는 3월17일 KT&G의 정기주총을 무산시키기 위해 가처분 신청을 내겠다는 내용의 서한도 보낸 것으로 확인됐

Ⅳ. 경영자의 대응방안

　기업탈취자(raider)로부터 기업인수의 위협이 강해질 때 기존 경영진은 그대로 앉아 당하지만은 않고 적극적으로 대응하는 경우가 많다. 이들의 대응수단을 몇 가지 살펴보자.

독약계획(poison pill rights plan)

　인수대상기업의 경영자는 자기회사가 인수의 대상이 되는 것은 어떠한 장점이 있기 때문이라고 믿고 그러한 장점을 의도적으로 제거하고자 하는 것을 독약계획(poison pill rights plan)[2]이라 한다.

---

2) 포이즌 필(poison pill)은 인수 · 합병(M&A)으로 인해 임기 전에 물러나는 임원에게 거액의 퇴직금을 지급하도록 하는 조항을 회사정관에 미리 삽입해 적대적 M&A를 방어하는 장치가 된다. 인수기업이 독약을 삼킨다는 의미에서 '포이즌 필'이라고 한다.

구체적으로 회사가 가지고 있는 풍부한 현금을 전 종업원에게 보너스 형식으로 지불하는데 이를 황금낙하산(golden parachute)전략이라 한다. 또한 기업탈취자에게 기업을 인수당하는 것보다 차라리 주위의 친지에게 낮은 가격으로 지분을 양도하여 경영권을 넘기는 것을 백기사(white knight)[3]전략이라 한다. 또는 기업이 사용하고 있는 부채를 모두 현금 상환하여 레버리지효과를 제거해 버리기도 한다.

사 례　　**마쓰시다 '독약조항' 도입**

마쓰시다 전기(松下電器)가 일본 대기업 중에서는 처음으로 적대적 인수합병(hostile M&A)에 대비, 신주예약권을 활용한 독약조항(포이즌 필)을 도입키로 했다고 12일 니혼게이자이(日本經濟)신문이 보도했다.

마쓰시다는 6월말 열릴 주주총회에서 「포이즌 필(poison pill)」도입을 정식으로 결정할 계획이다. 마쓰시다가 검토중인 방안은 적대적 M&A세력이 주식공개매수(TOB: Take Over Bid) 등을 통해 발행주식의 20% 이상을 매집할 경우 그 적대적 M&A세력 이외의 주주에게 미리 정한 가격으로 신주를 구입할 수 있는 권리를 주는 방식이다.

자료출처: 2005. 4. 12. 日本經濟新聞, 東京.

---

3) 적대적 M&A 공격을 받은 기업이 자금력이 풍부한 우호세력을 끌어들여 경영권을 방어하는 수단을 말한다. 즉, 백기사(white knight)란 적대적 매수자보다 높은 가격으로 인수제의를 하면서도 기존의 경영진을 유지시키는 제3의 우호세력을 말한다. 한편 기존 경영진의 의사나 적대적 매수자 어느 쪽의 의사와도 상관없이 제3자가 단독으로 경영권인수를 노리는 경우도 있는데, 이를 흑기사(black knight)라고 한다.

황영기 우리금융지주 회장이 KT&G를 돕기 위한 '토종자본 역할론'을 주장하고 나서자 그 배경을 두고 금융권의 관심이 쏠리고 있다. 황 행장의 발언은 우리금융지주사 차원에서 모종의 방안이 진행되고 있음을 암시한다.

실제로 우리투자증권측은 우리금융지주를 중심으로 한 국책금융기관과 포스코, KT 등이 참여하는 이른바 '백기사펀드'를 조성하는 방안이 추진되고 있다고 밝혔다.

이 같은 움직임은 칼 아이칸 측 공개매수 착수 여부와 오는 17일 열리는 KT&G 주주총회에 중요한 구실을 할 것으로 예상된다.

아이칸 측이 전격적으로 공개매수 절차에 들어가면 KT&G 측은 자사주를 계속 취득하거나 백기사를 조기 동원해 주가를 공개매수가격(6만원) 수준으로 끌어올리는 방법으로 공개매수를 무력화한다는 전략이다.

반면 아이칸 측이 공개매수를 하지 않고 주총까지 끌고 간다면 결국 우호지분에 따른 표결로 사외이사 선출 등 경영권을 둘러싼 세싸움이 결판날 전망이다.

물론 주총에 앞서 오는 10~11일 법원이 아이칸 측이 제기한 이사선임금지 가처분신청을 허용하면 주총 자체가 연기될 가능성도 크다.

금융권 관계자는 "KT&G 주주총회 이후 국책금융기관들이 KT&G 자사주 9.8%를 매입할 가능성이 크다"며 "이는 KT&G가 자사주를 제3자에게 넘겨 의결권을 되살리는 전략"이라고 풀이했다.

그러나 그는 "당장 자사주를 넘겨도 이번 주총까지는 의결권이 없기 때문에 우선 위임장 확보에 주력할 것으로 보인다"고 전망했다.

우리금융지주 계열사인 우리투자증권은 KT&G의 경영권 방어 자문사 가운데 하나라는 점도 이번 사태를 흥미롭게 한다.

골드만삭스, 리먼브러더스는 우리투자증권과 함께 지난 2월 초 KT&G 경영권 방어 자문계약을 맺었다.

SK(주)가 소버린자산운용의 공격에 직면했던 지난 2003년 말 하나·신한·산업은행 등 국내 은행이 SK(주)의 백기사로 나선 바 있다.

당시 SK(주)의 주채권은행인 하나은행을 비롯한 관련 은행은 SK(주)의 자사주 7%를 넘겨받아 SK(주)의 경영권 방어를 도왔다.

한편 KT&G는 7일 국내외 언론을 대상으로 긴급 기자간담회를 열고 아이칸과의 경영권분쟁 관련 현안에 대한 입장을 밝힐 예정이다.

자료출처: 2006. 3. 6. 매일경제

그린메일전략(green mail)

그린메일(green mail)은 독약계획법(poison pill)보다는 완화된 방법으로서 기업탈취자(raider)를 직접 만나 그가 매입하고 있는 가격보다 훨씬 높은 가격으로 그가 보유하고 있는 주식을 재매입하여 경영권을 확보하는 방법이다.

팩맨방어전략(Pac-Man defense)

기업사냥꾼이 회사인 경우에 인수대상기업의 경영자가 사냥꾼회사를 인수하겠다고 역으로 공격하여 사냥꾼으로 하여금 자발적으로 인수의사를 포기하게 하는 전략이다. 팩맨방어전략(Pac-Man defense)은 시간과 자금의 여유가 있고 매수회사를 인수할 능력이 있는 기업이 취할 수 있는 전략이다.

V. 소수주주권 보호

지금까지 우리나라 기업의 대주주들은 자신이 회사의 유일한 오너인 것으로 착각하고 경영의 전횡을 일삼아 왔다. 사실 기업의 주인은 모든 주주이다. IMF 경제위기 이후 소수주주권을 보호해야 된다는 당위론에 입각하여 제도가 크게 보완되었다. 따라서 그 후 증권거래법 개정으로 소수주주권의 행사요건이 종전의 5%에서 1~3%로 대폭 완화되었다.

Ⅵ. 적대적 M&A 방어를 위한 그 밖의 전략과 기법

적대적 M&A 방어를 위한 그 밖의 전략과 기법으로는 다음과 같은 방법들이 있다.

일반적 방어전략

대주주 지분율 제고와 자기자본 확충
이는 적대적 M&A에 대항할 수 있는 확실한 방안으로서 주가가 낮은 경우 소액으로도 높은 지분율을 확보할 수 있다.

우호적 집단에 의한 주식 취득

이는 대주주의 경영권 방어에 동참할 수 있는 회사, 우리사주조합, 임직원, 거래처와 채권자 등이 주식을 취득하도록 하는 것이다.

주식매입선택권 부여

일정한 요건을 갖춘 기업의 임직원에게 주주총회의 특별결의를 통해 주식매입선택권을 부여하는 것을 정관(charter)에 규정하는 것이다.

소액주주의 관리와 주식의 액면분할

이는 소액주주들이 대주주에게 우호적 집단이 될 수 있도록 경영실적을 향상시켜 고배당을 실시하고 고주가를 형성하도록 한다. 이렇게 하여 주식을 액면분할한 뒤 유동주식수를 많게 하여 소액투자자의 접근을 용이하게 해주는 방안이다.

주식의 양도제한을 복잡하게 하는 방법

이는 주식의 양도제한 조항을 현행 이사회의 승인절차 등을 통해서 보다 어렵게 하는 방법이다.

제도적 방어기법

지분확보

적대적 M&A에 대한 방어에 있어 대주주의 안정적 지분확보는 최우선적이다. 따라서 지분율이 10% 미만인 기업은 조속히 지분율을 10% 이상 확보해야 한다. 대주주지분 외에 투자자관리 등을 통해 일반주주 및 기관투자가를 우호적 지분으로 확보하고 우리사주, 종업원에 대한 stock option 부여, 전환사채(CB) 및 신주인수권부사채(BW) 발행으로 잠정적 지분을 확보해야 한다.

정관변경

적대적 M&A가 시작되기 이전에 정관(charter)을 정비하여 적대적 M&A를 어렵게 하는 것도 적절한 대응방안이 된다. 정관변경을 통한 대표적 방안으로는 임원의 임기(term) 시기를 상이하게 하고, 정관에 임원수를 정해 놓아 M&A 세력들이 경영권 확보를 위해 임원을 한꺼번에 교체 또는 변동시키지 못하도록 하는 방법이 있다. 이 외에도 퇴직금 누진규정, 신주의 제3자 배정 등의 조항을 정관에 포함시킴으로써 적대적 M&A를 어렵게 하는 방법이 있다.

주가감시체체 구축

해당기업의 주가 및 거래량을 감시할 수 있는 체계를 기업내에 구축하여야 한다. 이를 통해 특별한 이유 없이 거래량이 증가하거나, 주가가 지속적으로 상승하는 경우 주식의 이동시항을 면밀히 조사해야 한다. 일반적으로 적대적 M&A를 시도하는 측은 사전에 충분한 준비를 하는데 반해, 방어기업은 이에 대응할 시간적 여유가 없다. 그러나 주가감시체제를 구축한 기업의 경우 M&A 동향을 조기에 발견하여 이에 대응할 시간적 여유를 가질 수 있어 적대적 M&A에 효율적으로 대처할 수 있다.

주력기업 자본구조 변경

그룹의 지주역할을 하는 주력기업이 M&A를 당하는 경우 타 계열사의 경영권도 연쇄적으로 넘어갈 확률이 높다. 따라서 주요 계열사가 보유하고 있는 타 계열사의 주식지분율을 낮추는 방안을 강구해야 한다. 이와 더불어 지주회사의 역할을 하는 계열사를 상장폐지하거나, 비상장회사를 계열사에 대한 지주회사로 만들어 적대적 M&A로부터 안전하게 보호해야 한다. 또한 계열사의 지분을 안정적으로 상시 관리하는 방안을 강구 수립해야 할 것이다.

또한 적대적 M&A에 대한 효율적 방어수단으로 미국 및 유럽 국가들에서 흔히 사용되는 차등의결권 및 의무공개매수 등의 길을 여는 법령 마련이 시급하다. 황금주, 독약조항, 황금낙하산 등은 회사정관의 개정에 의해서 채택될 수 있으나 대다수 대기업의 외국인지분율이 50% 이상인 점을 감안할 때 실현가능성은 의문시된다. 특히 향후 공기업을 민영화할 때 지분분산과 함께 경쟁체제 유지, 적대적 M&A에 대응할 수 있는 경영권보호 장치를 정관에 명시할 필요가 있다.

Ⅶ. 일본의 황금주 도입 진전

2005년 11월 일본 경제산업성 상하의 '기업가치연구회'는 특정기업에 대한 적대적 매수 발생시 침해될 수 있는 경영권을 방어하기 위한 대책 중 하나로 상장기업들에 황금주(golden shares) 발행을 허용할 것을 제안하였다. 일본의 경제산업성과 법무성은 이러한 연구회의 제안을 토대로 주주총회나 이사회의 결의를 거쳐 신주인수권 발행으로 적대적 매수에 대항하는 독소조항(pison pills) 등의 경영권방어대책에 대한 가이드라인을 공표하였다. 이러한 신주인수권 발행 이후에도 이를 계속 유지할 필요성이 있는지 주주총회를 통해 정기적으로 점검하고, 또한 이사회 의결로 경영권 방어대책이 도입된 경우에는 주주총회의 의결로 이를 폐지할 수 있는 절차도 상정하도록 요구하고 있다.

이번 상장기업의 황금주 발행 제안은 2006년 중에 도입되는 신회사법 시행에 대비해서 적대적 매수에 대한 경영권 방어대책을 도입하는 기업들이 증가함에 따라 그동안 유보적인 입장을 취해 왔던 황금주에 대해서도 명확한 표명이 요구되었기 때문으로 보인다. 이러한 점은 우리나라도 타산지석으로 삼아야 하며, 여기서 크게 시사점을 찾아야 할 것이다. 일본의 적대적 매수에 대한 대표적 경영권 방어수단들을 보면 〈표 4〉에서 보는 바와 같다.

〈표4〉 M&A 관련 경영권 방어 수단(일본)

항목	주요내용
독소조항 (poison pill)	유사시 기존 주주에게 신주인수권을 부여하여 적대적 M&A를 봉쇄하는 특효약이다. 다만 발행주식 증가에 따른 주가하락으로 기존 주주에게 불이익을 줄 가능성도 있다.
황금주 (golden shares)	특정 기업의 주식을 단 한 주만 갖고 있어도 그 기업의 중요한 의사결정을 좌우할 수 있는 주식을 말한다. 따라서 황금주를 보유하고 있으면 외국 투기자본이나 새 경영진에 의한 경영독주와 이에 따른 피해를 견제할 수 있는 장치로 활용할 수 있다.
超다수결의 (super majority)	적대적 M&A로 인한 이사진의 교체 등 지배권변동사항의 경우 특별의결시보다 더 높은 정족수(가령 출석주주의 90%)의 찬성을 얻도록 하는 내용을 정관에 규정한다.
황금낙하산 (golden parachute)	인수대상 기업의 최고경영자가 인수로 인해 임기 전에 사임하게 될 경우에 대비하여 거액의 퇴직금, 저가에 의한 주식인수권(스톡옵션) 등을 받을 권리를 사전에 고용계약서에 기재하여 안정성을 확보함과 동시에 인수비용을 높인다.
백기사 (white knight)	적대적 M&A의 대상이 된 기업이 적당한 방어수단이 없을 경우 적대세력을 피해 현 경영진에 우호적인 제3의 매수 희망자를 찾아 매수 결정에 필요한 각종 정보와 편의를 제공해 주고 경영권을 넘기는 것이다.

그러나 상기 연구회는 황금주의 도입에 있어 동경증권거래소(TSE) 등이 제기하고 있는 기존 주주들에 대한 부정적인 영향을 고려하여 효력기간을 단기간(가령 1년간)으로 한정하고, 이사회의 결의로 권리를 무효화할 수 있으며, 주주총회의 의결로 폐지할 수 있도록 하는 등의 3가지 전제조건을 충족하도록 제안하고 있다.

Ⅷ. 맺는말

지금까지 적대적 M&A에 대한 개념과 내용 및 방어대책에 대해 검토를 하고, 일본을 비롯한 선진국의 사례들을 살펴보았다. 우리나라도 이들 국가의 사례를 타산지석으로 삼아 국제적 기업사냥꾼들에 의한 적대적 M&A에 대해 방비를 튼튼히 갖출 시기에 와 있다. 따라서 정책관계 주체들은 이 문제를 진지하게 분석·검토하고 하루 속히 제도화하여 우리의 국부(國富)가 더 이상 국외로 유출되지 않도록 최선을 다해야 할 것이다.

우리는 이 같은 오류에 대하여 이미 80~90년 초에 남미국가들의 사례에서 그 진상을 쉽사리 찾을 수가 있다. 이것은 기업지배권문제와 표리관계에 얽혀 있어 용이하게 결론에 도달하기가 매우 힘들게 되어 있는 줄 안다. 그렇지만 중지를 모아 하루 속히 현명한 판단으로 매듭을 풀어야 하는 책무가 정책당국에 있다는 것을 명심해야 할 것이다.

[제20호] 2005. 12. 31

외국자본의 국내 은행산업진입 영향과 정책적 시사점[1)]

I. 머리말

우리나라는 1997년 하반기 말부터 금융위기[2)]를 맞이하여 대외신인도의 추락, 기업부도사태의 연속, 자본시장의 붕괴 직면, 5개 지방은행을 비롯한 금융권의 퇴출폐쇄 등 금융시스템의 마비로 부득이 IMF의 긴급 주재금융을 받아 그 이후 3여년 간 혹독한 구조조정과 혁신을 하고 공적자금투입과 해외금융자본 유치로 겨우 위기를 극복하였다.

하지만 큰 틀은 안정을 찾았으나 부문별로 미시적 부분에 있어서는 아직도 개혁 진행 중이라고 볼 수 있다.

대다수의 학자들은 우리나라의 금융위기의 원인을 압축성장의 결과물이라고 자조 섞인 판단을 하기도 하지만, 필자의 의견은 사전에 충분히 예방할 수 있는 일시적 질환(disease)이었다고 주장하고 싶다. 무릇 질

---

1) 본 논문은 졸저 『한국경제와 금융개혁』(연암사, 2004) 제14장을 요약 발췌함.
2) 금융위기(financial crisis)는 1990년대 이후 전 세계 100여개 국가가 체험한 일반적 현상으로 나타났었다.

병은 정확한 진단과 처방, 그리고 치료 및 재발장지프로그램을 가동하면 치유가 가능한 것이기 때문이다. 우리는 이것을 남미와 동아시아, 그리고 북유럽(스칸디나비아반도) 여러 국가들의 사례를 깊이 연구해 보면 시사점과 해답을 얻을 수가 있다.

지면관계로 자세한 분석과 설명은 졸저 『한국경제와 금융개혁』의 체계적 분석을 참조하면 이해할 수가 있으리라 미루고 여기서는 그 (질병의) 후유증에 초점을 맞추어 분석하려고 한다.

현재 우리나라 금융시장에서는 외국은행자본이 막강한 위치를 점하고 있다. 당초 외국계 펀드사들이 1998년 이후 헐값으로 한국금융기관을 인수하여 많은 재미를 보았으며, 이제는 제2단계로 접어들어 글로벌 외국계 은행들이 이들을 승계하여 국내 영업을 확장 중에 있다. 1990년대의 남미의 경우와 하나도 다를 것이 없다. 문제는 국민과 은행, 정부가 현명하게 대처해 나가느냐에 우리나라 금융산업의 존망이 거려 있다고 해도 과언이 아니다.

본 논문은 이 대응방안에 초점을 두고 연구된 것임을 밝혀둔다.

Ⅱ. 외국사례로 본 은행지배를 위한 외국자본의 진입효과

개 관

한국 내 은행산업의 외국자본 지배율은 30%대(일반은행+외은지점 기준)로서 남미 및 동구권 국가의 30~90% 수준보다는 낮으나 주요 선진국의

10%대에 비해서는 크게 높은 수준이다.

– 외국자본이 지배하는 은행은 여타 일반은행보다 기업대출의 축소 및 가계대출의 확대폭이 크고 국공채 등 안전자산 위주의 자산운용을 보다 선호하는 것으로 파악됨.

국내 은행에 대한 외국자본 지배의 부작용을 완화하기 위해서는 기관투자가 중심의 국내 금융자본을 육성하고, 정부의 은행민영화 계획도 국내 금융자본의 성장추이를 보아가며 신중하게 추진할 필요가 있다.

은행에 대한 외국자본 지배의 시너지효과 창출을 위해서는 펀드계열보다 은행계열 외국자본이 보다 효과적이며, 특정국가의 경제 불안 전염효과를 완화하기 위해 국내진입 외국자본의 국적을 다변화하는 한편 자본의 성격 및 건전성 심사를 강화할 필요가 있는 것으로 파악되었다.

〈표 1〉 은행산업에 대한 외국자본 점유율(총자산 기준)

	국명	점유율(%)		국명	점유율(%)		국명	점유율(%)
남미	멕시코	83	동구	체코	90	선진국	뉴질랜드	99
	파나마	59		헝가리	89		영국	46
	칠레	47		폴란드	69		미국	19
	우루과이	43		루마니아	47		노르웨이	19
	베네수엘라	43		러시아	9		스위스	11
	페루	42	아시아	한국	30		핀란드	6
	볼리비아	36		말레이시아	19		일본	7
	아르헨티나	32		필리핀	15		이탈리아	6
	브라질	30		태국	7		캐나다	5
	콜롬비아	22		중국	2		독일	4

※ 자료: World Bank Regulation and Supervision Survey(2003)
한국은행, 보도자료(2003. 12.)에서 재인용.

주요국의 은행산업에 대한 외국자본 진입현황

외국자본의 은행지배가 큰 국가는 주로 남미와 동유럽 국가들인데, 1980년대 이후 국제교역과 금융거래가 많아지고 각국의 금융규제가 완화됨에 따라 선진국의 대형펀드나 은행들은 해외은행 인수 또는 해외점포 및 현지법인 설립 등을 통하여 해외에 적극 진출하는 경향이 있다.

특히, 금융위기와 체제전환 과정에서 해외자본을 대거 도입한 남미와 동유럽에 외국자본의 은행지배가 큰 나라가 많으며, 우리나라도 금융위기 진행과정에서 외국자본의 국내지배 정도가 상당히 높은 수준으로 상승하였다.

외국자본의 진입효과

외국자본의 금융산업 진입은 낙후된 영업구조와 은행감독체계를 개선하여 금융기관의 경영건전성을 제고시키는 효과가 있는 반면, 진입국 시장내 경쟁격화에 따른 은행 수익성 악화, 중소기업의 금융수혜 축소, 해외경제상황의 국내파급에 따른 금융시스템 불안 및 정책협조의 어려움 등 문제점도 수반하고 있다.

외국자본의 은행지배는 진입국 입장에서 긍정적 효과뿐만 아니라 부정적 효과도 초래하고 있는 실정이다.

(외국자본의 진입으로 낙후된 영업구조와 법·감독체계를 개선하고 위험관리기능을 확충하여 은행의 경영건전성을 제고하는 반면, 국내시장에서의 경쟁이 격화되어 전체적인 은행수익성이 악화되고 정책적인 협조가 어렵게 되거나 금융 불안을 초래하는 경우도 발생.)

긍정적 효과

① 신금융기법 적용과 금융기관간 경쟁으로 진입국 시장에서의 금융
   서비스의 질 개선 및 은행시스템의 효율성 제고

② 진입국의 감독 및 법체계 개선 촉진

③ 국제자본시장과의 통합 증대 및 은행자산의 분산 확대

④ 문제은행에 대한 자본확충 및 해외로의 자금유출이 우려되는 국가
   에서의 안전판 역할

⑤ 신용평가시스템 발전 등

부정적 효과

① 은행간 경쟁격화에 따른 수익성 저하

② 외국계 은행의 주거래 대상이 대기업이나 다국적기업이 됨으로써
   중소기업이나 지역기업은 금융혜택에서 상대적으로 소외

③ 외국계 은행에 대한 정책협조 기대 곤란

④ 외국인 주주에게로의 수익 이전에 따른 국부 유출

⑤ 국내 은행의 신규진입 억제와 국내 금융자본 육성의 저해

Ⅲ. 외국사례로 본 외국자본의 진입국 은행지배 효과

금융산업의 경영건전화에 기여

외국자본의 금융산업 진입은 낙후된 영업구조와 감독제도를 개선하

여 경영건전성 악화 등의 문제점을 완화시키는 것으로 나타났다.

다음에서 50%이상 지분을 소유한 외국계 은행(80개국 소재, 1988~1995)의 현지국 현황 분석사례를 발표한 자료를 요약할 수 있다.

- 선진국에 진출한 외국계 은행은 국내 은행보다 낮은 이자 마진 및 낮은 수익성을 보인 반면, 개도국에 진출한 외국계 은행은 국내 은 행보다 높은 이자 마진 및 높은 수익성을 확보하고 있는 것으로 나 타났다.
- 국내 은행은 외국계 은행의 영업기법을 배우고 업무효율성이 증대 되어 영업비용이 감소된 것으로 나타났다.
- 외국자본이 진입한 국가의 은행은 경쟁격화로 인하여 이자수익과 비이자수익이 감소한 것으로 분석되었다.

아르헨티나, 칠레, 콜롬비아 분석사례(1995~2000)
- 외국계 은행은 국내 은행에 내부경영과 위험관리기법을 전수하고 검사방법, 회계처리, 경영공시 및 감독제도 등의 개선에 긍정적인 영향을 미쳤다.
- 외국계 은행은 예수금의존도가 낮아 여러 방법으로 자금을 조달하 고 있으며, 유동성자산을 안정적으로 유지한 것으로 분석되었다.
- 외국계 은행은 신용위험관리를 강화하여 부실자산비율을 낮추고 충 분한 대손상각과 대손충당금 적립으로 자산건전성을 개선한 것으로 나타났다.
- 유동성자산 및 저위험자산의 운용을 통해 양호한 자기자본비율을 유지함으로써 금융산업 건전화에 기여하였다.

〈표 2〉 금융위기전·후 아르헨티나 대출증가율(분기평균)   (단위: %)

	전체은행	외국계 은행	정부계은행국내	민간은행
위기 이전 (94. 2 ~ 3분기)	3.6	5.0	3.8	2.4
위기시 (94. 4~95. 4분기)	2.0	3.0	0.3	2.1
위기 이후 (96. 1~99. 2분기)	3.2	4.3	1.5	3.2

※ 자료: Foreign and domestic bank participation in emerging markets: Lesson from Mexico and Argentina
    (Linda Goldberg, B.Gerard Dages, Daniel Kinney, "National Bureau of Economic Research", 2000.5)
    한국은행, 보도자료(2003. 12.)에서 재인용.

금융시스템 안정효과는 불분명

외국자본의 금융안정에 대한 기여 여부는 금융상황에 따라 달라지는 것으로 나타났다. 금융위기 발생국가에서 외국자본의 지배가 금융위기의 완충역할을 수행하고 금융안정을 가져오는가 여부는 금융상황과 진입국가의 사정에 따라 달라질 수 있다.

진입국의 금융안정에 기여한 사례

- Peek and Rosengren(2000)이 1994~1999년간 아르헨티나, 브라질, 멕시코를 분석한 결과, 동 3국의 금융위기시 외국계 은행은 대출자산을 늘리는 등 영업확장의 기회로 활용한 것으로 분석되었다.
- Linda Goldberg 등(2000)이 1994~1999년간 아르헨티나와 1992~1998년간 멕시코의 국내대출을 분석한 결과, 외국계 은행의 대출자산이 증가하고 대출자산의 변동성도 상대적으로 안정된 것으로 조사되었다.

진입국의 금융불안을 가중시킨 사례

1990년대 일본경제의 악화가 미국의 부동산시장에 큰 영향을 미쳐 미국의 금융불안을 야기하였으며, 아시아 금융위기시 일본계 은행의 대출금 회수가 해당국의 금융위기를 가중시켰던 것으로 나타났다.

1990년대 외국자본의 진입이 많았던 아르헨티나에서 2001년 12월 예금동결 등의 금융위기 발생시 프랑스계 2개 은행과 캐나다계 1개 은행이 철수선언을 함으로써 금융혼란을 가중시켰다.

외국자본이 국가별로 편중될 경우 특정국가의 경제불안이 국내경제에 전염됨으로써 금융시스템 불안요인으로 작용하였다.

호주계(濠洲系) 자본이 대부분의 자국 은행을 지배하고 있는 뉴질랜드의 경우는 국내금융시스템에 많은 취약점을 보유하고 있는 것으로 자체분석되었다.

※ 뉴질랜드의 17개 은행 중 15개 은행을 외국자본이 지배하고 있으며, 상위 5대 은행 중 4개 은행이 호주계, 1개 은행이 영국계 은행이다.

– 뉴질랜드의 경우 국내 경제상황뿐만 아니라 호주의 경제상황에 따라 금융위기가 야기될 수도 있다.
– 뉴질랜드에 금융위기가 발생할 경우 자체 해결능력이 매우 취약하다.

외국자본의 국적이 지역적으로 분산되어 있다면 진출국의 경제상황이 진입국 은행산업에 미치는 영향은 크지 않을 것이다. 그러나 진출입국간 경제상황이 밀접하게 연관되어 있는 경우에는 외국자본 진입의 긍정적 효과가 부정적 효과로 전락할 가능성이 있다.

금융시장의 경쟁심화 초래

외국자본의 진입은 필연적으로 대출부문의 경쟁을 심화시키게 되며 이는 예대마진 축소 등 수익성 악화를 초래하게 된다. 외국자본의 진입은 필연적으로 진입국의 내국계 은행과 경쟁관계를 형성하게 되고 가격경쟁이 이루어져 전체적인 은행수익성이 악화될 것이다.

- Barajas and others(2000)가 콜롬비아 사례를 분석한 결과, 외국자본의 진입 영향으로 비업무비용자산 감축 등 국내 은행의 영업효율성이 제고되었으나, 상호간 대출경쟁 심화로 자산이 부실화되고 대출마진도 축소되어 은행수익성이 악화된 것으로 나타났다.
- Clarke and others(2000)가 1990년대 후반 아르헨티나 사례로 분석한 결과에서도 외국계 은행과 내국계 은행의 대출경쟁 심화로 대출마진이 축소되어 은행수익성이 악화된 것으로 분석되었다.
- 헝가리는 정부투자은행의 민영화 과정에서 50% 이상 지분소유 외국계 은행의 시장점유율(총자산기준)이 1994년 20%에서 1999년 57%까지 상승하였다.(또 40% 이상 지분소유 외국계 은행의 총자산점유율은 80% 에 이르고 있음.)
- ※ 외국계 은행의 시장점유율이 크게 상승하는 과정에서 은행간 가계대출을 중심으로 경쟁이 격화되고 은행 대출마진도 축소되는 것으로 나타났다.

〈표 3〉 일반은행 외국인지분율 추이

(단위: %)

	1998	1999	2000	2001	2002	2003.9
일반은행	11.7	20.0	25.3	24.5	24.9	38.6
시중	12.3	21.7	27.7	27.0	26.7	43.4
지방	5.7	3.6	2.2	4.3	11.5	8.8

※ 주: 지주회사 소속 은행은 지주회사의 해당은행 지분율에 지주회사의 외국인 지분율을 곱하여 산출함.
자료: 한국은행, 보도자료(2003. 12.)에서 인용.

중소기업의 금융 수혜 폭 감소

외국계 은행은 리스크관리나 건전성 유지를 이유로 중소기업이나 영세기업 대출에 대해 소극적으로 영업활동을 전개하고 있다.

– Clarke and others(2002)의 분석에 의하면, 아르헨티나 · 칠레 · 콜롬비아 · 페루에서 외국계 은행의 중소기업대출 비중이 내국계 은행을 하회하고 있다.

IV. 외국자본의 한국 금융시장 진입효과 분석

외국자본의 진입 현황

최대주주 및 이사회 운영현황 등으로 판단해 볼 때, 현재 우리나라 일반은행 중 실질적으로 외국자본의 지배를 받는 은행은 제일, 외환, 한미 3개 은행이다. 2003년 9월말 현재 국내 은행업에 진출한 외국자본 지분율(일반은행 기준)은 직접투자와 주식시장을 통한 간접투자를 포함하여 38.6%에 해당한다.

2003년 중 론스타의 외환은행 인수 등에 따라 외국인 지분율이 크게 상승하였다.[3] 그러나 최대주주 지분 및 이사회 구성 등으로 보아 실제 외국자본의 경영지배를 받고 있는 은행(이하 "외국계 은행")은 제일 · 외환 · 한

---

3) 론스타(Lone star)는 외환은행을 매각하려는 계획을 가지고 있다.

미 3개 은행[4]이며 이들 자본은 일반은행 전체자본의 29.5%를 차지한다.

– 제일 · 외환 · 한미은행은 최대주주가 외국인이며 이들이 실제 경영 에도 참여

〈표 4〉 일반은행의 외국인 지분 및 이사회 구성 현황　　　　　(2003. 9월말 현재)

		납입자본 (억원)	총외국인 지분(%)	외국인 대주주지분	이사회구성(명)		주요 주주
					전체	외국인	
외국계	제일	10,296	48.6	48.6	16	13	뉴브릿지 48.6, 예보 48.5
	외환	31,947	65.8	65.8 [1]	14	4	론스타 51.0, 코메르쯔 14.8 수출입은행 14.0, BOK 6.2
	한미 [6]	10,543	61.0	46.4	11	5	카알라일 컨소시엄 36.6, 스탠다드차타드 9.8
혼합계	하나	9,872	28.7	8.2	15	2	예보 27.8, 알리안츠 8.2
	국민	16,819	68.4	14.5	16	3	BoN(DR) 9.4, 정부 9.3, 골드만삭스 5.1
내국계	조흥	33,956	41.0 [2]	3.2 [5]	9		신한지주 80.0
	우리	28,528	0.7 [3]		9		우리지주 100.0
	신한	12,232	49.0 [4]	4.0 [5]	7		신한지주 100.0
	부산	7,334	12.0	6.4	8		롯데그룹 14.1, Small Cap World Fund 6.4
	대구	6,606	20.1	11.5	7		삼성그룹 7.4, JF Asset 6.4, CRMC 5.0
	광주	6,083			6		우리지주 100.0
	전북	1,653	0.1		7		삼양사 11.8, 대한교과서 5.0
	제주	776			8		신한지주 62.4, 예보 32.0
	경남	2,590			6		우리지주 100.0
전 체		179,235	38.6		139	27	

※ 주: 1) 2003.10월 론스타의 신규 자본유입 이후 기준.
　　 2) 신한지주의 조흥은행 지분(80%) x 신한지주의 외국인지분(49.0%).
　　 3) 우리금융의 우리은행 지분(100%) x 우리금융의 외국인지분(0.7%).
　　 4) 신한지주의 신한은행 지분(100%) x 신한지주의 외국인지분(49.0%).
　　 5) 신한지주의 조흥 · 신한은행 지분 x BNP파리바의 신한지주지분(4%).
　　 6) 2004.6월 이후부터는 한미은행지분이 씨티은행측에 인수될 예정임(조선일보, 2004.2.24.).
　　 자료: 한국은행, Ibid.

---

4) 현재 제일은행은 영국계 스탠다드차타드은행이, 한미은행은 미국계 씨티은행이 각각 인수운영하고 있고, 외환은행도 머지않아 제3외국계 은행에 매각될 것으로 전망된다.

- 국민·하나은행의 경우 최대주주는 아니나 지분율 5% 이상의 외국
  인 대주주가 존재하고 외국인 등기이사도 활동하고 있어 '혼합자
  본'에 해당
- 여타 은행은 외국인 대주주가 거의 없고 외국인 이사도 존재하지 않
  아 순수 '국내 자본계' 은행으로 분류

※ 신한·조흥은행은 모회사인 신한지주회사의 주요 자본이 소액 재일교포주주의 집합체
  (지분율 약 25%)이고 이들의 적극적인 경영참여도 없어 '국내 자본계'로 분류

〈표 5〉 총자산 증가율 추이 (단위: %)

	1998	1999	2000	2001	2002	2003.1~9	연평균
외국계	-2.5	8.5	9.7	5.3	21.1	7.6	8.3
혼합계	17.1	31.3	21.2	10.4	9.8	8.0	16.3
내국계	-3.9	14.5	11.9	10.2	15.0	6.7	9.1

※ 자료: 한국은행, Ibid.

〈표 6〉 외화자산 운용비중 추이 (단위: %, %p)

	1998(A)	1999	2000	2001	2002	2003.9(B)	B-A
외국계	34.7	24.4	20.5	15.1	13.8	13.7	-21.0
혼합계	11.7	8.7	7.8	5.3	5.4	4.6	-7.1
내국계	25.5	17.5	13.	89.6	10.4	9.8	-15.7

※ 자료: 한국은행, Ibid.

외국계 은행과 내국계 은행의 경영비교

자산운용

외국자본은 국내진입 이후 외화자산, 기업대출, 회사채 및 주식 등 고
위험자산을 줄이는 대신 가계대출 및 국공채 등 안전자산 운용을 적극

확대하고 있다.

보수적 자산운용

– 외환위기 이후 외국계 은행의 총자산 증가율은 연평균 8.3%로 혼
합계나 내국계 은행에 비해 자산운용이 보수적이었던 것으로 나타
났다.

※ 우량은행에 속하는 혼합계 은행(국민·하나)의 총자산증가율은 연평균 16.3%로 외
국계 은행의 2배 수준이다.

외화자산 운용 축소

2003년 9월말 현재 외국계 은행의 총자산대비 외화자산 운용비중은
13.7%로 1998년말(34.7%)에 비해 21.0%p나 감소하여 혼합계(-7.1%p)나
내국계 은행(-15.7%p)보다 더 감소하였다.

※ 외국계 은행의 영업행태가 혼합계나 내국계 은행보다 원화금융에 보다 중점을 두고 있
음을 시사한다.

기업대출 축소, 가계대출 확대

리스크관리 및 수익성 강화에 따라 위험이 큰 기업대출보다는 주택담
보대출 등 가계대출을 선호함에 따라 상대적으로 기업금융이 위축되고
있다.

– 기업대출 비중은 외환위기 직후인 1998년말까지 외국계 은행이 가
장 높았으나 2003년 9월말 현재는 내국계 은행이 가장 높은 수준

– 2003년 9월말 현재 외국계 은행의 총대출금 중 기업대출 비중은
49.6%로 1998년 말대비 33.3%p 감소하여 혼합계(-10.4%p) 및 내국계

은행(-24.8%p)에 비해 대폭 감소

– 특히 fund계열 외국자본이 최대주주로 있는 은행의 기업금융 위축
이 상대적으로 심각(심지어 영세직장인에게까지 '신용대출전문은행'으로 판촉
확대하고 있음.)

반면에 가계대출 비중은 최근 5년간 외국계 은행이 35.2%p나 늘어나
혼합계(10.6%p) 및 내국계 은행(26.4%p)보다 큰 폭으로 증가하였다.

〈표 7〉 기업 및 가계대출 비중 추이   (단위: %, %p)

		1998(A)	1999	2000	2001	2002	2003.9(B)	B-A
기업 대출	외국계	82.9	73.4	63.5	54.8	50.1	49.6	-33.3
	혼합계	47.6	47.0	42.8	38.1	37.4	37.2	-10.4
	내국계	80.6	75.0	69.9	58.2	54.2	55.8	-24.8
가계 대출	외국계	10.4	17.9	26.1	38.6	44.0	45.6	35.2
	혼합계	48.8	46.2	48.1	56.2	59.9	59.4	10.6
	내국계	14.3	19.3	23.6	35.7	42.1	40.7	26.4

※ 자료: 통상산업부 및 삼성경제연구소, Ibid.

〈표 8〉 유가증권별 비중 추이   (단위: %, %p)

		1998(A)	1999	2000	2001	2002	2003. 9(B)	B-A
국공채 통안채	외국계	50.1	73.1	52.4	67.0	72.4	67.5	17.4
	혼합계	54.8	56.9	53.4	44.3	59.6	55.1	0.3
	내국계	50.0	60.3	67.0	66.5	61.3	56.5	6.5
회사채 주식[1]	외국계	22.3	10.0	37.2	14.8	13.8	17.4	-4.9
	혼합계	15.2	17.1	24.9	31.6	20.2	27.8	12.6
	내국계	22.3	15.1	17.6	18.8	17.9	19.4	-2.9

※ 주: 1) 수익증권 포함.
　자료: 한국은행. Ibid.

국공채·통화안정증권 위주의 유가증권 운용

유가증권 운용에 있어 외국계 은행은 여타 은행에 비해 위험도가 낮은 국공채 및 통안증권 등의 선호경향이 뚜렷하다.

- 최근 5년간 외국계 은행의 안전증권(국공채·통안채) 운용비중은 혼합계(0.3%p)나 내국계 은행(6.5%p)보다 높은 17.4%p 증가
- 그러나 외국계 은행의 위험증권(회사채·주식·수익증권) 운용비중은 4.9%p 감소하여 혼합계(+12.6%p)나 내국계 은행(-2.9%p)에 비해 더 크게 축소

영업성과

외국계 은행은 리스크관리 강화 등으로 자산 건전성은 크게 개선되었으나 신규 수익원 발굴부진 및 대손상각 등으로 수익성은 내국계 은행과 차이가 없었다.

〈표 9〉 고정이하 여신비율 추이 (단위: %, %p)

	1999(A)	2000	2001	2002	2003. 9(B)	B-A
외국계	19.9	10.0	4.9	2.2	2.2	-17.7
혼합계	10.3	7.1	3.2	2.5	4.3	-6.0
내국계	13.6	10.1	2.7	2.4	3.0	-10.6

※ 자료: 한국은행, Ibid.

자산건전성 대폭 개선

1999년까지는 외국계 은행의 자산 건전성이 가장 나쁜 상태였으나 현

재에는 국내 전체 은행 중 가장 양호한 수준인 것으로 나타났다.

※ 2003. 9월말 현재 고정이하 여신비율은 외국계 2.2%, 혼합계 4.3%, 내국계 3.0%로 외국

계 은행이 가장 낮으며, 1999년말에 비해서도 외국계(-17.7%p)가 내국계(-10.6%p) 및

혼합계 은행(-6.0%p)에 비해 크게 개선

자본 적정성은 내국계 은행과 비슷한 수준

외국계 은행의 BIS* 자기자본비율은 10% 이상으로 양호하나 혼합계
나 내국계 은행들도 10% 이상을 유지하고 있어 특별한 차별성은 발견하
기 어려운 상황이다.

* BIS 자기자본비율(자기자본/위험자산x100)은 은행의 대출 등 회수불능위험이 많을수

록, 자기자본이 적을수록 은행의 영업위험도가 높아지는 지수를 뜻한다. BIS는 국제결제

은행으로서 각국 중앙은행을 통해 BIS비율 8% 이상을 은행 건전성 권장기준으로 삼고

있다.

※ 2003. 9월말 현재 외국계 및 내국계 은행의 BIS자기자본비율은 10.6%로 1999년말과 비

슷한 수준이며, 혼합계 은행은 10.8%로 적극적인 자산 확대에 따라 0.8%p 하락

수익성 개선 미진

ROA 및 ROE* 추이로 보아 외국계 은행의 수익성이 혼합계 및 내국계
은행보다 우월하다고 볼 수는 없는 상황이다.

*ROA는 총자산이익률(기간이익/총자산x100)을 의미하며, ROE는 총자본이익률(기간이

익/총자본x100)을 뜻한다.

※ 다만 2003년 9월 현재 외국계 은행의 ROA 및 ROE는 SK글로벌 여신 및 신용카드채권

부실이 많았던 혼합계 은행보다는 나은 편이나 내국계 은행에 비해서는 다소 부진

– 이 같은 외국계 은행의 수익성개선 미진 이유는 별다른 수익원 발굴
이 없었던 데다 자산건전성 강화를 위한 적극적인 대손상각 등에 주
로 기인

경영관리 강화

외국계 은행은 획기적 경영기법의 도입은 없었으나 이사회 기능 강화
를 통해 경영투명성을 제고하는 한편 여신심사 등 리스크관리기능도 강
화하였다.

⟨표 10⟩ BIS자기자본비율 추이   (단위: %, %p)

	1999(A)	2000	2001	2002	2003. 9(B)	B-A
외국계	10.7	10.1	11.6	10.6	10.6	-0.1
혼합계	11.6	10.6	10.2	10.4	10.8	-0.8
내국계	10.3	10.7	11.2	10.6	10.6	0.3

※ 자료: 한국은행, Ibid.

⟨표 11⟩ ROA 및 ROE 추이   (단위: %)

		1999	2000	2001	2002	2003. 9
ROA	외국계	-1.8	-0.5	0.6	0.4	0.1
	혼합계	-0.9	0.4	0.7	0.8	-0.1
	내국계	-.14	-1.5	0.8	0.5	0.4
ROE	외국계	-34.6	-13.7	15.0	9.8	2.5
	혼합계	-18.9	8.4	13.9	13.4	-1.6
	내국계	-21.2	-27.0	17.9	10.6	8.9

※ 자료: 한국은행, Ibid.

<표 12> 외국인 이사 현황

(단위: 명)

	1998	1999	2000	2001	2002	2003. 9
외국계	7(44)	7(42)	23(45)	20(44)	19(41)	22(41)
혼합계	3(65)	5(68)	5(64)	5(62)	4(26)	5(31)
내국계[1]	26(120)	26(101)	24(122)	2(82)	1(70)	0(67)

※ 주: 1) 2000말까지 신한은행에 다수의 재일교포 사외이사 존재.
　　 2) ( )내는 전체 이사수.
　　자료: 한국은행, Ibid.

경영투명성 제고

외국자본이 유입된 외국계 은행이나 혼합계 은행의 경우, 이사회 기능이 종전에 비해 크게 강화된 것으로 파악되었다.

– 과거에는 이사회 운영에 형식적인 측면이 많았으나, 최근에는 외국인 이사의 영입으로 이사회의 실질 경영관리기능이 크게 제고
– 외국인 이사 수는 2003년 9월말 현재 외국계 은행이 22명으로 지난 5년간 3배 증가하고, 혼합계는 5명으로 약 2배 증가

리스크관리기능 강화

외환위기 이후 외국계 및 혼합계 은행을 중심으로 여신관리기능이 크게 강화되었으며 점차 여타은행으로 확산되는 추세이다.

– 엄격한 신용평가, 소득수준 및 Cash flow 등에 기초한 여신심사 관행이 도입되었으며, 거액여신의 경우 본부 집중심사제도를 도입하고 대기업여신 등 거액편중여신을 해소했으며, 리스크관리시스템 및 경영정보시스템(MIS)을 구축

– 리스크관리시스템을 구축함으로써 신용위험 및 시장위험에 대한 익스포저 관리가 가능해지고 MIS 구축을 통해 경영상태에 대한 정보가 신속하게 최고경영층에 전달

업무효율성 제고

일선 및 후선업무 처리의 process혁신을 통해 업무효율성을 제고하였다.

– Loan Center, Operation Center, Call Center 설치 등

한편 외국자본과의 제휴를 통해 방카슈랑스, PB, 수익증권판매 등 신규 수익사업 발굴에 노력하고 있으나 그 성과는 미미한 편이다.

Ⅴ. 정책적 시사점

정책적 시사점

국내 은행산업에 대한 외국자본 지배율은 크게 높은 수준

가. 우리나라에서의 외국자본의 국내 은행산업 지배율은 30%에 달함으로써 주요 선진국에 비해 대단히 높은 수준이다. 외국자본의 국내 은행 지배가 우리나라보다 높은 나라는 대부분 남미와 동유럽에 편중되어 있으며, 경제가 안정된 대부분 주요 선진국의 경우 외국자본의 은행산업

점유율이 10%대를 나타내고 있다.

- 남미와 동유럽국가 은행들에 대한 외국자본 지배현상은 금융위기와 체제전환 과정에서 외국자본이 은행을 낮은 가격으로 인수하는 과정에서 발생
- 우리나라도 금융위기 과정에서 외국자본의 국내 은행산업 지배율이 30%에 이르고 있으며, 이는 아시아 금융위기를 동시에 겪은 말레이시아(19%)와 태국(7%) 보다 크게 높은 수준
- 영국의 경우 외국자본지배가 46%로서 높은 편이나 이는 런던 국제 금융시장의 특성에서 비롯된 예외적인 현상

나. 현재 우리나라 외환보유액, 금융산업의 건전성 등을 감안할 때 국내 은행산업의 외국자본 의존 필요성은 예전에 비해 상당히 줄어든 것으로 판단된다.

- 현재 수준의 외국계 은행만으로도 국내 금융산업의 발전을 위한 선도적 역할이 가능한 상태⇒(현재수준을 크게 넘는 외국자본의 국내금융 지배는 외국계 은행의 기업대출 축소와 가계신용 위주의 소비금융 확대, 국공채 등 안전자산 중심의 자산운용 경향에 따른 설비투자 증대를 위한 금융지원 위축 등으로 경제성장 동력 약화 우려)

기관투자가 중심의 국내 금융자본(토종금융자본) 육성 긴요

가. 장기적인 은행산업 발전을 위해 정부소유 은행주식 매각은 공적자금 회수뿐만 아니라 기관투자가 등 국내 금융자본의 성장정도를 보아가

면서 신중히 추진하는 것이 바람직하다.

정부는 금융구조조정 과정에서 취득한 은행 지분(우리·하나 등)에 대하여 은행의 자율경영체제 확립 및 공적자금 조기회수를 위해 국내·외 매각을 추진 중에 있다.

- 매각 방법으로 해외 전략적 투자자앞 매각, 국내 기관투자자앞
  block sale, 해외 DR 발행 등 다양한 방안 모색 중

나. 현재 국내 은행에 대한 외국자본의 지배가 상당한 수준임을 감안할 때 향후 은행 민영화의 주체는 국내자본이 바람직하나 현실적으로 국내자본의 은행산업 진출이 쉽지 않은 실정이다.

- 자본 여력으로 보아 국내에서 산업자본 이외에는 은행 민영화를 감당할 주체가 없는 실정이나 '산업자본' 이 스스로 '신뢰기반' 을 형성하지 못하고 있는 현실에서 산업자본의 은행지배는 국민경제와 금융산업의 건전한 발전에 득(得)보다는 실(失)이 훨씬 클 수 있음.

다. 이에 따라 비금융주력자에 해당하는 산업자본의 경우 은행법상 4%를 초과하는 은행주식 취득을 금지하고 있다.(*, ** 참조)

* 은행법상 동일인이 은행 주식 보유한도는 10%(지방은행 15%)이며, 비금융주력자**(산업자본)는 4% 초과금지

** 비금융회사의 자본합계액이 전체 자본합계액의 25% 이상이거나, 비금융회사의 자산총액이 2조원 이상인 동일인

라. 따라서 장기적으로 은행산업의 발전을 위해서는 주요 선진국과 같이 기관투자가 중심의 금융자본을 적극적으로 육성하여 은행업을 영위케 하는 것이 바람직하다.

- 국내 금융자본 육성에는 상당한 기간이 소요되는 만큼 현재 공적자금의 조속한 회수를 위한 은행 민영화계획은 국내 금융자본의 성장정도를 보아가며 신중히 추진

은행산업에 대한 외국자본 지배의 시너지효과 확보 필요

가. 은행 업무에 전문화되지 않고 투자업무에만 특화되어 있는 펀드계열 외국자본으로부터는 전문적인 선진금융기법 습득에 한계가 있다.

- 은행계열 외국자본의 경우 장기적인 경영전략 추구로 국내 은행산업의 발전에 기여 예상

나. 외국계 은행의 해외점포를 활용하여 우리나라 은행의 해외진출과 국제 업무의 발전이 가능하도록 은행계열을 외국자본에 매각하여 선진금융기법 습득해야 한다.

- 현재 국내 금융산업이 과당경쟁 상태임을 감안할 때 국내 은행들이 선진금융기법을 습득하여 해외영업을 강화할 필요성 대두

국내 진입 외국자본의 다변화와 건전성 심사강화

가. 국내 금융산업에 진출하는 외국자본의 국가를 다변화하여 경제의

외부영향을 줄이는 한편 진입시 외국자본의 성격 및 건전성 심사를 강화해야 한다.

국내 금융산업에 진출하는 국가를 다변화하여 자본진출국의 경제불안에 따라 국내 금융산업의 안정성이 악영향을 받게 되는 사태를 미연에 방지할 필요가 있다.

- 우리나라의 경제상황과 밀접히 연관되어 있는 국가의 자본일수록 해당 국가의 경제불안이 우리나라에 전염될 위험이 큰 점을 염두에 둘 필요

나. 아울러 진입자본의 경영위기상황이 국내에 전염되지 않도록 진입자본의 성격 및 건전성을 엄격히 심사하는 것도 필요하다.

VI. 맺는말

외국은행에 대해 경계심을 가져야 할 이유는 당초 뉴브리지캐피탈의 제일은행 인수과정에서부터 최근 재매각과정에 이르기까지 일련의 과정들을 살펴보면 충분히 알 수 있다. 당초 인수계약 체결시 풋옵션 조항(put option clause)을 제대로 이해 못한 채 정부가 서둘러 제일은행을 브리지캐피탈에게 매각했었는데, 이 조항 때문에 은행 부실채권의 추가 부실처리를 놓고 계약상 매각금액(5천억 원)보다 몇 십 배에 가까운 보상을 뉴브리지쪽에 지불해야 했었던 것은 너무나 안이하게 일처리를 했다는 지

적을 면할 수 없다.

또한 뉴브리지라는 사모펀드가 최근 영국계 스탠다드차타드은행에 재매각하면서 자금이동을 제3국의 조세피난처(tax heaven)를 통해 계리처리를 함으로써 세금 한 푼 안 물고 거액의 차익을 챙긴 일은 우리에게 커다란 경종을 울리고 있다.

앞으로도 정부의 공적자금을 투입 받은 우리은행 및 외환은행 등 많은 금융기관들이 불원간에 대외 매각을 해야만 하는 운명에 놓여 있는데, 여기서도 우리는 경계심을 늦추어서는 안 될 중요한 시점에 와 있다. 정부는 장단기계획을 철저히 수립하여 국부유출의 효과를 감속시키고 토종은행산업 육성에 힘을 쏟아야 할 때이다.

[제19호] 2004. 12. 30

북한의 가격제도와
가격개혁의 전망

Ⅰ. 머리말

북한은 2002년 7월 1일 경제개혁조치를 단행했는데, 그 가운데 가장 획기적인 내용이 가격개혁 부문이다. 사회주의체제 하에서 가격기구는 계획경제의 핵심이 되는 특성을 가지고 있기 때문에 가격체제를 개혁한다는 것은 매우 주목이 되는 사항이다.

이 논문에서는 제Ⅱ장에서 우선 사회주의체제 하의 가격이론과 그 특성을 개략적으로 음미하고 제Ⅲ장에서 북한의 가격관리체계를 고찰하며 제Ⅳ장에서 가격개혁의 내용과 그 의의를 파악분석하고, 제Ⅴ장에서는 가격개혁이 과연 북한의 시장경제체제로의 궤도수정의 신호가 아닌가 하는 점에 대해서도 조심스럽게 각계의 의견들을 종합하여 고찰하면서 앞으로의 과제를 전망해 보려고 한다. 그리고 마지막 제Ⅵ장에서 결론과 시사점을 도출하려 한다.[1]

Ⅱ. 사회주의체제 하의 가격이론

특징 및 시장경제체제와의 차이점

마르크스(K. Marx)는 재화의 가치를 사용가치와 교환가치로 구분하였다. 사용가치란 재화생산에 투입된 노동의 양과 관계없이 재화의 사용 또는 소비에 의해 실현되는 가치이다. 따라서 사용가치를 결정하는 것은 재화의 물리적 성질과 사용자 또는 소비자가 주관적으로 느끼는 효용이다.

교환가치는 하나의 사용가치와 다른 하나의 사용가치간의 교환비율이라는 물적관계로 나타난다. 이때 적용되는 것은 사용가치가 아니라 당해 재화생산에 투입되는 사회적 필요노동으로 표시된다고 한다. 왜냐하면 사용가치는 시장에서 결정된 가격변동에 의해 끊임없이 가치가 변하며, 따라서 생산자로서는 자신의 노동력 투입과 관계없이 부의 등락이 결정되기 때문이다.

사회적 필요노동은 노동시간으로 나타나며 사회적 필요노동 시간은 재화의 생산에 있어 평균적인 물적 생산조건과 노동의 숙련도 및 강도에 의해서 필요로 하는 시간이라는 것으로 이해하고 있다. 따라서 가치는 물질과 물질간의 관계가 아니라 사람과 사람간의 사회적 관계를 반영한다고 볼 수 있다. 이 가치를 화폐량으로 표시한 것을 마르크스는 '가격'으로 보았다.[2]

---

1) 가격개혁조치에 대한 평가내용은 KIEP의 '오늘의 세계경제' (2002. 7. 23), 한국수출입은행 보도자료 (2002. 8. 22), 매일경제 2002. 7. 25. P.4., 및 동 2002. 8. 26. P.9. 참조.
2) K. Marx, Das Kapital, Marx-Engels-Werke, Bd. 1, Berlin, 1988, p.59.

이상에서 시장경제 가격과 비교할 때 마르크스 가격이론의 큰 차이는 가격과 가치를 동일시하고 있다는 것인데 그것은 소위 '가치의 객관화 (Objektiviereung der Werte)'를 통해서만 가능하다. 따라서 마르크스 가격이론에서는 한계비용이나 한계효용이 중요한 것이 아니라 평균개념이 중요하게 된다.

1950년대 말 구 동독에서는 신경제체제의 도입과 관련하여 마르크스의 재화가치와 가격에 대하여 논쟁이 있었다. 가격논쟁의 주요 쟁점은 사회적 필요노동을 투하노동시간으로 계산해야 한다는 마르크스 가격이론에 대한 비판이었다.

첫째, 사회주의 국가에서도 재화의 가치는 현실적으로는 단순 노동력의 투하노동시간으로 나타내는 것이 아니라 가격으로 나타낸다는 것이다. 따라서 재화의 가치를 단순노동의 투입시간으로 나타낸다는 것은 실제로 불가능하다.

둘째, 사회적으로 필요로 하는 투하노동시간이란 규범적이고 사전적인 개념이라는 것이다. 말하자면, 재화의 가치로 추정되어지는 투하노동시간은 재화가 시장에서 실제로 판매되고 난 후에야 비로소 추정될 수 있다는 것이다. 즉, 재화가 실제로 거래된 후에야 재화의 사회적 필요성 또는 사회적 가치를 알 수 있다는 것인데 이는 사전적으로 사장의 존재 없이는 불가능하다.

이상과 같은 마르크스 가격이론 비판에서 보면 사회적 필요노동력의 가치에 포함되어야 할 것은 다음과 같이 분해하여 설명할 수 있을 것이다.

사회적 필요노동력으로 표시되는 재화의 가치는 '체화된 노동 (erkoerperte arbeit)'과 '실질노동(realarbeit)'의 투입으로 보아야 할 것이다.

체화된 노동력이란 자본주의 시장경제하에서는 중간재의 투입과 유사한 것으로 중간재 생산에 투입된 노동을 말한다. 따라서 체화된 노동력의 사용은 가치이전을 말하며, 실질노동력 투하만이 당해 재화의 생산에서 새롭게 창출되는 가치라 할 수 있다. 체화된 노동력은 노동수단과 노동대상으로 나누어지는 데 전자는 기계 및 건물과 같은 고정자본의 사용을 말하는 것으로 사용가치는 감가상각으로 나타난다.

후자는 원자재와 같은 재료의 사용을 말하며 사용가치는 임대료로 계산된다. 실질노동력의 투하는 필수생산재의 가치와 초과생산가치로 나눌 수 있는데 전자는 생산을 위해 필수적으로 투하되어야 하는 노동력을 말하며, 그 가치는 임금으로 나타난다. 초과생산가치는 계획생산량의 초과분으로 순소득으로 계상되어진다. 순소득은 기업의 총이윤으로 확대재생산을 위해 필요한 것으로 재화의 가치에 포함된다.

따라서 사회주의체제 하의 가격의 역할은 시장경제 하의 그것과는 상당히 다르다. 화폐란 실물 흐름에 필요한 교환수단으로만 인식될 뿐 화폐가 가지고 있는 나머지 기능의 의미가 없다. 이것이 고전주의 경제학자들이 가졌던 소위 '화폐베일관' 이다.[3]

이때 가격이란 단지 화폐유통만 가능하게 하는 소극적 역할만 할 뿐이다. 사회주의체제 하의 가격은 사장경제에서 보는 것처럼 통화량의 증감이나 이자율정책을 통해 실물경제에 영향을 주는 일은 없다.

엥겔스(F. Engels)도 중앙계획경제체제 하에서는 모든 계획은 실물단위로 집행되기 때문에 가격에 의한 조정은 필요 없다고 주장하고 있다. 이는 가격의 자원 배분기능을 전혀 인정하지 않는다는 것이다. 다시 말하

---

3) 화폐베일관이란 고전주의 경제학자들이 가졌던 화폐에 관한 인식으로 화폐란 실물거래를 원활하게 해주는 수단에 불과하다는 것이다. 즉, 화폐 자체는 실물경제에 영향을 주지 못한다는 내용이다.

면 사회주의란 인민의 필수(수요)에 의하여 생산량을 결정하므로 가격이 생산량이나 생산의 질에 영향을 줄 필요가 없다는 것이다. 더구나 일반적 가치척도로서의 화폐의 기능이 정지됨으로써 화폐량의 표시인 가격으로는 재화나 요역의 사회적 가치(희소성)를 판정할 방법이 없는 것이다.

결론적으로 사회주의체제의 특징인 계획경제와 명령경제는 각각 계획당국과 명령당국이 계산가격이든가 물량에 기초해서 조정하는 경제제도인 것이다.[4]

사회주의경제의 가격기능

사회주의체제 하의 가격기능은 다음과 같이 분류할 수 있다.[5]

계산기능

모든 재화의 교환이 실물경제계획에 의해서만 이루어질 때 가격은 계산기능만을 갖게 된다. 이 경우 가격은 실물흐름에 필요한 화폐유통만 가능하게 하므로 가격 스스로는 국민경제에 아무런 역할을 하지 못한다.

통합기능

사회주의 경제에서 가격은 개별재화가 아니라 재화군으로 실물경제가 계획될 때 통합의 기능을 가지고 있다. 왜냐하면 재화군의 수급계획

---

4) 박광순, 비교경제체제론, 유풍출판사, 1982., pp.82-83.
5) P. Dobias, Theorie und Praxis der Planwirtschaft. Padeborn, 1977, pp.146-153.

을 세울 때, 개별재화의 단위가 '개', 'ps', '톤' 등으로 상이할 수 있고
이들의 단위를 통합하여 계획을 세울 수 있는 가격이 필요하다.

자원배분기능

중앙계획 경제체제에서는 재화수급균형표와 같은 계획표는 매우 중
요하다. 그런데 이러한 계획표에는 시간적·기술적·비용상의 이유로
주로 전략재화(예컨대 식료품, 주택 등 생활필수품)만이 계획대상이 된다. 다시
말해서 모든 재화의 수급균형이 계획표에 의해서 작성되지 않기 때문에
거시계획은 재화수급균형표만으로는 부족하다. 이때 가격은 사회주의
체제 하에서도 어느 정도 자원배분의 역할을 한다.

분배기능

중앙계획경제에서도 소비의 선택은 주어진다. 따라서 소매가격의 유
동성이 다소 존재한다. 노동에서도 이러한 것은 있을 수 있다. 이런 의미
에서 소비자가격과 임금은 국민소득과 소비수준에 영향을 주기 때문에
사회주의 경제에서도 가격은 어느 정도 분배기능이 있다고 할 수 있다.

III. 북한의 가격관리체계[6)]

가격의 의의

북한에서 가격이란 주로 소비재('상품')에만 적용되는 개념이지만 생산
수단('상품적 형태')에 대해서도 적용하고 있다. 북한에서는 모든 생산물을

'상품'이라고 하지 않고 소비재만을 상품이라고 한다. 반면에 가계, 원부자재 등 생산수단은 '상품'이 아니라 '상품적 형태'라고 한다. '상품'과 '상품적 형태'는 편의상 소비재인가 또는 생산수단인가를 기준으로 구분하지만, 보다 엄밀하게는 소유권의 변동여부로 구별된다. 즉, 거래의 결과로 소유의 주체가 변경되는 물건은 '상품'이고 그렇지 않으면 상품이 아니라는 것이다. 예컨대 한 주민이 국영상점에서 구입한 신발은 그 사람의 소유가 되므로 '상품'이며, '상품'을 구입하기 위해서는 값을 지불해야 하기 때문에 '가격'이 부여되어어 한다.

이와 반면에 A라는 발전기 생산업소가 B라는 시멘트 생산업소에 발전기를 판매하는 경우를 생각하면 발전기의 소재지가 A기업소에서 B기업소로 변경된다고 하더라고 모든 기업소가 국유화되어 있고 발전기 역시 국가 소유이므로 소유주체에는 변동이 없다. 이런 점에서 발전기는 '상품'이 아니다. 그러나 A기업소와 B기업소가 각기 독립체산제를 하고 있기 때문에 B기업소는 A기업소에 발전기 값을 지불해야 하므로 '가격'을 부여해야 한다. 즉, 발전기는 '상품'은 아니지만 '가격'이 부여된다는 점에서 '상품'과 비슷하기 때문에 '상품적 형태'라고 부른다. 이러한 논리에 입각하여 북한에서는 모든 생산물(소비재, 생산수단)에 대해 가격을 부여한다.

북한의 가격체계는 국가가 가격을 설정한다는 의미에서 '국정가격체계'라고 한다. 국정가격은 '사회적 필요 노동지출'과 가격균형보장 등의 원칙하에서 설정된다. 각 생산물의 국정가격은 기본적으로 '사회적

---

6) 북한의 가격관리체계에 관해서는 「북한경제의 구조와 변화」(한국은행 금융경제연구원, 박성남, 2004. 9. 30). pp.66-72 참조.

필요 노동지출'을 토대로 산정된다. 여기에서 '사회적 필요 노동지출'
이란 생산물의 생산을 위해 투입된 사회의 평균적 노동시간을 말한다.
즉, 생산물의 가격은 생산물의 가치에 의해 결정되는데 가치는 다시 '사
회적 필요 노동지출'의 크기로 규정되므로 결국 가격은 '사회적 필요 노
동지출'의 크기로 결정된다는 것이다. 따라서 북한은 생산물의 가격을
정할 때 상품에 반영된 '사회적 필요 노동지출'을 정확히 산정해야 한다
는 것이다.

가격의 종류와 구성체계

가격의 종류

북한의 가격은 도매가격, 소매가격, 수매가격, 운임 및 요금 등으로 구
분된다. 도매가격은 국영기업소들 사이에 생산수단을 거래하거나 소비
품을 납품할 때 적용하는 가격을 말한다. 소매가격은 원칙적으로 소비품
에만 적용되며 여기에는 국정소매가격과 농민시장가격의 두 가지 형태
가 있다. 국정소매가격은 국가가 국영상점 등에서 판매하는 각 소비품에
부과한 가격이고 농민시장가격은 농민시장에서 수요와 공급에 의해 자
유롭게 결정되는 가격을 말한다. 수매가격은 국가가 농업생산물 및 낡은
자재 등을 협동농장과 주민들로부터 매입할 때 적용하는 가격, 요금은
서비스 및 서비스성격의 설비 및 시설이용에 대해 지불하는 가격으로 수
송내용에 따라 여객수송운임 및 화물수송운임(보통화물운임, 화물요금, 특정운
임 등)으로 수송수단에 따라 철도운임, 자동차운임, 배운임, 비행기운임
등으로 구분된다.

가격의 구성체계

생산물을 가격은 '사회적 필요 노동지출'을 토대로 산정되는데 이를 사회적 필요노동을 재생산하기 위한 노동의 보상적 측면에서 보면 가격은 원가, 사회순소득, 부가금의 세 가지 요소로 구성된다. 이들 구성요소를 각 가격에 적용하면 도매가격은 원가와 사회순소득으로, 국정소매가격은 도매가격과 상업부가금으로, 운임 및 요금은 원가와 사회순소득으로 구성되어 있다.

이상의 내용을 정리하면 다음과 같다.

- 도매가격 = 원가 + 이윤 + 거래수입금
- 소매가격 = 원가 + 이윤 + 거래수입금 + 상업부가금
- 운임 및 요금 = 원가 + 기업소이윤 + 거래수입금
- 사회순소득 = 이윤 + 거래수입금
- 기업소가격 = 원가 + 이윤
- 상업부가금 = 상업기업소유통비 + 상업기업소이윤 등으로 구성된다.

이상의 가격종류와 가격구성요소를 요약하면 〈표 1〉에서 보는 바와 같다.

〈표 1〉 북한의 가격종류와 가격구성 요소

가격종류	적용대상	가격구성요소
도매가격	국영기업소간 거래되는 생산수단 및 소비품	원가 + 사회순소득 이윤 + 거래수입금
소매가격	상업기업소간 주민에게 판매하는 소비품	도매가격 + 상업부가금 상업기소유통비 + 이윤
수매가격	국가가 협동농장으로부터 매입하는 곡물 등	도매가격과 같음
요금	서비스 및 서비스 성격의 설비 및 시설이용	도매가격과 같음
운임	수송수단 이용	도매가격과 같음

가격정책

북한은 '가격의 일원화원칙'을 가격정책의 기본으로 삼고 있다. 가격의 일원화원칙은 동일제품의 가격은 전국적으로 균등해야 한다는 것으로 국가에 의한 가격결정 및 통제의 근거가 된다. 국가가격제정기관은 주요 생산물의 가격을 직접 제정하고 하부단위에 가격 제정권한을 위임하는 경우에도 가격의 표준, 기준가격, 가격 제정방법 및 절차 등을 통일적으로 규정하여 생산부문과 지역, 생산단위들이 마음대로 생산물의 가격을 인상 또는 인하하지 못하도록 엄격히 통제함으로써 '가격의 유일성'을 보장한다.

국가가격 제정기관에는 중앙가격 제정기관('국가가격 제정위원회')과 지방가격 제정기관(지방 행정기관)이 있다. 북한은 가격의 이원화원칙을 통해 대중 소비품 가격은 낮게, 사치품 가격은 높게 책정함으로써 모든 근로자들을 고루 먹이고 입히며, 다 같이 잘살게 하는 사회주의제도의 우월성을 나타낸다고 주장한다. 북한의 가격 제정기관의 기능을 요약하면 〈표 2〉와 같다.

〈표 2〉 북한 가격 제정기관의 기능

구분	가격 제정기관	가격 제정 내용	가격통제
중앙	국가가격제정위원회	- 도매가격, 중요소비품의 소매가격, 농산물수매가격, 운임 및 요금제정 - 일반소비품 소매가격의 표준, 기준가격, 가격제정방법 및 절차 등 규정	- 기업소의 자의적인 가격결정행위를 통제
지방	지방행정기관 (인민위원회 등)	- 중앙가격제정기관의 규정에 의거하여 중앙 및 지방공업공장의 소비품 소매가격 제정	

Ⅳ. 가격개혁 내용과 의의

가격개혁의 주요내용

2002년 7월 1일을 기점으로 북한은 새로운 경제개혁의 단계로 들어서고 있는 것으로 보인다. 이번의 소위 경제관리개선조처는 개혁에 따른 내부 혼란을 최소화하기 위해 당국의 공식적인 발표형식을 지양하고 조용한 방식으로 개혁조처를 시행하도록 추진하는 듯하다.

실리보장원칙 적용을 위한 북한의 경제관리개선조처는 세 가지 방향에서 추진되고 있다.

첫째, 모든 생산물을 '제 가치대로 계산' 해야 실리를 보장할 수 있다는 전제 아래 임금과 가격현실화를 추진하는 것이다.

둘째, 공장·기업소들에서 시행하고 있는 독립채산제에 대한 평가를 '번 수입에 의한 평가' 라는 실적위주방식으로 전환하는 것이다.

셋째, 분배에서는 '많은 일을 하고 많이 번 사람에게는 많이 분배하고, 적게 일하고 적게 번 사람에게는 적게 분배한다' 는 성과분배원칙을 적용하는 것이다.

이러한 원칙 아래 시행되고 있는 경제관리개선조처의 일차적인 목적은 국영부문과 사경제부문간 가격격차를 줄여 사경제부문, 즉 암시장의 확대를 막고 북한 주민 생필품 부족문제를 해결하는데 있는 것 같다.

한편으로는 사회주의원칙을 지키면서 다른 한편으로는 가장 큰 실리를 얻도록 하는데 기본적 의도를 내포하고 있는 이번 경제정책변화(배급·가격제도 개혁)는 다음 세 가지로 요약된다(조총련 기관지 '조선신보' 참조. 매경 2002. 9. 12일자 재인용).

① 평균주의에 기초한 분배가 사라지고 '번 수입'에 기초한 분배가 실시된다는 것이다.[7] 북한은 이러한 변화를 사회주의 분배원칙을 구현하는 것이라고 강변하지만 북한 주민들에게는 물질적 인센티브 확대와 소득격차 심화로 다가올 것이다.

② 쌀 가격을 포함한 전반적 물가조정이 이루어졌다는 것이다.[8]

배급제도하에서는 kg당 80전이던 쌀 가격이 대체로 암시장에서 거래되던 가격수준인 44원으로 인상되고, 이러한 가격인상은 충분히 가격 현실화라고 말할 수 있다. 또한 북한은 쌀 가격인상에 맞추어 모든 생산물을 '제 가치대로 계산하기'로 결정하였다.

일부 소식통에 따르면 교통비와 유원지 입장료 등 국가서비스 부문 가격이 인상되고 심지어 주택도 세를 내야 한다. 가격현실화에 덧붙여 모든 재화에 대해 가격화가 나타나고 있는 것이다. 즉, 일반주민은 7월부터 주택비, 수도·광열비 등을 자신이 받은 임금에서 지불해야 한다. 예컨대, 주택비는 지금까지 무료였지만 1M² 당 6-15원을 부담하도록 되었다.

③ 근로자 임금도 조정된 물가에 맞추어 인상되었다. 노동자, 농민, 사무원 등은 10배, 군인, 공무원의 급여는 14-17배나 인상되었으며, 같은 직종이더라도 성과, 노동시간, 생산량 등에 따라 차등지급을 확대하기로 했다고 밝혔다. 북한은 20배 정도 인상된 임금이 근로자 생활을 보장할 것이며 인민생활을 보장하는 배급재원칙에는 변

---

7) 2002. 9. 13일자 MBC 저녁 9시 뉴스보도에서 북한 평양특파원의 현지보도에 의하면 북한 관광업소의 판매원 봉급이 20배가 오르고 판매실적증가에 따른 인센티브제가 조금씩 실시되고 있는 것으로 전하고 있다.
8) 이하 내용들은 매경, 2002. 9. 11. 「급변하는 북한경제」시리즈 참조.

함이 없다고 강조한다. 그러나 가격이 현실화되면서 배급표 자체가 의미를 상실할 것이라고 볼 때 물가조정과 임금인상 결과가 주민들의 삶의 질에 어떤 영향을 미칠지는 두고 보아야 할 것이다.

또한 지난 7월 18일자 쿄토통신은 북한이 7월부터 배급제도를 폐지하고, 주민이 전면적으로 임금생활을 영위할 수 있도록 경제개혁을 실시했다고 보도하고, 이러한 경제제도의 변화는 이미 북한사회에 전파되었으며 평양에서는 7월 초에 각 공장과 기업의 회계책임자를 모아놓고 설명회를 실시하는 한편 일반주민들에게도 배급제의 폐지가 통보되었다고 한다.

이에 따라 독립체산제[9]가 실시되고 있는 북한의 각 공장과 기업에서는 커다란 변화가 있을 것으로 예상된다.

가격개혁의 의의

북한의 이러한 가격개혁이 어떠한 의미를 부여하는 것인지에 대해서는 여러 가지 의견이 분분하다. 북한 당국은 이러한 변화를 경제강국을 건설하기 위한 대담하고 혁신적 개선책이라고 평가하고 있다. 북한은 '로동신문' 사설을 통해 "혁신적 안목으로 당 경제정책을 철저히 관철하자"고 강조하였다.

---

9) 국가정보원에 따르면, 북한은 1973년 9월 '독립채산제에 관한 규정'을 제정하여 주로 탄광, 광산 및 공업부문에서 부분적으로 실시한 이래 1985년 이후 전 산업부문으로 확대 실시해 오고 있다고 한다. 구체적으로는 기업이 국가계획의 한계 내에서 경영상의 독자성을 가지는 한편, 생산에 대한 지출은 자체의 수입으로 보장토록 하는 '사회주의적 독립채산제'를 의미하는 것이다. 이에 따라 기업은 경영활동에 소요되는 물자 및 자금을 국가에서 공급받되 추가적 자금은 은행으로부터 대부를 받아 경영활동의 채산을 맞추도록 하고 있다는 것이다(KIEP(2002. 7. 23)「오늘의 세계경제」제 02-24호 p.2 참조).

한편, 북한의 경제정책변화에 대해서 최근 매우 다양한 논의가 벌어지고 있다. 즉, 사회주의 경제제 정비·완성이라는 해석, 시장경제 도입이라는 해석, 이 양 극단 사이에 유도형 계획경제(또는 부분개혁체제) 구축이라는 해석 등이 존재한다. 우선 쌀의 예로 본 북한경제의 변화양상을 종합해 보면 〈표 3〉에서 보는 바와 같다.

그런데 우리는 여기서 네 가지 측면에서 북한변혁을 주목함으로써 북한경제정책 변화에 한층 적극적 의미를 부여하지 않으면 안 될 것으로 본다.

〈표 3〉 쌀의 예로 본 북한경제 변화양상

구분	변경 전	변경 후	비고
국가수매	80전/kg	40원/kg	농민소득 50배 증가 의미
수매방식	계획목표량 전량 수매	실질생산량 국가수매	세금제도 부활 여부 주목
판매가격	8전/kg	44원/kg	550배 인상(쌀 가격의 현실화에 준해 다른 기초생필품 가격도 현실화)
판매방식	배급표에 따라 배급소에서 판매	좌동	배급권 배분방식의 변화여부가 관심
기대효과	국가재정으로 주민생활 보장	국가의 경제관리 능력제고와 노동생산성 향상도모	가격보조금 철폐와 노동인센티브 도입

최근의 이 같은 북한경제의 정책변화에 대해서는 대체적으로 다음과 같은 의의가 부여된다고 보는 주장이 있다.[10]

---

10) 매경, 급변하는 북한경제, 전게 자료.

① 가격조정은 가격현실화만을 의미하지 않고 새로운 가격결정기구의 도입을 의미한다. 즉, 가격개혁은 앞서 제Ⅱ장 사회주의체제에서 언급한 계획가격기구의 이탈을 의미하며, 북한이 이 새로운 가격결정기구에서 열거하고 있는 3요소는 다름 아닌 시장경제에서 이미 작동하고 있는 생산원가, 국제가격, 수요공급원리 등이다. 다시 말해서 북한사회에서 사회주의적 가격개념이 혁신적 변화를 가져오게 되는 것을 의미하는 것이다.

② 실질적인 화폐개혁이라고 할 수 있는 가격조정과 함께 지금까지 무상으로 배급되던 재화와 서비스에 대해 가격을 부여한 후, 화폐로 거래하도록 한 것이다. 따라서 자연적으로 경제의 화폐화가 이루어질 가능성이 매우 높다.

③ 주민들은 인상된 자기들 임금으로 새로운 가격에 맞추어 경제생활을 운영하도록 요구받음으로써 경제에 대한 기본인식을 바꾸지 않을 수 없게 되었다. 자기 이익을 계산하고 실리(영리)를 추구하는 경제인들이 시장경제체제 하에서와 마찬가지로 북한 경제사회에 등장하는 것은 시간문제로 되었다.

④ 수익에 따른 배분과 새로운 가격체계는 근로자들 사이에, 근로자와 농민 사이에 소득격차를 야기 시킬 것이다. 그리고 이 같은 소득격차는 그동안 북한사회를 지탱해 왔던 주민들 간 동질성을 파괴하고 경제생활에 따른 사회경제적 분화를 가져오게 될 것이다.

이러한 전망은 북한의 사회경제 체제가 역사적 전환점에 도달했음을 보여준다는 것이다. 즉, 북한 지도부가 장기경제 침체라는 현실적 압력에 밀려 채택하지 않을 수 없었던 경제정책의 혁신 뒤편에서 시장경제라는 거대한 변화실체가 서서히 그 모습을 드러내고 있는 것이라 보고 있다.

다른 한편으로는 이번 북한경제제도의 변화조처를 가격인상을 통해서 잉여화폐를 흡수하기 위한 조처로 보고 명령경제를 화폐경제로 전환하는 준비 작업이라고 평가하려는 주장도 있다. [11]

그동안 북한은 과잉통화의 팽창이 지속되어 왔으며 화폐의 정상적 기능을 회복하기 위해 이를 흡수하지 않으면 안 될 상황에까지 처하고 있었는데, 북한의 이러한 통화팽창현상의 원인을 찾는다면 아래와 같은 이유에서 과잉통화가 증가하여 온 때문으로 분석된다.

첫째, 북한은 공급능력의 부족으로 매년 과잉통화가 누적되어 왔다. 소비를 위해 지출되지 못한 화폐의 자연축적이 화폐량의 누적적 증가를 가져왔으며 특히 경제 및 식량위기로 실물부문의 공급이 급격히 감소하면서 이러한 현상은 더욱 심화되었다.

둘째, 화폐공급 자체가 과잉상태를 보였다. 북한은 김정일 취임 이후 보너스를 지급하는 등 종전의 억제위주의 화폐정책에서 벗어나는 모습을 보였다.

셋째, 북한이 1994년 국제사회에 지원을 요청하면서 지원물자와 외화자금이 인도적 지원형식으로 반입되었고 그 외 북한의 개장이 확대되면서 외부와의 경협이나 교류 등을 통해 많은 자금이 유입되었다.

북한 내부에 팽창된 통화량은 농민시장의 가격을 더욱 인상시키는 요인이 되었을 뿐만 아니라 북한화폐에 대한 불신을 초래하여 외화거래를 증가시켰다. 북한주민들은 화폐가치의 하락과 정부의 화폐개혁에 대비하여 달러화 등 외화자신을 확보하기 위해 애를 쓰고 있으며 실제 일반 가정에서도 적게는 수백 달러부터 많게는 수만 달러까지 소지하고 있는 것으로 알려지고 있다.

---

11) KIEP, 「오늘의 세계경제」 제 02-24, 2002. 7. 23., pp.2-7 참조.

북한이 과잉통화를 해결하는 방법은 화폐개혁을 통해 과잉통화를 흡수하는 방법과 가격인상을 허용하여 정상가격을 도입하는 방법 등이 있다. 화폐의 기능을 위축시키려는 사회주의 국가에서는 화폐개혁을 시행하여 통화량을 줄이는 것이 일반적이며 북한은 1947년 12월에 1차 화폐개혁 이후 이미 여러 차례 화폐개혁을 실시하여 왔고, 1992년 7월 마지막 화폐개혁을 시행한 바 있다.

북한이 물가인상을 단행한 이유는 다음의 〈그림〉에서 쉽게 설명될 수 있다.

〈그림〉 사회주의 국가체제하의 잠재 인플레이션

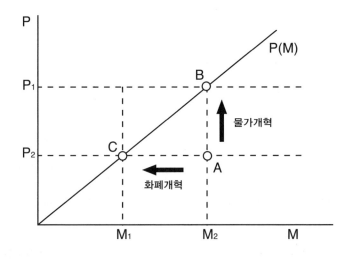

사회 내의 화폐량이 M의 크기일 경우에는 가격수준이 P_1이어야 하고, 화폐량이 M_2일 경우에는 가격수준이 P_2가 되어야 정상이나 사회주의 경

제에서는 국가에서 가격수준을 결정하므로 사회 내의 화폐량이 누적되어 증가하더라도 가격은 그대로 유지되는 것이 일반적이다.

따라서 화폐량과 가격수준은 〈그림〉의 A점에 있는 것이 보통이며 북한도 이러한 상황에 있었다고 볼 수 있다. 북한의 화폐 기능을 정상화하기 위해서는 화폐개혁을 통해 가격수준 P_1에 비해 과잉된 통화량(M_2-M_1)을 제거하든가 통화량 M_2에 비해 억압되어 있는 물가수준 P_1을 P_2로 인상하는 방법을 선택하여야 한다.

북한은 확실하게 화폐량을 통제하고 화폐의 기능을 제한할 수 있는 화폐개혁 대신 화폐의 기능을 정상화하는 편에 무게를 둔 가격인상을 선택한 것이라고 볼 수 있다. 지금까지 북한의 개혁의지가 표명되지 않았던 탓으로 북한이 화폐개혁을 실시할 것으로 관측되었으나 북한은 물가인상을 시행함으로써 가격수준을 시장가격으로 접근시키고 기존 화폐의 사용을 인정하는 시장친화적 정책을 택한 것이다.

그러나 내용적인 면에서 북한의 가격개혁은 화폐개혁의 성격을 가지고 있는데, 그것은 북한이 '전'이라는 화폐단위를 없애고 모든 가격체계를 '원'으로 전환하고 급격한 가격인상으로 실질구매력을 단기간에 감소시킨 것은 화폐개혁과 유사한 성격을 가진 것으로 판단되기 때문이다. 화폐와 가격기능의 정상화는 시장기능의 작동을 위해 필요한 가장 기본적인 전제 조건이므로 이번 가격개혁은 시장경제로의 접근을 시사하고 있다.

북한의 임금인상은 가격개혁에도 불구하고 주민들의 구매력을 유지하기 위한 방안이며 주민들을 국가경제권 안으로 끌어들이기 위한 방안인 것으로 보인다. 형식적인 배급제로 인해 농민시장으로부터 식량과 생필품을 공급받아 온 북한주민들에게 기존 임금은 생계에 실질적 도움이 되지 못한 탓으로 주민들이 외부 노동에 관심을 가지도록 만들었으나 임금의 현실화로 국가경제권의 활동에 주민들을 다시 끌어들일 수 있게 되었다.

화폐의 구매력이 명령경제에서는 중요하지 않으므로 공식적인 가격개혁과 더불어 임금인상을 통해 주민들의 구매력을 유지하기 위한 조처를 취한 것은 북한이 화폐경제로의 전환을 의도하고 있는 것으로 해석되는 것이다.

북한의 배급제 폐지는 북한이 명령경제를 떠나 화폐경제로 진입하는 것을 공식화하는 것으로 해석할 수 있다. 배급제의 폐지는 명령과 행정적으로 수행되던 자원의 분배 및 배분을 가격기능에 위임하는 것으로 화폐경제로의 전환을 공식화하는 것을 의미한다. 따라서 배급제의 폐지는 가격 및 임금인상보다 더 근본적인 변화이며 북한이 시장경제를 향해 공식적으로 출범하게 되었음을 의미하는 것이다. 북한이 화폐경제를 선택한 것은 화폐량의 지나친 증가와 배급체계 붕괴를 대체하기 위해 수동적으로 선택한 것일 가능성과 체제전환의 초기개혁으로 시장경제로의 출발을 의미하는 것일 수 있으나, 실제 이유가 어떻든 간에 북한경제의 화폐화(monetization)현상은 불가피하게 시장의 기능을 통해 자원의 배분과 분배가 이루어지도록 종국적으로 시장기능의 확대를 가져오게 될 것이다.

북한의 외화전표 폐지는 유명무실한 외환집중제를 폐지하고 외국인들과의 거래에 모든 시장을 개방한 것을 의미한다. 북한 내에서는 실제 거래에 달러나 엔화, 유로 등이 직접 이용되고 상점에서는 오히려 외화를 선호하고 있어서 형식적인 존재로 전락한 외화환전표를 폐지하여 현실화한 것으로 보인다. 외화환전표의 존재는 외국인들이 거래할 수 있는 시장을 제한하는 측면이 있었으나 외환을 직접 국내화폐로 전환할 수 있게 되어 이러한 제한을 극복하게 된 것이다. 외화환전표의 폐지로 북한의 원화가 직접 교환될 수 있게 되어 환율의 현실화와 국제시장과의 연계가능성이 높아졌다.

전반적으로 이번에 취해진 모든 제도적 변화는 그 초점이 배급경제에서 화폐경제로의 전환에 있는 것으로 판단된다. 임금인상은 북한 주민들에게 더 이상 상품으로 임금을 주지 않고 구매력을 제공함으로써 화폐경제로 이동한다는 사실을 보여주는 것이다.

가격개혁은 공식시장과 농민시장의 격차를 줄여서 단일화를 도모한 것으로 북한의 상품전달 체계를 원활화하기 위한 것으로 풀이된다. 이와 같이 가격개혁과 임금인상은 명령경제에서 화폐경제로의 이동을 위한 사전준비라고 할 수 있으며 화폐경제로의 전환이 그 최종 목표라고 볼 수 있다.

V. 전망 및 과제

향후 전망

북한은 당분간 소비자중심의 현금흐름과 국영기업 중심의 정부화폐 흐름의 이원적 화폐 흐름을 유지할 것이나 현금부문의 비중이 급속히 증가하게 될 것이다. 기본적으로 북한의 화폐 흐름은 소비자들에게 임금, 구매대금 등으로 제공되는 현금과, 국영기업들 간의 생산 및 구매에 제공되는 장부화폐(book money)가 존재하나 농민시장의 활성화, 일부지역에서 목격되고 있는 가족기업의 생성 등장 등은 개인중심의 현금흐름 비중을 높이게 될 것으로 예측된다. 북한의 국영기업들은 국가적 필요에 의해 운영되는 군수산업 등을 제외하고는 독립체산제로 운영되고 있으나 향후 독립체산제 적용기업이 확대될 것으로 전망되며 이는 현금 중심의 거래가 증가될 것을 시사하는 것이다.

한편 이와 같은 시장경제체제의 진입은 1990년대 초에 이미 다른 체제전환 국가들이 경험했던 것처럼 과중한 인플레이션의 압력을 어떻게 북한당국이 대응 처리해 나갈 것인지가 가장 중요한 정책과제라 할 수 있다. 왜냐하면 북한은 공급능력의 부족에 따른 결핍경제가 만성화되어 있어서 가격지정제는 끊임없는 물가인상 압력을 받게 될 것이며 또한 북한에서 현금중심 거래의 증가는 북한사회 내에 유통되는 화폐량의 증가를 초래하여 인플레이션 압력으로 작용할 것이기 때문이다. 그뿐 아니라 화폐화의 진전에 따라 북한정부의 투자행위나 정부재정지출이 모두 화폐로 이루어지게 될 것이므로 정부의 과도한 통화증발에 따른 인플레이션 압력도 증가할 것으로 우려된다.

북한의 화폐화 성공여부는 인플레이션 압력을 어떻게 해결하느냐에 달려 있으며 초인플레이션의 발생시 개혁정책만이 아니라 국가경제 전체에 위험을 초래할 우려가 있다.[12]

---

12) 동구권 국가들의 사례에서는 잠재적 인플레이션과 체제전환의 충격까지 현실화된 탓으로 심각한 물가상승을 겪어야 했다. 1980년대 말에 구 유고연방의 경우 2,700%, 폴란드의 경우 640% 등 혹독한 대가를 치루었다.

정책적 과제

북한경제의 개혁으로 당면하게 될 가장 중요한 도전은 인플레이션 압력이며 안정화정책의 성공여부가 앞으로 북한의 개혁·개방정책의 미래를 결정하게 될 것이다. 러시아를 비롯한 동유럽국가들의 사례에서 보아온 것처럼 체제전환기에 있어서 인플레이션에 대한 거시경제적 안정화정책이 바로 개혁·개방의 성패와 진로를 결정하는 것임을 우리는 이미 알고 있다.

북한경제의 안정화를 위해서는 생산능력의 재고, 화폐화의 확대, 거시경제정책의 선진화 등이 요구된다.

기본적으로 인플레이션은 생산의 증가보다 화폐량의 증가가 더 큰 것이 원인이며, 특히 북한과 같이 공급이 수요보다 만성적으로 부족한 상황 하에서는 생산능력의 제고가 안정정화정책의 최우선 과제이다. 이번 조처는 기초적 화폐화단계에 진입한 것이 되지만 점진적으로 이 화폐화의 폭을 넓혀 나가야 할 것이다.

북한은 이제 화폐정책을 통해 거시경제지표인 물가, 실업, 이자율 등을 조절해야 하는 안정화정책이 필수불가결하게 되었는데, 이 정책의 성공적 수행을 위해서는 새로운 시장경제적 선진기법을 조속히 도입해야 할 것이다. 특히 국제금융지원 등 모든 수단을 강구해야 할 것이다.

또한 초기단계의 개혁조처로부터 점진적인 후속조처들을 보완함으로써 목적달성에 최선을 다하고, 특히 소득격차에 따른 사회분열 등 부정적 효과들을 최소화하는 데에도 정책적 노력을 경주해야 할 것이다.

만약 북한의 가격지정제가 시장친화적으로 점진적 개선을 하지 못하고 이원적으로 확대 지속될 경우 다시 가격개혁과 임금인상을 되풀이하는 악순환의 길을 밟을 수도 있는 것이다.

Ⅵ. 맺는말

이상에서 북한의 가격제도 및 가격개혁의 개요와 전망 및 과제 등을 고찰하였다. 여러 가지 이에 대한 주장들이 일부 엇갈리는 부분도 있지만 대체적으로 북한의 이번 조처가 계획경제시스템을 정상화하고 제한적이나마 시장경제적 요소를 조심스럽게 도입하려는 시도로도 인식된다는 점에 대해서 견해가 대체로 일치하는 것 같다. 북한의 이번 개혁이 점차 경제의 자생력을 회복할 때에는 북한경제성장에 탄력이 붙을 수도 있게 될 것이다.

따라서 우리는 앞으로 북한이 자생력을 회복할 수 있도록 협력과 도움을 가지고 지원해야 할 것으로 판단된다. 북한의 최근 변화를 감안할 때 우리가 조금만 도움을 주면 북한 경제성장은 탄력을 받을 것으로 전망된다. 이렇게 되는 경우 북한경제는 지속가능한 경제체제로 진입할 수 있는 계기가 될 수 있을 것이다. 이렇게 해서 북한의 정책변화가 성공한다면 이는 남북공영에 좋은 기회를 마련할 것으로 판단된다.

[제18호] 2003. 12. 30

남북한 화폐통합의 과제와 전망

I. 머리말

'6.15 남북공동선언'으로 남북 간 '정치적 통일'의 방향은 큰 틀 안에서 설정이 되었다고 볼 수 있으나, '경제적 통합'에 대한 논의는 아직 이루어지지 않고 있다. 본 논문은 '경제적 통합'의 가장 중요한 과제의 하나라고 할 수 있는 남북 간 금융통합, 나아가서는 화폐통합의 방향을 독일의 경험에 비추어 고찰하고, 남북한의 현실적 상황, 즉 두 정치·경제체제의 병존상황을 고려하면서 급진적이 아닌 점진적 통합 방향으로 가닥을 잡는데 유익한 시사점을 얻고자 하는데 목적이 있다.

독일의 경우는 1990년 7월 「경제·통합·사회통합조약」의 발효와 함께 서독이 동독을 흡수하는 방식으로 '금융통합'이 급진적으로 이루어졌으며, 그 후 3개월 만에 '정치적 통일'(1990년 10월)로 진전되었다. 그러나 남북한은 이러한 급진방식은 가능성이 없을 것으로 보고, 우리는 독일의 화폐통합이 주는 교훈을 음미하지 않으면 안 될 것이다.

Ⅱ. 북한의 금융경제 현황

북한의 주요경제지표 추이

북한은 1990년 이후 10년 가까이 연속적인 마이너스 성장을 거듭했으나 1999년부터 플러스의 성장세로 돌아서 〈표 1〉에서 보는 바와 같이 1999년 6.2%, 2000년 1.3%, 2001년 3.7%의 증가율을 각각 보여주고 있다. 1999년은 생산증가와 외부 경제지원 확대로, 2000년에는 건설업 등 일부 산업의 호조로, 그리고 2001년에는 서비스업 부문을 제외한 전부문의 고른 호조로 각 연도가 플러스 성장을 기록하였다.

〈표 1〉 북한의 주요경제지표 추이

	단위	'90	'91	'92	'93	'94	'95	'96	'97	'98	'99	'00	'01
인구	백만 명	20.2	20.5	20.8	21.1	21.4	21.5	21.7	21.8	21.9	22.1	22.2	22.3
GNI	억 달러	232	229	211	205	212	223	214	177	126	158	168	157
1인당	달러	1,146	1,115	1,013	969	992	1,034	989	811	573	714	757	706
농림어업	%	-9.7	2.8	-2.7	-7.5	2.7	-10.4	0.5	-3.8	4.1	9.2	-1.9	6.8
광공업	%	-4.0	-11.7	-15.1	-3.3	-4.1	-4.2	-9.7	-16.1	-3.9	9.9	2.2	3.9
전기가스	%	-3.2	-4.4	-5.4	-8.6	4.2	0.1	-7.7	-9.5	-9.2	6.8	3.0	3.6
건설	%	5.9	-3.4	-2.2	-9.7	-26.9	-3.2	-11.8	-9.9	-11.4	24.3	13.6	7.0
서비스	%	0.9	3.0	1.3	1.4	2.4	1.7	1.1	1.3	-0.5	-1.9	1.2	-0.3
수출	억 달러	17.3	9.4	9.3	9.9	8.6	7.4	7.3	9.1	5.6	5.2	5.6	6.5
수입	억 달러	24.4	16.4	16.2	16.6	12.4	13.1	12.5	12.7	8.8	9.6	14.1	16.2
외채	억 달러	78.6	92.8	97.2	103.2	106.6	118.3	120.0	119.0	121.0	123.0	124.6	NA

※ 주: GNI는 명목 GNI이며, 1인당은 1인당 GNI임. 성장률은 국내총생산 기준임.
　자료출처: '북한 GDP 관련 통계', 한국은행 조사국, 2002. 7월에서 재작성 함.

북한은 1999년에 기간공업부문의 생산증대, 천연자원의 개발, 주민소비품 생산보장, 경제적 실리추구 등을 주요 경제정책으로 설정하여 경제

회생에 주력한 결과 대부분의 산업에서 성장세를 보이기 시작했다.

2001년 중 북한의 산업현황은 국내총생산에서 농림어업이 6.8% 증가했고, 광공업이 3.9%, 전기가스수도업 3.6%, 건설업 7.0% 각각 성장한 반면에 서비스업은 −0.3%로 마이너스 상장을 기록하였다.

이 같은 호전에도 불구하고 북한의 산업구조는 근본적으로 낙후되어 있으며 산업구조 고도화와는 너무나 큰 격차를 보이고 있다. 〈표 2〉는 최근 남북한의 산업구조 변동추이를 대비해서 보여주고 있다.

〈표 2〉 남북한의 산업구조

	북한			남한	
	'00	'01	'02	'01	'02
농림어업	30.4	30.4	30.2	4.3	4.0
광공업	25.4	26.0	25.8	30.8	29.6
광업	7.7	8.0	7.8	0.3	0.3
제조업	17.7	18.1	18.0	30.5	29.2
(경공업)	(6.5)	(6.7)	(7.0)	(7.1)	(6.9)
(중화학공업)	(11.2)	(11.4)	(11.0)	(23.4)	(22.3)
전기가스수도업	4.8	4.8	4.4	2.8	2.9
건설업	6.9	7.0	8.0	8.3	8.5
서비스업	32.5	31.8	31.6	53.7	55.1
(정부)	(22.6)	(22.2)	(22.0)	(10.3)	(10.5)
(기타)	(9.8)	(9.7)	(9.6)	(43.4)	(44.6)
국내총생산	100.0	100.0	100.0	100.0	100.0

※ 자료: 한국은행

2002년 북한의 산업구조는 1차산업인 농림어업이 30.2%, 2차산업인 광공업 중 제조업부문은 18.0%, 제조업 중 중화학공업비중은 11.0%, 3차산업인 서비스부문은 31.6%를 각각 나타내고 있다. 여기에 비해서 남한은 1차산업인 농림어업이 4.0%, 2차산업인 광공업 중 제조업부문은

29.2%, 중화학공업은 22.3%, 3차산업인 서비스부문은 55.1%로 압도적으로 비중이 크다. 여기서 알 수 있는 바와 같이 북한의 산업구조는 1차산업 위주의 낙후된 산업구조를 견지하고 있는 반면 남한은 2, 3차산업 비중이 매우 큰 고도화된 산업구조를 가지고 있다. 그 뿐 아니라 북한의 낙후된 산업구조는 더욱 열악한 후퇴를 계속하고 있는 것이다. 결론적으로 말해서 북한의 산업구조는 1차산업 위주의 후진국 산업구조가 조금도 개선되지 않고 있음을 알 수 있다.

이 같이 북한의 주요산업의 낙후성과 그 문제점을 보면 산업설비의 노후화, 기술수준의 낙후, 전력공급 및 원자재의 부족, 군수산업 우선 육성에 따른 민간소비재 산업부문의 투자저조, 원자재의 부족, 선진외국기술 도입의 미흡, 사회간접자본의 미비, 경영성과에 대한 보상체제 미 구축으로 인한 동기부여 취약 등 여러 가지 문제점을 내포하고 있는 것이다.

이상과 같은 경제개황 속에서 남북한 금융통합 더 나아가서 화폐통합의 과제와 문제점 및 전망을 논하기 위해서는 그 전제로서 우선 북한의 금융산업체제와 개념들을 살펴보아야 할 것이다.

북한의 금융제도 개요

금융기관 조직

특징

북한은 다른 구 사회주의권 국가와 마찬가지로 단일은행제도(mono-bank system)를 기본 축으로 하고 있으며 조선중앙은행이 중앙은행과 상업은행의 두 기능을 동시에 수행하는 일원적 은행제도를 가지고 있다. 이는 중앙은행과 상업은행을 분리하는 시장경제체제 하의 은행제도와 대비된다. 북한에는 조선중앙은행의 업무를 보완하기 위하여 대외 금융 업무를 담당하는 전문은행으로 무역은행과 외환전문은행이 운영된다. 북한은 시장경제체제의 은행조직에 비해서 매우 단순한 구조를 가지고 있다.

금융기관 체계

북한의 금융기관은 북한방식에 따라 ① 대내담당 금융기관, ② 대외담 당 금융기관, ③ 합영금융기관, ④ 기타 금융기관으로 나누어진다.

대내담당 금융기관에는 조선중앙은행과 조선중앙은행을 대신하여 저 금업무만을 담당하는 저금소 등의 '은행기관 저금망체계' 와 우편국, 체 신소 등의 '체신기관 저금망체계' 가 있다.

조선중앙은행은 북한의 국내금융을 담당하는 중앙은행으로서 화폐발 행, 통화조절 등의 중앙은행 역할 뿐만 아니라 여수신, 정책자금 지원, 국고, 보험, 국가재산 등록 등 다양한 업무를 수행한다.

대외담당 금융기관에는 대외금융업무를 전담하는 조선무역은행과, 무역결제업무를 분담하는 조선무역은행과, 무역결제업무를 분담하고 있는 부문별 외환전문은행이 있다. 조선무역은행은 국제금융을 담당하 는 금융기관으로서 대외 결제, 환율결정 등의 외환관리, '외화와 바꾼 돈표' 발행, 외화예금 및 대부 등 다양한 업무를 수행한다. 무분별 외환 전문은행에는 조선대성은행, 조선금강은행, 조선창광신용은행, 조선금 성은행, 조선통일발전은행, 고려은행 등 6개 은행과 기타 몇 은행이 무 역결제업무를 전담하고 있다. 합영 금융기관은 일반 합영은행과 투자은행으로 구분된다. 기타 금융기관으로는 협동농장신용부와 보험기관, 나진·선봉지대의 금융업무를 전담하는 황금 삼각주은행이 있다.

북한의 금융제도

개요

북한은 대부분의 사회주의 국가들처럼 이른바 '유일적 자금공급체계'를 가지고 있다. 즉, 기관 및 기업소들의 경영활동에 소요되는 자금(기본건설자금, 大補修자금, 인민경제사업비, 유동자금, 경비예산자금 등)은 국가예산에서 중앙은행을 통해 공급하며, 기관·기업소의 추가적인 자금수요에 대해서만 대부자금으로 충당하도록 하고 있다. 따라서 북한에서의 금융이란 국가재정사업을 부분적으로 보충해 주기 위한 수단에 불과하다고 할 수 있다.

북한은 현재 단일 은행제도를 채택하고 있다. 단일 은행제도에서는 중앙은행이 발권, 통화조절, 지급결제 등 중앙은행 고유 업무와 국가자금공급 및 수납업무,[1] 그리고 대부, 저금, 보험 등 각종 상업금융기관의 업무를 담당한다.

북한의 은행제도 변천 과정을 보면, 1946~1964년 중에는 단일은행제도(monobank system)를, 1964~1976년 중에는 이원적 은행제도(two-tier

---

1) 조선중앙은행은 국가자금의 수입과 지출업무를 담당하고 있다. 국가자금 지출의 종류는 대상에 따라 기본건설자금공급, 대보수자금공급, 인민경제사업비공급, 유동자금공급, 경비예산자금공급 등으로 구분된다. 이 중 유동자금공급은 독립채산제 국영기업소들은 원칙적으로 자체로 벌어들인 자금으로 충당하고 모자라는 추가적 자금수요는 대부를 받아 해결하도록 되어 있고, 예산제기관(학교, 병원 등)에 대해서만 지원하고 있다.

banking system)를 채택하였다가 1976년부터 다시 단일은행제도로 개편하여 현재에 이르고 있다.

북한은 1946년 10월 '북조선중앙은행'을 설립하고 중앙은행으로 하여금 발권, 통화조절, 대내외결제업무, 대부, 저금, 보험, 국고수납 업무 등을 담당하도록 함으로써 단일은행제도를 구축하였다. 1950년에는 '건설자금은행'을 설립하여 기본건설자금 및 대보수자금의 공급 및 통제 업무를 담당하도록 하였고, 1959년에는 '조선무역은행'을 설립하여 중앙은행이 담당하던 대외결제업무를 무역은행으로 이관하였다.

1964년 북한은 은행제도를 개편하였는데, 당시 '건설자금은행'을 중앙은행에 통합하여 국가자금 공급업무를 중앙은행이 전담하도록 하는 한편, 조선중앙은행의 업무 중 대부, 저금, 보험 등과 같은 상업은행 업무를 새로 설립한 '산업은행'에 이관함으로써 중앙은행과 상업은행이 분리된 이른바 '이원적 은행제도'(two-tier banking system)를 구축하였다. 1964년 은행제도 개편은 1963년 11월 28일 노동당 중앙위원회 정치위원회에서 '은행사업체계를 고칠 데 대하여'라는 논문이 발표된 데 따른 후속조치였다. 이 논문은 은행기관들이 국가자금을 방만하게 공급하고 있다는 비판과 함께 기업소에 대한 중앙은행 대출을 완전히 중지할 것과 기업소들로 하여금 부족한 자금은 산업은행의 대출로 충당하고 만일 제때에 대출금을 상환하지 않으면 일반 이자의 두 배에 해당하는 벌칙성 이자를 부과할 것 등을 제기하였다. 북한이 이러한 은행제도 개편을 추진하였던 배경에는 당시 제1차 7년계획(1961~1970)이 진행 중에 있었는데, 기업소들의 자금 사용에 따른 '도덕적 해이'를 단속하여 국가자금의 수요를 줄이고 이에 따른 여유자금을 건설부문으로 돌리려는 의도가 있었기 때문으로 생각된다.

1976년 북한은 다시 은행제도를 개편하였는데, '산업은행'을 중앙은행에 통합하여 조선중앙은행으로 하여금 중앙은행 고유업무는 물론 상업은행 업무까지 모두 담당하도록 함으로써 북한의 은행제도는 다시 단일은행제도로 환원되었으며, 그때 형성된 은행제도가 현재까지 지속되고 있다.[2]

　　1976년은 북한에서 6개년계획(1971~1976)이 종료되는 해로서 사회주의 공업화가 매우 높은 수준에 다다른 시점으로 평가되고 있다. 1976년 북한이 은행제도를 개편하였던 것은, 이와 같은 그간의 경제력 발전에 힘입어 엄격한 단일은행제도를 구축함으로써 중앙은행을 경유하여 모든 자금이 공급되는 이른바 '유일적 자금공급체계'[3]를 확립하고, 중앙집권적인 사회주의 계획경제체제를 보다 공고히 하려는데 그 목적이 있었다고 생각된다.

---

2) 북한의 현행 은행제도와 1990년 3월 은행제도를 개편하기 이전 동독의 은행제도를 비교해 볼 수 있는데, 양자가 모두 단일은행제도였다는 데 공통점이 있다. 즉, 중앙은행(북한; 조선중앙은행, 동독; 독일국립은행)이 화폐발행, 현금조절 등 중앙은행 고유업무는 물론 기업대부업무 등 상업은행 업무까지 수행하였다. 그러나 양국의 제도에서 차이점도 있다. 즉, 북한에서는 조선중앙은행이 저금수신업무까지 담당하였으나, 동독에서는 저금 수신업무를 독일국립은행이 담당하지 않고 저축은행 등에서 담당하였다. 한편, 환율의 결정은 동독의 경우 독일국립은행이 담당하였으나, 북한은 조선무역은행에서 담당하였다.

북한과 동독의 금융제도 비교

		북한(1976년-현재)	동독(1990년 3월 이전)
유사점	은행제도	(엄격한)단일은행제도	(느슨한)단일은행제도
	화폐은행, 현금조절 등 (중앙은행 고유업무)	조선중앙은행	독일국립은행
차이점	대출업무	조선중앙은행, 협동농장신용부, 조선무역은행, 황금의 삼각주은행 등	독일국립은행, 독일대외무역은행, 독일무역은행, 농업 및 식량산업은행
	예금업무	조선중앙은행	저축은행 등
	환율 결정	조선무역은행	독일국립은행

조선중앙은행은 '원에 의한 통제'를 실시한다.[4]

'원에 의한 통제'는 은행이 기관, 기업소들에 대한 자금수요를 제때에 보장해 주면서 경영활동을 개선하도록 하기 위한 국가의 통제형태로서, 은행이 기관, 기업소와 자금수수를 하는 과정에서 원자재 구입, 노동력 이용, 생산물의 생산 및 판매, 고정재산의 취득과 이용 등 기관, 기업소의 경영활동 전반에 대하여 통제를 하는 것을 의미한다.

다른 사회주의 국가들처럼 북한에서 중앙은행은 대내금융업만을 담당하고 있고, 대외결제업무는 무역은행에서 담당한다. 무역은행은 대외결제, 외국은행과의 각종 협정 체결, 외화예금 및 저금, 송금 및 외화교환업무, 환율 결정[5] 등의 업무를 담당하고 있다.[6]

---

3) 리원경(1986)은 유일적 자금공급체계의 구축 의의를 다음과 같이 설명한다. '이전의 복잡하고도 분산적인 자금공급제도 대신에 기본건설자금, 유동자금을 비롯한 모든 자금을 국가가 책임지고 중앙은행을 통하여 유일적으로 공급하는 새로운 체계이다. 이 자금공급체계에서 특징적인 것은 계획수행에 필요한 모든 자금을 국가가 재정계획에 엄격히 의거하여 책임적으로 유일적으로 전액 보장하는 것이다.' (리원경, 「사회주의 은행제도」, 사회과학출판사, 1986, p.228.)

4) '원에 의한 통제'는 화폐적 공간을 이용하여 경제사업에 대해 실시하는 국가적 통제이다. '원에 의한 통제'는 자원의 낭비현상을 없애고, 전반적인 국가경제의 계획적 관리를 실현함으로써 전반적인 나라 살림살이를 꾸려나가는데 매우 중요하다고 북한은 주장한다. '원에 의한 통제'는 화폐자금을 조성하고 이용하는 모든 단위에서 수행하고 있지만, 그 중 은행기관에서 실시하는 '원에 의한 통제'가 가장 중요한 부분을 차지하고 있다고 한다. 북한의 주장에 따르면 사회주의 사회에서 은행은 자금을 융통하면서 인민경제의 모든 부문, 그리고 기관, 기업소들에서 경리운용을 개선하며 나라의 전반적 살림살이를 규정하는 국가예산을 바로 집행하도록 일상적으로 '원에 의한 통제'를 하는 국가기관이라고 한다. '은행통제'는 인민경제 모든 부문에서 자금을 가장 효과적으로 이용하고 계획 및 계약규율, 지불, 납부규율, 현금유통규율을 비롯한 국가규율과 경제관리 질서를 엄격히 지키도록 함으로써 사회주의 경제의 계획적 관리운영, 절약제도 강화, 독립채산제의 올바른 실시, 국가예산의 정확한 집행, 사회주의적 소유의 보호 등의 효과가 있다고 한다.(재정금융사전, p.1464)

5) 동독의 경우는 중앙은행인 '독일국립은행'에서 환율을 결정하였다.

6) 무역은행 외에도 대외금융업무를 하는 은행들로서 대성은행(1987년 설립), 창광신용은행(1983년 설립), 금강은행(1978년 설립), 신용은행(1986년 설립), 용악산은행(1989년 설립) 등 조선중앙은행 산하의 은행들과 고려상업은행(1988년 재미교포 설립), 낙원금융합영상사(1987년 일본 파레스사), 통일발전은행(1991년 홍콩 루비홀딩사), 합영은행(제일 조총련) 등이 있는데, 이들은 주로 특정 부문의 대외결제업무를 전담하고 있다. 국제보험업무는 국제보험회사에서 담당하고 있다.

나진·선봉경제무역지대의 금융업무는 '황금의 삼각주은행'(Golden Triangle Bank)이 담당하고 있다. 이 은행은 1995년 나진·선봉 경제무역지대의 개발 및 대외교역을 지원할 목적으로 자본금 300만 달러로 설립되었는데, 1998년 말 현재 지대 안에 6개 외환교환소와 11개 예금 취급지점을 보유하고 있는 것으로 알려져 있다.[7]

북한에서 농촌금융은 '협동농장신용부'[8]를 중심으로 이루어지고 있다. '협동농장신용부'는 농장원의 출자금 및 자체 공동축적금을 재원으로 농민들에게 부업자금과 소비자금을 대부하며, 대부재원이 부족하면 중앙은행으로부터 차입할 수도 있다. '협동농장신용부'의 관리는 국가가 아닌 협동농장에 의해 이루어지고 있지만, 운영에 따른 지도·통제는 중앙은행으로부터 받는다. 이처럼 '협동농장신용부'가 독자적인 금융업무를 수행할 수 있다는 것은 북한의 단일은행제도가 농촌금융에는 적용되지 않고 있음을 시사한다.

북한의 은행제도는 〈그림 2〉와 같이 도식화 할 수 있다. 〈그림 2〉에서는 각 금융기관의 업무 내용을 대차대조표 형식으로 표현하였다.

자금공급

자금공급은 '사회주의 국가가 기관·기업소의 경리운영에 필요한 자

---

7) 주요 업무는 지대내 개별기업 및 주민의 예금 수신, 국내외투자기업에 대한 담보대출, 지대내 화폐발행 지원, 통화량 모니터링, 외환환전업무, 제한적인 L/C개설업무(1998년 중반부터), 코레스 업무, Master카드 및 JCB카드 등 신용카드업무 등을 취급하고 있다. 또한 1997년 6월부터 지대내에 자유시장 환율제도(1달러=200원 수준)를 도입하고 자유로운 환전을 허용하였으며, 1998년부터는 지대안에서 중국 인민폐의 자유로운 유통을 허용한 바 있다.
8) 협동농장신용부는 농촌신용협동조합의 후신으로서 1957년부터 조직되기 시작하여 1958년에는 전국의 모든 里단위 협동농장에까지 설치되었다.

금을 국가예산에서 계획적으로 지원하는(금융)형태'이며 불반환적 성격을 본질적 특성으로 지니고 있다. 따라서 자금공급은 '국가재정'의 한 형태인 동시에 은행을 통해서 기업소의 경영활동에 필요한 자금을 지원한다는 의미에서 '금융'의 한 형태이기도 하다. 북한은 기관·기업소의 경영활동에 필요한 모든 자금을 국가가 책임지고 공급하는 '유일적 자금공급체계(재정계획화체계)'를 구축해 왔으며 1964년에 이 제도는 완성되었다. 그러나 국가재정의 위축으로 기업 등의 경영자금을 모두 충당하지 못하게 되자 자금공급체계를 일부 변경하여 부족자금을 은행에서 대부받아 충당하는 '신용계획화체계'로 변경하게 되었다. 이 신용계획화체계는 1988년부터 부분적으로 시행되어 오다가 1995년에 본격 실시되기에 이르렀다.

<그림 2> 북한의 은행제도 개요

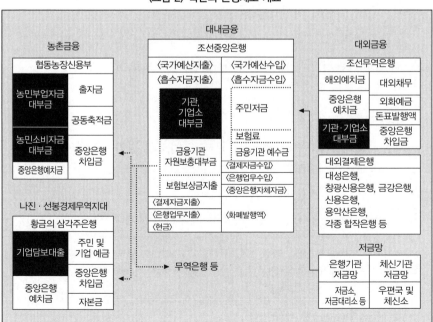

신용(Credit)제도

신용은 금융과 가장 유사한 개념으로서 '반환을 전제로 하여 일시적 유휴화폐자금을 계획적으로 동원하고 이용하는 (금융)형태' 인데, 신용의 범주에는 기관·기업소 또는 주민들로부터 유휴화폐자금을 집중시키는 저금(또는 예금)과 보험, 그리고 유휴화폐자금을 이용하는 대부가 있다.

화폐제도와 통화정책

화폐제도

① 화폐의 종류

화폐는 현금과 무현금으로 엄격히 구분하며, 현금은 상품(소비재)의 거래에, 무현금은 생산수단의 거래에 사용한다. 현금 또는 무현금의 사용기준은 국가기준에 따르며, 이에는 ① 거래되는 물건의 성격(생산재의 거래에는 무현금, 소비재 거래에는 현금을 사용), ② 물품을 거래하는 경제주체의 소유형태(사회주의적 소유형태의 경제주체간 거래는 무현금, 개인적 소유형태, 즉 일반주민과 사회주의 경제주체간 거래는 현금을 사용)에 따라 결정된다.

② 현금의 종류

현금은 일반화폐와 특수화폐('외화와 바꾼 돈표')로 구분한다. 일반화폐는 내국인이 사용하는 화폐로서 조선중앙은행이 발행한다. 특수화폐는 외화의 교환하여 사용되는 화폐, 즉 「외화와 바꾼 돈표」로서 외화 누수현상 방지를 위한 외화관리 차원에서 1979년부터 발행하기 시작하였다.

1988년 이후부터는 조선무역은행에서 내국인과 외국인 구분 없이 발행되고 있다.

③ 화폐량

북한에서는 '화폐량'을 상품들의 운동을 매개하면서 현금유통과정에 머물러 있는 현금의 총량이라고 정의하고 따라서 기관·기업소들의 예금, 일반주민들의 저금, 무현금 유통량 등은 '화폐량'에 포함되지 않는다.

④ 무현금 결제방식

무현금결제는 기관·기업소간 거래대금을 은행 예금돈자리(예금계좌)를 통한 이체방식으로 지급결제하는 것으로서, 기관·기업소간에 이루어지는 대부분의 대금결제는 무현금결제방식으로 이루어진다.

무현금결제에는 ① 지불위탁서에 의한 결제, ② 지불청구서에 의한 결제, ③ 즉시지불청구서에 의한 결제, ④ 무현금행표(行票)에 의한 결제 등 4가지 방식이 사용된다(①은 송금방식, ②는 추심방식, ③은 신용장방식, ④는 수표에 의한 결제와 유사하다).

통화정책

북한은 상품의 가격을 국가가 결정하는 계획경제체제로서 물가안정을 위한 별도의 통화정책이 필요하지는 않다. 그러나 중앙은행이 '통화조절사업'을 시행하여 우리의 통화정책과 유사한 역할을 하고 있다. 이 통화조절사업은 중앙은행이 화폐유통의 원활화와 통화안정을 위하여 화폐유통량을 조절하는 사업으로서 「유통화폐량」을 「필요화폐량」에 일치시키는 것을 주요 내용으로 한다. 대부분의 사회주의국가들과 마찬가지로 북한에서도 통화과잉(monetary overhang)으로 많은 문제점이 야기되고 있어 「유통화폐량」을 적정한 수준으로 유지시키는 통화조절사업은 매우 중요한 정책이라 할 수 있다.

유통화폐량과 필요화폐량을 일치시키기 위한 정책수단으로는 ① 조선중앙은행의 현금계획 수립 및 집행, ② 화폐유통구조 개선, ③ 화폐교환 등이 있다.

국제부문 금융제도

환율 및 외화관리제도

① 환율제도

북한은 고정환율제도(fixed exchange rate system)를 채택하고 있으며 조선무역은행이 환율을 결정·발표하고 있다. 환율에는 공식환율, 무역환율, 비무역환율 등 3가지 환율을 사용하는 '복수환율제' 를 채택했으나 최근에는 '단일환율제' 로 변경한 것으로 보인다. 현재 환율결정에 기준이 되는 통화로는 종래의 구 소련의 루불화에서 미국 달러로 변경 사용하고 있는 것으로 보인다. '북한 원' 의 환율 추이는 〈표 3〉에서 모는 바와 같다.

북한의 무역환율은 1달러당 2.16 '북한 원' 정도이나, 암시장에서는 1달러당 150~230 '북한 원' 에 거래되고 있으며 1997년 6월 현실화된 나진·선봉지대의 환율은 1달러당 200 '북한 원' 수준이다.

〈표 3〉 '북한 원'의 환율 추이[9]

	단위	1980	1985	1988	1990	1996	1998	1999
공식환율	Rouble	1.33	1.33	1.33	1.33	-	-	-
	USD	0.87	1.07	0.94	1.01	-	-	-
무역환율	USD	1.79	2.43	2.15	2.14	2.16	2.20	2.20

※ 자료출처: 2000 북한개요(1999), 및 한국은행 전게서에서 재인용함.

② 외화관리제도

북한은 1979년부터 외화누수현상을 방지하고 효율적인 외화관리를 기하기 위하여 북한 내에서 모든 외화를 「외화와 바꾼 돈표」로 교환하여 사용하도록 하고 있다. 「외화와 바꾼 돈표」는 교환통화의 전환성(또는 태환성: convertibility) 여부에 따라 푸른색(자유전환가능 돈표)과 붉은색(전환성이 없고 식료품에 대해서만 일부 사용 가능한 돈표)으로 구분 발행하고 있다.

국제결제제도 및 국제금융거래

종래 북한은 청산결제와 경화결제의 두 가지 결제방식을 사용하였으나, 구 사회주의권 붕괴 이후에는 청산결제 형태는 사용되지 않고 있다. 북한은 1987년 8월에 영국, 오스트리아, 뉴질랜드, 일본 등 140개 서방은행 대표단에 의해 '채무상환불이행국가'로 공식 선포된 이후 국제신용도가 회복되지 않고 있고, 무역거래도 신용장 방식이 아닌 현금방식에 의존하는 등 매우 열악한 형편이다. 이에 따라 서방국가와의 국제 금융거래도 일부 국제지원형 국제기구금융(IFAD, OPEC 등) 외에는 거의 중단된 상태이다. 북한의 외채는 2000년 말 현재 총 124억 달러인 것으로 추정된다.

---

9) 2003년 10월 4일 외신보도에 의하면 북한은 올여름부터 북한 화폐의 환율을 암시장 시세에 맞추어 달러당 150원에서 900원으로 대폭 평가절하하고 변동환율제를 도입한 것으로 알려졌다.(조선일보, 2003. 10. 6.)

Ⅲ. 동·서독 금융통합의 사례

동·서독의 경험과 개요

1989년 11월 베를린 장벽이 무너질 때까지 동·서독 간에는 금융부문에서의 연계는 거의 없었다. 분단 당시 서독은 이원적은행제도(two-tier banking system)를, 동독은 단일은행제도(mono-bank system)를 각각 채택하고 있었다. 그러나 금융통합의 준비는 베를린 장벽 붕괴 직후부터 시작되었는데, 우선 1990년 3월에 동독은 '독일신용은행' 등을 설립하여 동독 중앙은행인 '독일국립은행'의 대출업무를 이관하는 등 '이원적은행제도'를 도입하였다.

1990년 7월 1일 동·서독 간 「통화·경제·사회 통합조약」을 발효시키면서 본격적인 금융개혁에 들어가게 되었다. 이와 같이 급진적인 금융통합이 이루어짐으로써 그 이후 서독의 금융제도가 동독 지역에까지 확대 적용되었으며, 서독 및 외국은행들이 동독 지역에 지점을 설치하게 되었다.

독일연방은행의 통합정책이 주는 교훈

동·서독 통화통합의 개요

이 장에서는 남북한의 경제 및 화폐통합의 가능성을 장기적 측면에서 검토하고, 또한 독일과 한국의 상황이 어떤 공통점이 있는지를 고찰하고자 한다. 그런 다음에 남북한의 경제 및 화폐통합을 위한 여건이 장기적으로 갖추어져 형성된다면 어떤 담보권적인 통화·은행 정책적 대안이 있는지를 고찰할 것이다.

우선 북한 화폐가 태환성을 갖도록 하기 위하여 북한 국가은행의 부실여신을 정리할 수 있는 은행정책과 올바른 화폐개혁에 그 초점을 맞춘다. 따라서 이와 같은 정책방향은 만일 남북한이 경제통합 이전에 상호간의 환율체계를 제대로 만들 수만 있다면 통화정책상 더욱 현실적인 의미를 가지게 될 것이다. 이러한 구체적인 환율제도 수립을 위해서 먼저 독일연방은행의 화폐교환정책이 어떻게 실행되었는지를 살펴보고, 이로부터 독일연방은행의 실수(politial mistake)를 피할 수 있는 어떤 정책대안이 도출될 수 있는지를 검토해 보고자 한다.

독일의 화폐통합

독일은 1990년 7월 1일에 「통화·경제·사회 통합조약」을 시행하게 되었는데, 이러한 체제이행은 이른바 '사회적 시장경제' 질서를 바탕으로 한 1990년 5월 18일의 1차 국가조약에 따라 단행된 것이다. 이 조약에 따라 구동독은 서독의 모든 법들을 지체 없이 받아들였다. 따라서 동독의 1단계 은행시스템은 중앙은행과 금융기관 사이의 효율적인 2단계적 은행시스템으로 전환되어야만 했다. 동독 은행들은 이때부터 서독의 신용감독청을 통한 감독에 의해 규제받게 되었고, 서독 마르크가 동독 지역에도 유일한 법정통화가 되었다. 또한 구동독이 서독법에 따라서 자신의 세금체계를 갖추게 되었으며 서독 모델에 따른 사회적 시스템을 구축하였다.

구동독의 1단계적인 은행체계 개요

서독 정부와 독일연방은행은 독일 통합 당시에 시장경제체제와 자유로운 가격기구, 그리고 독일 마르크로 동독에 '사회적 시장경제' 질서가 조속한 시일 내에 확립될 수 있을 것으로 믿었다. 그러나 그들은 본질적으로 구동독의 '1단계적인 은행시스템'에 대해 깊은 인식을 가지고 있지 못하였다. 동독 주민의 모든 저축은 서민금고와 신용조합금고에 몰려 있었는데, 동독 은행들은 이 자금을 동독 국가은행에 계속 양도해야만 했었다. 따라서 동독 인민의 저축은 국가은행 대차대조표상의 자산과 내적인 연관관계를 갖고 있었다.[10]

동독은행의 이른바 저축성예금이란 언제나 해지할 수 있기 때문에 실제는 요구불예금이었다. 더욱이 이 요구불예금은 소유권 사회에서와는 달리 수표나 어음으로 이양될 수 있는 요구불예금이 아니었다. 그럼에도 불구하고 독일연방은행은 이들 요구불예금을 서독의 저축성예금으로 대체시켰다. 또한 구동독의 화폐보유계수는 서독의 계수로 치환되었다. 이것이 의미하는 바는 동독 주민이 마치 서독 주민들처럼 경제 및 화폐통합을 전후로 자산관리능력이 뛰어남을 전제로 하는데, 이러한 전제는 현실과 상당히 차이가 있었다는 점이다. 이처럼 잘못된 정책구상이 1997년까지의 통화량 교란으로 이어지면서 금융시장의 불안이 계속되었다. 즉, 이 같은 통화정책은 올바른 정책이 아니었다.[11]

또 한편으로 독일연방은행은 화폐통합 당시에 담보권 개념이 결여된 통화정책을 구상했는데, 화폐의 '사용권'적인 정책구상 위에 국가은행의 체제전환을 강행했던 것이다. 따라서 독일연방은행은 '발권은행, 은행의 은행, 국가의 가계은행'으로서 동독국가은행의 역할을 무제한적으로 인정하였다.

---

10) 김영문/신동진, '남북한 화폐통합의 가능성과 문제점', 2002. 도서출판 여의도, pp.225-232 참조.
11) 김영문/신동진, 전게서, pp.119-120 참조.

그러나 실제 동독국가은행은 자신의 대차대조표상의 대변에 최소한 유동화할 수 있는 자산(담보권적인 자산)을 보유했어야만 했다. 화폐통합 후, 베를린국가은행의 예금을 급격히 인출했을 때, 독일신용은행(화폐통합을 위해 설립된 은행)에 대해 채권을 유통시킬 수 없게 되었는데, 그 이유는 국가은행의 채권들(동독기업에 대한 구 신용들)에 대해 채무이행이 불확실한 불량채권이었기에 은행들이 받아들이려 하지 않았기 때문이다.[12]

화폐통합의 문제점과 그것이 화폐시장에 미친 영향

독일의 화폐통합시 순조정채권 평가에서 화폐시장에 미친 영향은 다음과 같다.

첫째, 동독기업에 대한 기업평가의 불가능성이다. 그 이유는 국영기업의 대차대조표상 가치는 시장경제체제 하에서의 사기업 가치평가기준이 마련되지 않아 시장가격으로의 평가가 불가능했기 때문이다. 구동독은 소유권제도 자체를 완전히 말살시켜 기업평가 가능성이 전혀 없었다. 따라서 개시대차대조표의 완결이 1994년 말까지 계속 지연되었다.

둘째는 담보되지 않은 유동화증권의 문제이다. 독일연방은행은 순조정채권기금으로 순조정채권을 유동화증권과 교환할 수 있도록 하였는데, 지불보증된 증권은 항상 현금화되었다. 그러나 유동화증권들은 담보되지 않았기 때문에 시장에서 유통되지 못하고 일종의 '채무증서'에 불과하게 된 것이다.

셋째는 역금리구조의 문제이다. 독일연방은행은 화폐시장에서 유동

---

12) 김영문/신동진, 전게서, pp.121-122 참조.

화중권을 통한 통화조절을 할 수 없었고, 따라서 1990년 8월부터 최저지불준비금정책을 채택했는데, 이는 금융시장의 불안정성을 저지하려는 데 목적이 있다. 이 정책으로 인하여 동독은행들은 독일연방은행의 지불준비금계정에 추가적으로 무수익성의 유동성을 적립하는 비율로 확보해야 하기 때문에 계속 신용경색이 진행되었고, 독일연방은행의 벌과금 성격의 고율이자정책(중앙은행 여신금리에 대해서)을 실시함으로써 장단기금리 사이에 역금리구조가 발생하게 되었다.[13]

IV. 남북 간 경제 및 화폐통합방안 과제

남북 간 점진적 금융통합 방향[14]

'남북 간 금융통합 및 화폐통합' 이라 함은 남북한 사이에 금융시장, 통화, 금융제도 등이 완전히 통합되는 것을 의미한다. 따라서 우리는 급격히 1단계로 끝내기보다는 여러 단계를 거치면서 점진적으로 신중히 추진해야 할 것이다.

남북 간 금융통합은 기본적으로 남북한이 상당 기간 동안 정치적으로 병존한다는 전제하에, 다음과 같은 요인들을 감안하여 단계적으로 추진하는 것이 바람직하다고 생각한다.

---

13) 김영문/신동진, 전게서, pp.149-156 참조.
14) 이 부분은 '통일 경험에 비추어 본 남북한 금융통합 방향', 한국은행 조사국, 조사연구, 2002. 5. 10 참조.

* 고려해야 할 요인들

① 남북 간 경제력 격차에 대한 문제

② 남북 간 경제체제의 이질성에 대한 문제

③ '경제적 통합' 과 '정치적 통합' 사이의 순서에 대한 문제

이들의 당면 상황들을 차례로 고찰하면 다음에서 설명하는 바와 같다.

남북한 경제력 격차 비교

남북한의 경제력 차이는 우선 지표상으로 볼 때, 현격한 격차를 느끼게 된다. 〈표 4〉는 이를 극명하게 잘 설명하고 있다. 2001년 말 현재 인구는 남한이 북한의 2.1배가 되지만 국민소득은 약 28배로서 월등한 격차를 보이고 있다. 1인당 국민소득에서도 약 13배 가까이 큰 차이를 나타내고 있으며, 경제성장률 추이도 남한은 1998년 한해만 IMF여파로 -6.7%의 마이너스 성장을 보였을 뿐 1960년대 이후 지속적으로 5%에서 10%대의 높은 성장세를 보여 오고 있다. 그러나 북한은 1990년대에도 계속 마이너스 성장을 보여 왔으며, 1999년 이후 플러스 성장세를 보이고 있을 뿐이다. 그리고 수출에 있어서는 무려 222배, 수입에 있어서는 약 100배를 오르내리고 있다. 발전량도 남한이 16.1배, 자동차생산은 655배, 강철생산도 44배에 달하고 있고, 식량생산에서는 곡물 1.4배, 쌀 2.8배의 격차를 각각 보이고 있다.

남북 간 경제체제 이질성에 대한 비교

남북한은 제2차 세계대전의 종전과 더불어 각각 상이한 체제 하의 남북 분단을 맞이하게 되었으며 그 이후 근 60년간 이질적인 정치·경제체

〈표 4〉 남북한의 주요경제지표 비교(2002년 기준)

		단위	1990	1992	1995	1997	1999	2000	2001	2002
인구	북한(A)	백만 명	20.2	20.8	21.5	21.8	22.1	22.2	22.3	22.3
	남한(B)	백만 명	42.9	43.7	45.1	45.9	46.6	47.0	47.3	47.6
	(B/A)	배	2.1	2.1	2.1	2.1	2.1	2.1	2.1	2.1
명목 GNI	북한(A)	억 달러	232	211	223	177	158	168	157	213
	남한(B)	억 달러	2,523	3,143	4,881	4,740	4,007	4,592	4,213	4,770
	(B/A)	배	10.9	14.9	21.9	26.8	25.5	27.3	26.8	28.0
1인당 GNI	북한(A)	달러	1,146	1,013	1,034	811	1,022	1,105	1,149	762
	남한(B)	달러	5,886	7,183	10,823	10,315	8,595	9,770	8,900	10,013
	(B/A)	배	5.2	7.1	10.5	12.7	12.0	12.9	12.6	13.1
경제 성장률	북한(A)	%	-3.7	-6.0	-4.1	-6.3	6.2	1.3	3.7	1.2
	남한(B)	%	9.0	5.4	8.9	5.0	10.9	9.3	3.0	6.3
수출	북한(A)	억 달러	19.6	10.3	7.4	9.1	5.2	5.6	6.5	7.3
	남한(B)	억 달러	650.2	766.3	1,250.6	1,361.6	1,436.9	1,722.7	1,504.4	1,624.7
	(B/A)	배	33.2	75.1	169.0	151.3	281.7	307.6	231.4	222.6
수입	북한(A)	억 달러	27.6	16.4	13.1	12.7	9.6	14.1	16.2	15.3
	남한(B)	억 달러	698.4	817.8	1,351.2	1,446.2	1,197.5	1,604.8	1,411.0	1,521.3
	(B/A)	배	25.3	49.9	102.4	113.9	124.7	113.8	87.1	99.4
발전량	북한(A)	억kwh	277	247	230	193	186	194	202	190
	남한(B)	억kwh	1,077	1,310	1,847	2,244	2,393	2,664	2,852	3,065
	(B/A)	배	3.9	5.3	8.0	11.6	12.9	13.7	14.2	16.1
곡물 생산량	북한(A)	만ton	402.0	426.8	345.1	348.9	422.2	358.8	394.8	413.0
	남한(B)	만ton	663.5	620.6	547.6	614.3	600.0	591.1	620.0	559.6
	(B/A)	배	1.7	1.5	1.6	1.8	1.4	1.6	1.6	1.4
쌀 생산량	북한(A)	만ton	145.7	153.1	121.1	150.3	162.9	142.4	168.0	173.0
	남한(B)	만ton	560.6	533.1	459.5	545.0	526.3	529.1	551.5	492.7
	(B/A)	배	3.8	3.5	3.9	3.6	3.2	3.7	3.3	2.8
자동차 생산량	북한(A)	만대	1.3	1.0	0.9	0.6	0.7	0.7	0.6	0.5
	남한(B)	만대	132.2	173.0	252.6	291.8	284.3	311.5	294.6	314.7
	(B/A)	배	101.7	173.0	290.3	440.3	389.5	472.0	516.8	655.6
강철 생산량	북한(A)	만ton	336.4	179.3	153.4	101.6	124.3	108.6	106.2	103.8
	남한(B)	만ton	2,312.5	2,805.5	3,677.2	4,255.4	4,104.2	4,310.7	4,385.2	4,539.0
	(B/A)	배	6.9	15.6	24.0	41.9	33.0	39.7	41.3	43.7

※ 자료출처: 한국은행.

233

제 속에서 성장해 왔다. 따라서 앞으로 어떤 형태의 통합의 경우에도 상당한 시간을 두고 점진적 접근이 필요한 현실이다. 〈표 5〉는 두 경제체제의 차이점을 요약 비교한 내용이다.

한편 '경제적 통합'과 '정치적 통합' 간의 순서에 대한 문제는 여기서 논의하기 보다는 학계에서 더 깊은 연구가 뒤따라야 할 것으로 본다.

〈표 5〉 자본주의 경제체제와 사회주의 경제체제의 특징 비교

(자본주의)
1) 사유재산제도; 생산수단의 최종지배자는 사적 개인
2) 경제자원의 배분, 경제활동은 시장기구를 통해 비집권적으로 행해짐
3) 경제활동의 목적은 사적 이윤 추구
4) 경제잉여는 사적 이윤으로서 사적 자본 소유자에게 귀속
5) 자본축적은 사적 이윤에 의해 형성
6) 정책결정 주도권은 자본가 계급이 장악

(사회주의)
1) 공유재산제도; 생산수단의 최종지배자는 국가, 사회전체, 특정 공적기관
2) 경제자원배분, 경제활동은 중앙당국의 지시에 의해 집권적으로 행해짐
3) 경제활동의 목적은 사회적 공익추구
4) 경제잉여는 사회(공적기구)기구에 귀속됨
5) 자본축척은 사회잉여에 의해서 형성
6) 정책결정의 주도권은 노동자계급이 장악

바람직한 남북 간 금융통합 시나리오[15]

바람직한 남북 간 금융통합은 〈그림 3〉에 제시한 바와 같이 제1단계로서 남북 간 금융협력 단계, 제2단계는 북한의 금융개혁 단계, 제3단계는 남북 간 금융시장 개방단계, 제4단계는 남북 간 금융제도의 통합단계,

---

15) 이 시나리오는 한국은행 전게서에서 인용함.

그리고 마지막으로 제5단계로는 남북 간 경제적 통합 및 정치적 통일의 과정으로 제시된다.

제1단계는 남북 간 금융협력을 추진하는 단계로서, 남북이 상대방의 금융제도에 이해를 제고하고 남북 간 경제적 격차를 축소해 나갈 수 있는 기반을 금융부문에서 조성하는 단계이다. 제2단계는 북한의 현행 유일적 금융제도, 즉 일원적 은행제도를 바꾸어 이원적 은행제도를 도입하여 상업은행의 업무수행을 원활히 할 수 있도록 사전 정지 작업을 해두는 단계이다. 제3단계는 남북 간 금융시장을 개방하고 쌍방지역에 금융기관을 상호 진출하는 단계이다. 제4단계에서는 남북 간 금융시장 통합과 화폐통합을 통해서 남북단일통화의 도입을 실행하는 단계이다. 따라서 남북통화정책을 통합하게 되고 남북 전체를 관장할 '통합통화금융정책기구'를 창설하는 단계가 될 것이다. 마지막 제5단계에서 비로소 남북 간 경제통합 및 정치적 통합을 달성하게 되는 것이다.

독일의 화폐통합 사례가 주는 시사점과 금후 과제[16]

독일의 경험에 비추어 급진적 통합은 지양해야 되며, 남북 간의 경제 및 화폐통합을 위해서는 우선 남북한 사이의 적정 환율시스템을 구축하는 것이 핵심과제이다. 환율시스템을 구축하기 위해서는 먼저 북한의 통화가 태환성(convertibility)을 가지도록 하는 것인데, 현제 북한 암시장에서 사용되는 달러로 담보된 북한의 「외화와 바꾼 돈표」는 태환성을 가지고 있다. 그러나 이 「외화와 바꾼 돈표」가 전 북한지역에서 사용되기에는

---

16) 김영문/신동진, 전게서 참조.

〈그림 3〉 남북 간 점진적 금융통합 시나리오

제1단계: 남북 간 금융협력
– 남북 간 직접결제제도 구축 – 남북합작은행 설립 – 북한의 남한 자본시장 활용 – 양방 상대지역에 중앙은행 사무소 설치

제2단계: 남북 간 금융개혁
– 이원적 은행제도 도입 – 북한의 상업은행 설립 – 국제거래에서의 협력체제 구축(L/C facility, L/C confirm 등) – 금융인력 양성과정 협력

제3단계: 남북 간 금융시장 개방
– 양방 상대지역에 금융기관 상호 진출 – 증권 및 자본시장 구축 – 점진적 시장개방 시간표 설정 – 남북 간 상대방원화의 자유교한 허용

제4단계 : 남북 간 금융제도 통합
– 남북 금융시장 통합시간표 확정 – 남북 단일통화 도입(화폐통합의 완성) – 남북 단일 통화정책 구축 – 통합적 통화금융정책기구(KMI: Korean Monetary Institute; 가칭) 창설

제5단계: 남북 간 경제통합 및 정치적 통합
– 남북경제통화동맹(KMU: Korean Economic and Monetary Union; 가칭) 창설 – 남북 간 정치적 동맹 – 남북 정치통합–통일

북한에 경화가 너무 부족한 실정이다. 전 북한지역에서 사용되는 북한통화가 태환성을 갖기 위해서는 북한이 주체적으로 사적 소유제도를 기반으로 하는 시장경제체제로 전환해야 할 것이다.

한편으로 이와 함께 북한의 토지개혁을 단행하여 북한주민과 기업이 새롭게 분배될 자신의 토지를 조선무역은행을 모체로 설립될 (가칭)신북한중앙은행에 저당하여 장기저리의 부채를 창출하도록 하는 것이다. 이 은행은 그 저당권을 바탕으로 달러 또는 엔으로 표기된 부동산 담보부증권을 발행하여 남한이나 국제금융시장으로부터 경화를 금융 조달할 수 있다.

이를 위해서는 현재 남북협력기금과 남한의 중장기연불수출금융을 전담지원하고 있는 한국수출입은행의 금융기법과 전문 인력을 활용하고, 한국산업은행 등이 이를 지원하면 될 것이다. 만약 부동산담보부증권의 판매가 어려운 경우에는 이를 담보로 한국산업은행이 외국환평형채권을 발행하여 금융조달을 해도 될 것이다. 이렇게 해서 남북 간 경제·화폐통합의 윤곽이 들어나면, 그 시점에서 한국은행이 증권을 달러로 매입하여 자체의 환매채(RP)로 사용 가능하게 될 것이다. 이 방식으로 금융조달된 경화를 담보로 (가칭)신북한중앙은행은 「외화와 바꾼 돈표」를 발행하여 두 개의 화폐가 북한에서 통용되게 될 것이다.

이때에 두 화폐 간의 교환비율은 정하지 않은 채 시장에 맡기고 향후 일정비율의 교환율이 정해지면 '개시대차대조표' 시기와 「외화와 바꾼 돈표」를 법정화폐로 정한다. 이와 같이 화폐대체를 통해 생성된 신통화인 「외화와 바꾼 돈표」로 남북한의 환율체계를 제정할 때 남북 간의 경제협력이 원활해지고 다음 단계의 경제통합도 가능하게 될 것이다. 이러한 과정을 거친 후에 비로소 남북한 화폐통합의 구체적 일정(시기)을 상호 간에 협의 확정하면 될 것이다.

V. 맺는말

남북 간 금융통합, 나아가서 화폐통합은 남북공존을 전제로 하고 있기 때문에, 동독의 정치 경제체제가 붕괴됨으로써 급진적으로 이루어진 동·서독의 금융통합과는 달리, 점진적으로 추진되어야 할 것이다.

더욱이 앞장에서 남북 간 점진적 금융통합 방향을 논할 때 이미 지적한 바와 같이 남북 간 경제력 격차의 점진적 (상향)접근 과정과 경제체제의 이질성 극복에 걸리는 시간 등이 함께 고려되어야 할 것이다.

이러한 점진적 금융통합의 성공여부는 동·서독의 금융통합 과정에서는 이루어지지 않았던 다음과 같은 사항들이 얼마나 효과적으로 달성될 수 있는가에 달려 있다고 하겠다.

① 분단 당시 동·서독 사이에는 청산결제를 제외하면 금융부문에서의 교류협력을 전혀 이루어지지 않았으나, 남북 간에는 이미 남북경협 합의서의 발효에 따라 금융협력을 적극적으로 추진하여 금융통합의 기반을 다져나갈 수 있어야 한다.

② 동·서독 사이에는 금융시장의 통합단계를 거치지 않고 곧바로 금융제도의 통합이 이루어졌으나, 남북 간 금융통합은 북한의 금융개혁 및 금융시장 개방을 통해 남북 간 금융시장의 통합단계를 성취한 후 점진적으로 금융제도의 통합을 추진할 필요가 있다.

③ 또한 동·서독 사이에는 동독이 통화정책의 주권을 서독에 이양함으로써 금융통합이 이루어졌지만, 한반도에서는 상당기간 남북한이 공존하게 될 것으로 예상되기 때문에, 금융통합을 위해서는 유럽연합(EU)의 경우처럼 남북한 전체의 통화정책을 담당할 새로운

기구의 창설에 합의가 이루어지고(예컨대, KMI; Korean Monetary Institute; 남북한통화기구), 나아가서 통화동맹 단계(예컨대, KMU; Korean Monetary Union)로 발전되어야 할 것이다.

추론

김정은 시대에 들어 북한 당국은 사회주의적 경제문제를 해결하고 경제성장을 도모하기 위해 다양한 시도를 하고 있다. 이러한 노력의 일환으로 2012년 「우리식 경제관리 방법」(소위 6.28조치)을 시행하여 공장, 기업소, 협동농장의 자율적 경영관리조치를 시범적으로 시행하고, 농업분야에서 협동농장 재량권 확대와 영농 인센티브를 강화하는 개혁조치를 도입했는데, 이는 과거 동유럽국가들이 시도했던 사회주의체제 내의 개혁 범주에 그치고 있다. 그러나 현재 북한의 경제성장을 위해서는 하루 속히 시장경제체제로의 과감한 전환과 이를 통한 경제체제 개혁이 반드시 이루어져야 한다고 본다. 현재 북한경제는 계획과 시장이 공존하고 있고, 계획가격과 시장가격의 괴리로 인한 하이퍼인플레이션, 암시장의 환율 급등으로 인해 거시경제적 불안정성이 매우 높은 상황에 처해 있다. 따라서 이를 극복하기 위해서는 합리적 체제전환방안과 이에 따른 남북한 협력방안 등이 절실히 요구된다. 이에 관해서는 대외경제정책연구원(KIEP)의 "체제전환국의 경제성장 요인분석; 북한 경제개혁에 대한 함의(KIEP 연구보고서 14-01호, 2014.11.28.)를 참조하기 바란다.

북한의 화폐제도와 화폐개혁

I. 머리말

2002년 7월부터 북한에서 진행되고 있는 일련의 경제실험, 즉 가격개혁 등을 비롯한 몇 가지 조치들은 과연 북한이 '시장경제'를 도입하려는 흔적으로 볼 것인가, 아니면 공급부족에 직면한 북한경제의 '사회주의적' 처방으로 보아야 할 것인가를 놓고 최근 학자들 간에 논의가 무르익고 있다. 그런데 이들 「가격개혁」 등 조치의 핵심내용을 음미하는 데 있어서 적어도 우리는 3가지의 주제(시장경제체제 하에서 볼 때 이질적 테마일 것임)를 미리 파악할 필요를 느끼게 된다. 첫째는 북한의 화폐제도이며, 둘째는 북한의 외환제도이고, 셋째는 가격기구(제도)이다.

이 논문에서는 그 가운데 첫 번째인 북한의 화폐제도에 대해서 고찰하고 그동안 북한에서 여러 차례 행해졌던 화폐개혁 및 화폐교환 사례에 대해서 음미해 보고자 한다.

북한의 화폐제도는 사회주의경제체제에 근간을 두고 화폐의 본질을 마르크스의 「자본론」에 서술되고 있는 「일반적 등가물」(general equivalent form of value)로 정의하고 있다.[1] 화폐의 종류도 「현금」과 「무현금」으로 구분하고 소비재거래에는 현금을, 생산거래에는 무현금을 사용하는 것으로 되어 있다.

이 논문의 구성은 제Ⅱ장에서 화폐의 본질을 마르크스의 상품화폐론적 기초에서 고찰하고 이에 따른 화폐의 정의에 대해서 고찰하며, 제Ⅲ장에서는 화폐의 기능과 종류를 살펴보게 될 것이다. 제Ⅳ장에서는 화폐량의 정의를 살펴보고, 제Ⅴ장에서는 통화제도와 관련하여 북한의 통화정책을 음미할 것이다. 제Ⅵ장에서는 그동안 있었던 북한의 화폐개혁과 화폐교환의 주요 경과내용을 개괄한 다음, 마지막 Ⅶ장에서 결론을 맺고자 한다.

Ⅱ. 화폐의 정의

화폐의 본질

북한에서는 화폐를 "「일반적 등가물」로 이용되는 특수한 상품" 이라고 정의하고 있다. 일반적 등가물이란 임의의 상품과 교환할 수 있는 가장

---

[1] 북한에서 화폐가 「일반적 등가물」이라는 말은 마르크스의 상품화폐론의 기조 "틀" 에서 가져온 정의로서, 원래는 마르크스(Marx, K.; 1818-1883)의 「자본론」(Das Kapital, 1867) 제1권에서 '가치형태'에 관한 이론을 전개하면서 그가 상품들의 공통가치형태를 화폐형태라고 말하고, "×량의 상품 A = y량의 상품 B" 라는 두 상품 사이의 가치관계에서 화폐형태의 기원을 찾고 있다. 이 등식은 "×량의 상품 A =y량의 상품 B와 가치가 같다" 는 것을 의미한다. 이러한 관계에 대해 마르크스는 "상품 B는 등가형태에 놓여 있다"고 정의한다. 이 단순한 등가형태가 화폐형태의 기원이다. 이 "일반적 등가물" 의 역할은 B 이외의 상품들에 의해서도 수행될 수 있는데, 예컨대 어떤 특정상품 M이 일반적 등가물의 지위를 사회적으로 독립하게 될 때 그 상품 M은 화폐가 된다. 금(gold)은 이 경우에 일반적 등가물로 기능한다.
참고문헌: Marx, Karl 원저; 김수행 역, 「자본론」Ⅰ (상), 비봉출판사, 1991., 竹內晴夫, 「信用と貨幣」, 1999, pp.14-15., 「경제학대사전」, 제3전정판, 박영사, 1999. pp.1397-1398 참조.

일반적인 교환가능성을 갖는 물건을 뜻한다. 그러나 매매의 대상에 들어가지 않는 노동력, 토지, 공장 등에 대해서는 화폐가 일반적 등가물로서의 역할을 수행하지 못한다. 다시 말해서 화폐는 어떤 생산물이 거래가 이루어지는 상품일 경우에만 일반적 등가물로서의 역할을 수행한다.[2]

노동력, 토지, 공장 및 기타 생산수단은 모두 국가소유이므로 소유권의 이전을 의미하는 거래는 있을 수 없으며, 다만 사용자를 바꾸는 거래만 있으므로 이 경우 화폐는 일반적 등가물로서가 아니라 가치척도로서의 기능만 수행하는 것이다.

생산수단의 거래가 이루어진 경우 그 거래 사실을 은행돈자리에 가격으로 표시하고 돈자리잔액을 차감 또는 증액하고 있어 화폐가 마치 일반적 등가물로 사용된 것으로 오해될 수도 있으나 이는 생산수단의 구입 또는 처분을 비용 또는 수익으로 계산하여 기업소의 수익을 정확하게 계산하기 위한 것일 뿐이다.[3]

북한에는 이러한 관점에서 후술하는 화폐종류를 현금과 무현금으로 엄격히 구분하여 현금은 소비재(상품) 거래에, 그리고 무현금은 생산재(생산수단) 거래에 각각 사용토록 하고 있다.[4]

화폐의 기능

마르크스는 "사회적으로 독점적인 일반적 등가물" 로서의 화폐상품은

---

2) 북한에서는 소비재만을 상품이라고 정의하고 있으며 생산설비 등의 생산수단과 생산원료 및 자재 등은 상품적 형태를 갖고 있으나 상품과는 구별되는 것으로 정의하고 있는데 이는 사회주의 경제체제의 특성 때문이다.

3) 이 부분은 「북한의 금융제도」(한국은행 조사국, 문성민, 2002. 5. 10. 참조).

4) 북한에서는 만일 완전한 배급체계가 완성이 된다면 이 경우 화폐는 존재할 객관적 기초가 사라지게 될 것이 아니냐고 설명하는 학자도 있다.(리원경, 1986, p.9.)

첫째, 다른 모든 상품의 가치척도 역할을 하는 상품이며, 둘째, 다른 모든 상품과 직접 교환 가능한 상품이다."라고 말한다.[5]

북한은 화폐가 가치척도, 유통수단, 지불수단, 사회주의적 축적과 저축수단, 세계화폐로서의 기능을 수행한다고 설명하고 있어 일반적 정의에 따른 화폐의 기능과 대체로 유사한 것으로 보이나 구체적 내용에 있어서는 다소 차이가 있다.[6]

가치척도 기능

시장경제체제 하에서는 상품 및 용역의 가격이 시장에서의 수요와 공급의 상호작용을 통해서 결정되나, 계획경제체제 하에서는 상품 및 용역 가격을 노동가치설에 근거하여 상품 및 용역에 지출된 사회적 필요노동의 크기를 기준으로 국가가 계획적으로 결정하므로, 화폐가 가치척도로 작용한다는 사실은 동일하지만 화폐가 가치 척도로 작용하는 '방식'에는 차이가 있다.

유통수단 기능

상품으로 분류되는 물품(소비재)의 경우에만 화폐가 유통수단으로 이용되며 생산수단의 경우에는 유통수단으로서의 역할을 수행하지 않고 다만 가치척도 또는 지불수단으로 작용을 할 뿐이다. 여기서 생산수단은 화폐의 매개역할에 의해서 거래되는 것이 아니라, 국가의 기자재공급 계획에 의해 이동하는 것에 지나지 않는다.

---

5) 김수행, 전게서.
6) 한국은행 조사국, 전게서, p.35, 이하 참조.

지불수단 기능

일반적인 의미 외에는 별로 큰 차이가 없으며 화폐가 지불수단으로 사용되는 예로는 노동에 대한 보수지급에서 볼 수 있다. 그러나 다만 북한에서는 개인의 경우 신용거래나 대출 등을 이용할 수 없기 때문에 이와 관련된 지불수단기능은 활용되지 못하고 있는 실정이다.

사회주의적 축적수단·저축수단 기능

북한에서는 개인의 재산축적을 의미하는 자본주의적 축적과 구분하여 사회전체의 발전에 필요한 자금을 확보한다는 의미에서 '사회주의적 축적' 이라는 용어를 사용하고 있으며 개인의 가치저장 수단으로서의 기능을 부분적으로만 인정하고 있다.

Ⅲ. 화폐의 종류[7)]

현금과 무현금

북한의 화폐는 현금과 무현금으로 구분되고 있다. 현금은 상품으로 정의되는 소비재의 유통을 주로 매개하며 각종 지불거래에서 사용되는 화폐이다. 현금이 사용되는 거래는 소매상점을 통한 일반 상품거래, 국가에 의한 농산물 수매, 농민시장에서의 상품거래가 포함된다. 상품거래 이외에 현금이 사용되는 지불거래는 각종 요금지급(임금, 연금, 보조금, 농업

---

7) 박유환, 「북한의 금융제도」, 한국수출입은행, 1997.

근로자에 대한 현금분배 등), 은행과 기관·기업소 및 주민들의 금융거래(저금의 입금 및 지급, 상업기관들의 상품판매대금 입금 등)가 포함된다.

무현금은 생산수단 등과 같이 상품은 아니나 상품적 형태를 갖는 물품의 거래를 매개하는 화폐이다. 주로 기관·기업소들이 원료, 자재, 설비 등을 자재상사에서 구입할 때 이용한다. 북한에서는 재화와 용역의 거래대금을 현금 또는 무현금 중 어느 것으로 지급할 것인가를 선택하는 것은 그 개인이 결정하는 것이 아니라 국가가 정해준 기준에 따라야만 하는데 그 기준은 대체로 다음과 같다.

① 거래되는 물건의 성격
생산재의 거래에는 무현금, 소비재의 거래에는 현금을 사용한다.
② 물품을 거래하는 경제주체의 소유형태
사회주의적 소유형태의 경제주체간[8] 거래는 무현금, 개인적 소유형태(일반주민)와 사회주의적 소유형태의 경제주체간 거래는 현금을 사용한다.

한편 북한에서 1986년에 발간된 리원경의 「사회주의 화폐제도」에서는 상품의 거래를 5가지 유형으로 분류하여 현금 또는 무현금 적용방법을 다음과 같이 설명하고 있다.

[제1유형]: 생산수단을 생산과정에 사용하기 위하여 거래하는 경우; 무현금유통적용.

---

8) 사회주의적 소유형태의 경제주체라 함은 국가 또는 협동단체가 소유하고 있는 경제주체를 의미하며, 국가소유에는 국가기관 및 국영기업소가, 협동단체소유에는 협동단체 기업소와 협동농장이 포함된다.

[제2유형]: 생산수단을 재생산과정이 아닌 다른 목적으로 사용하기 위하여 예산제기관들이 국영기업소 또는 협동단체 기업소로부터 사들이는 경우; 무현금유통·적용.

[제3유형]: 소비재를 생산과정에 사용하기 위하여 거래하는 경우; 무현금유통 적용.

[제4유형]: 소비재를 소비목적으로 사회주의적 소유형태의 경제주체 간에 거래가 이루어지는 경우; 무현금과 현금유통 적용.[9)]

[제5유형]: 소비재를 개인소비를 위해 거래하는 경우; 현금유통 적용.

일반화폐와 특수화폐

현금은 다시 일반화폐와 특수화폐('외화와 바꾼 돈표')로 구분하고 있다. 일반화폐는 내국인이 사용하는 화폐로서 조선중앙은행이 발행하는데, 이 일반화폐에는 은행권(지폐)과 주화(동전)가 있다. 은행권은 1원, 5원, 10원, 50원, 100원 등 5종이 발행되며, 주화는 1전, 5전, 10전, 50전, 1원 등 5종이 발행되고 있다.

특수화폐는 외화와 교환하여 사용되는 화폐 즉,「외화와 바꾼 돈표」로서 조선무역은행이 발행하고 있다.[10)] 특수화폐는 모두 은행권(지폐)으로 1전, 5전, 10전, 50전, 1원, 5원, 10원, 50원의 8종이 발행되고 있으며 교환대상 통화의 전환성(convertibility) 여부에 따라 푸른색「외화와 바꾼 돈표」와 붉은색「외화와 바꾼 돈표」로 구분하고 있다.

푸른색「외화와 바꾼 돈표」는 미국 달러화, 일본 엔화, 그리고 서유럽

---

9) 소매유통과정에 들어간 소비재 구입시는 기관·기업소도 현금을 상용한다.(리원경, 1986, p.98.)

국가들의 전환성통화(convertible currency)와 교환되는 특수화폐로서 외화상점이나 외화식당, 호텔 등에서 외화 물건을 자유롭게 구매할 수 있고 일반식당에서도 이용할 수 있는 것으로 외국인들과 북한 주민들 사이에서 널리 통용되고 있다.

붉은색「외화와 바꾼 돈표」는 주로 쿠바나 구 사회주의권 국가들의 비전환성통화와 바꿀 때, 국제기구 관리들의 월급 및 서비스요금[11]을 지급할 때 사용되는 돈표로서 북한당국이 지정한 제한된 몇 곳의 상점에서만 사용할 수 있으며 구입 가능한 물건도 북한이 생산한 식료품에 한정되어 있어 이들 외국대표부의 불만이 높다.

해방 직후 소련군 사령부가「붉은군대 사령부」의 명칭으로「군표」를 발행했으며, 1947년 12월에 화폐개혁이 실시되면서 일반화폐가 발행되기 시작했는데, 화폐개혁 이후에는 4차례에 걸쳐 권종이 변경되었다.

특수화폐(외화와 바꾼 돈표)는 1979년 외화 누수현상을 방지하기 위한 외환관리 차원에서 발행되기 시작하였다. 이는 1979년부터 1988년까지 조선중앙은행에서 발행하였다. 이 특수화폐에는 사회주의국가의 화폐와 바꾼 돈표와 비사회주의국가의 화폐와 바꾼 돈표가 있으며, 이는 다시 내국인용과 외국인용으로 구분되어 총 4가지 종류가 존재하고 있었다. 외국인용은 1원, 5원, 10원, 50원의 은행권 4종과 1전, 5전, 10전, 50전의 주화 4종이 발행되었으며, 내국인용은 은행권 1원, 5원, 10원, 50원의 4종만이 발행되었다.

---

10) 북한은 지난 2002년 7월 이후 일련의 가격개혁 조치에서 외화환전표(외화와 바꾼 돈표)를 폐지할 방침이라고 보도되었음. (2002. 7. 19. 일본 교도통신)

11) 북한이 가입한 국제기구(UNICEF, WFP, UNDP 등)에 내야 할 회비를 면제 받는 대신 이들에 대한 월급과 서비스 요금 등을「비전환성 외화와 바꾼 돈표」로 지급하고 있다.

1988년부터는 조선무역은행에서 이를 발행하였으며 내·외국인용 구분과 주화가 폐지되었다.

최근 「외화와 바꾼 돈표」 제도를 폐지키로 하고 나진·선봉지대 이외의 지역에서는 아직 「외화와 바꾼 돈표」가 사용되고 있다.[12]

IV. 화폐량

개념

북한의 금융제도 하에서 화폐량이란 "상품들의 운동을 매개하면서 현금유통과정에 머물러 있는 현금의 총량"이라고 정의하고 있다. 그런데 여기서 기관·기업소들의 예금, 일반주민들의 저금, 무현금유통량 등은 화폐량에 포함되지 않는다.

화폐량 개념에서 화폐총량, 유통화폐량, 필요화폐량 등이 있다.

① 화폐총량: 중앙은행이 발행한 화폐의 총량을 의미한다.

② 유통화폐량: 화폐유통 경로에서 상품구입 등을 위한 유통수단으로 사용되고 있는 화폐의 총량을 의미한다.

③ 필요화폐량: 상품유통을 원활히 실현하는 데 필요한 화폐량을 의미한다.

유통화폐량은 화폐총량에서 현금의 고정적 잔고, 즉 퇴장된 화폐를 제

---

12) 나진·선봉지대에서는 1997년 6월 「외화와 바꾼 돈표」 제도를 폐지하고 미국 달러화를 '북한원'과 자유롭게 환전할 수 있도록 하였다. 한편 북한은 지난 2002년 7월 「가격개혁」 조치 이후 「외화와 바꾼 돈표」 제도를 폐지할 방침인 것으로 알려지고 있다.(2002. 7. 19. 일본 교도통신).

외한 화폐를 의미한다.

유통화폐량 = 화폐총량 – 현금의 고정적 잔고*

  * 현금의 고정적 잔고: 개인이 보유 중인 저축용 화폐와 기관·기업소의 보수 지급용 화폐
    등을 의미한다.

저축수단으로 개인이 보유하고 있는 현금은 화폐유통 경로에서 이탈
되어 운동을 중단한 상태에 있기 때문에 상품적 보장이 필요하지 않으며
물가상승 압력으로도 작용하지 않는 화폐이므로 유통화폐량에서 제외
되는 것이라고 설명하고 있다.[13]

기관·기업소의 보수지급용 화폐는 노동자들에게 지급된 후에야 상
품에 대한 구매력으로 작용할 수 있으므로 기관·기업소의 금고에 보관
하고 있는 상태의 화폐는 유통화폐량에 포함되지 않는다.

필요화폐량은 유통과정에 들어가는 상품(소비재) 및 봉사(서비스)의 총액
과 화폐의 유통속도[14]에 의하여 계산된다.

필요화폐량 = 상품 및 봉사 총액 / 화폐유통속도

  * 상품: 소매상업 유통량, 국가에 의한 수매량, 농민시장의 거래량이 포함되나, 소매상업 유
    통량 중에서 무현금으로 매개되는 부분은 제외된다.

  ** 봉사: 각종 사회적 봉사기관들에 의하여 제공되는 서비스를 의미한다.

  *** 화폐(현금)유통속도: 일정기간 동안 액면이 같은 단위화폐(현금)의 회전수를 의미하며

---

13) 리원경(1986), p.40-41. 재인용.
14) 북한의 화폐유통 속도는 우리의 현금유통 속도와 유사하다고 볼 수 있으나, 실제로는 큰 차이가 있
다. 북한의 화폐유통 속도는 화폐총량이 아닌 유통화폐량의 유통속도를 의미하며 우리의 현금유통 속도
는 발행된 현금총액의 유통속도를 의미한다.

계산상 편의를 위하여 '현금환류속도'가 이용된다.

현금환류속도는 일정 기간 동안 중앙은행을 통하여 현금이 몇 번 발행되고 회수되었는가를 계산하는 것으로 그 산식은 다음 식에서 보는 바와 같다.

$$현금환류속도 = \frac{일정기간\ 은행의\ 현금수입\ 총액}{해당기간의\ 현금발행\ 평균잔액}$$

환류속도는 중앙은행을 거치지 않는 경우를 포함시키지 못하는 단점이 있으며, 특히 최근 농민시장을 통한 거래가 확산되고 있음에 비추어 볼 때 현금환류속도로 화폐유통속도를 대신하는 데는 문제가 있다.[15]

무현금결제방식

무현금결제는 기관·기업소간 거래대금을 은행예금돈자리를 통한 이체방식으로 지급결제하는 것으로서, 기관·기업소 간에 이루어지는 대부분의 대금결제는 무현금결제방식으로 이루어진다. 무현금결제는 지불위탁서에 의한 결제, 지불청구서에 의한 결제, 즉시지불청구서에 의한 결제, 무현금행표에 의한 결제 등 4가지 방식이 사용된다.

지불위탁서에 의한 결제

이는 일종의 송금방식으로서 돈을 지급할 기관·기업소(수요자)의 위탁에 의하여 대금을 수요자의 돈자리에서 공급자의 돈자리로 이체하는 것

---

15) 한국은행, 전게서, p.45, 주석 55. 참조.

을 말한다.

지불청구서에 의한 결제

이것은 일종의 추심방식으로서 돈을 받을 기관·기업소(공급자)의 청구에 의하여 대금을 수요자의 돈자리에서 공급자의 돈자리로 이체하는 것을 말한다. 은행은 대금을 이체하기 전에 돈을 지급할 기관·기업소(수요자)의 확인을 거쳐야 한다.

즉시지불청구서에 의한 결제

이는 일종의 신용장(Letter of Credit)방식으로서 돈을 받을 기관·기업소(공급자)의 청구가 있을 경우 확인 또는 이체 절차를 거치지 않고 대금을 즉시 지급하는 것이다. 일반적으로 공급자의 대금지급청구가 있을 경우 수요자의 확인과 수요자의 돈자리로부터 자금이 이체된 후 대금지급이 이루어지지만 즉시 지불통지서에 의한 결제는 이러한 절차를 거치지 않고 즉시 지급이 된다. 이러한 결제방식은 주로 계획에 의한 물품 공급시 이루어지며 수요자로부터 물자인수위임장을 받을 경우에 한하여 적용이 된다.

무현금행표

무현금행표는 은행의 자기앞수표(보증수표)와 유사한 것으로서 무현금행표를 받은 기관·기업소의 지급청구가 있을 경우 확인 또는 이체절차를 거치지 않고 대금을 즉시 지급하는 것이다. 무현금행표는 은행에 자금을 미리 입금하고 은행으로부터 발급받아 사용할 수 있으며 주로 상업유통망에서의 소비상품구입 등에 사용된다. 이는 기존에 현금이 사용되던 거래의 일부를 무현금으로 결제하도록 하기 위하여 만들어진 결제방식으로서 현금사용을 줄이는 데 그 목적이 있다.

북한은 국제결제에서도 현금거래 이외에는 모두 무현금결제가 이루어진다고 설명하고 있다.

구체적인 결제방식은 국제적 기준을 준용하고 있어 일반적인 결제방식과 차이가 없다.[16]

V. 북한의 통화정책

개요

북한은 상품의 가격을 국가가 결정하는 계획경제체제로서 물가안정을 위한 별도의 통화정책이 불필요하다고 할 수 있다. 그러나 북한에서도 정책의 목표와 시행방법 측면에서 차이는 있지만 중앙은행이 통화량을 조절한다는 측면에서는 우리의 통화정책과 유사한 「통화조절사업」이 행하여지고 있다.[17]

---

16) 북한의 대외결제제도는 제도적으로는 국제기준을 준용하고 있으나, 북한의 국제신용도는 세계 최하위 수준이기 때문에 북한 무역은행 등의 신용장은 통용되지 않고 있으며 북한 기관·기업소에 신용장 (L/C)을 발급해 주는 외국금융기관도 없는 실정이므로 신용장 방식에 의한 국제결제는 거의 이용되지 못하고 있다. 북한의 「재정금융사전」(1995)에 의하면 무현금에 의한 결제방식을 무역결제와 비무역결제로 구분하여 설명하고 있는데, 무역결제에는 상업신용장에 의한 결제, 보증장에 의한 결제, 수체(추심)에 의한 결제 등이 있으며, 비무역결제에는 신용카드에 의한 결제, 행표(수표)에 의한 결제, 비상업신용장에 의한 결제, 지불위탁서(송금)에 의한 결제 등이 있다고 설명하고 있다.(한국은행 조사국, 전게서, p.47, 주석 57. 참조.)

17) 북한의 「재정금융사전」에 의하면 사회주의 통화정책을 "화폐를 수단으로 하여 경제발전과 인민생활향상을 도모하기 위한 경제정책"이라고 정의하면서 통화정책의 내용으로서 화폐제도의 수립, 통화의 안전보장, 현금유통 및 무현금유통 관련 정책의 수립·집행, 화폐발행량 조절, 주민의 유휴화폐 동원, 외화관리 등 매우 포관적인 사항을 나열하고 있다.

통화조절사업은 중앙은행이 화폐유통의 원활화와 통화안정을 위하여 화폐유통량을 조절하는 사업으로서 유통화폐량을 필요화폐량에 일치시키는 것을 주요 내용으로 하고 있다.

유통화폐량이 필요화폐량보다 많을 경우 (즉, 유통화폐량 〉 필요화폐량인 경우) 화폐로 표시된 구매력 수준을 공급과 수요 사이의 모순(일종의 인플레이션 압력)이 발생하고 화폐의 구매력이 떨어진다.

유통화폐량이 필요화폐량보다 적을 경우(즉, 유통화폐량 〈 필요화폐량인 경우) 현금 결핍현상을 일으켜 생산된 상품의 소비가 지연되고 결국 경제발전에 지장을 초래할 수 있다.

대부분의 사회주의국가들과 마찬가지로 북한에서도 통화과잉(monetary overhang)으로 많은 문제점이 야기되고 있어 유통화폐량을 적정한 수준으로 유지시키는 통화조절사업은 매우 중요한 정책이라 할 수 있다. 일반적으로 통화과잉현상은 가격변수에 영향을 미치지만 가격을 국가가 결정하는 계획경제에서는 국정가격에 영향을 미치지 못하고 다만 상품의 부족현상을 심화시키는 결과를 초래하게 된다. 또한 이러한 상품의 부족현상은 암시장 확산을 초래하며 암시장의 확산은 다시 계획경제로부터의 유출과 이로 인한 국가경제의 위축으로 나타나게 되는 것이다.

유통화폐량을 필요화폐량과 일치시키기 위한 정책수단으로는 ① 조선중앙은행의 현금계획 수립 및 집행, ② 화폐유통구조 개선, ③ 화폐교환 등이 있다.

중앙은행의 유통통화량 조절

조선중앙은행은 현금계획에 의해서 유통통화량을 조절하는데, 여기서 현금계획은 일정한 기간 중앙은행 출납에 들어오는 현금수입의 규모와 원천, 현금지출의 크기와 방향을 규정하는 것을 말한다. 현금계획을 수립하기 위하여 필요화폐량을 정확하게 계산하는 것이 필수적이다. 그런데 여기서 필요화폐량을 계산하기 위하여는 현금유통을 동반하는 상품(봉사 포함)거래의 크기와 현금유통속도를 정확히 파악해야 한다.

통화조절은 유통화폐량을 필요화폐량과 일치시키는 것을 목표로 하고 있으나 이는 정확한 계산이 어려우며 사실상 실현이 불가능함에 따라 현금방출량과 현금 회수량의 균형을 이루는 것이 현금계획의 주요 내용으로 되어 있다. 중앙은행이 지출하는 현금은 생활비자금과 수매자금지불 등이며 흡수되는 현금은 상품판매 및 봉사료수입 등으로 주민 수중에 저축상태로 머물러 있는 현금의 규모를 주어진 것으로 고정하면 다음 식이 성립되며 조선중앙은행은 이에 근거하여 현금계획을 수립·집행하고 있다.

$$현금\ 방출량^* = 현금\ 회수량^{**}$$

* 현금 방출량 = 생활비자금=수매자금=기관·기업소의 소매상품구입 및 여비지출

** 현금 회수량 = 상품판매 및 봉사료 수입총계+저금량(보험료 포함)

화폐유통구조 개선

화폐유통구조 개선은 현금유통과 무현금유통의 구분을 명확히 하고, 유통경로별로 현금이 은행기관에 흡수될 수 있는 대책을 마련하는 것이 주요 내용이다.

기관·기업소의 금고에 현금이 머물러 있지 않도록 유도하기 위하여

254

기관·기업소의 현금보유 한도를 설정하거나 전문적인 집금원이 정기적으로 기관·기업소의 현금을 수집하는 집금제도 시행 등의 조치를 취하고 있다. 현금보유한도는 기관·기업소들이 일상적인 경영활동을 진행하기 위하여 항시 가지고 있을 수 있는 현금의 규모를 의미하며 기관·기업소의 사업규모, 은행과의 거리, 교통조건 등을 고려하여 매년 연초에 작성한다.

주민들의 수중에 현금이 머물지 않도록 유도하기 위하여 각종 조치들을 취하고 있다. 주민 수중의 현금은 기본적으로 상품을 충분히 공급하여 주민들이 화폐를 사용하도록 해야 흡수되는 것이므로 상품공급이 충분할 경우 현금회수에 대한 별도의 대책은 필요하지 않으나, 최근 격심한 경제난 등으로 주민들의 생활에 필요한 상품이 절대적으로 부족함에 따라 주민들 수중의 현금을 흡수하기 위한 대책 마련에 부심하고 있는 것으로 알려지고 있다.

주민들로부터 현금을 흡수하기 위한 방법으로는 저금과 보험에 많은 주민들이 참여하도록 유도하는 것이 가장 대표적이며 이외에는 농민시장거래를 제한하거나 상업기관 및 봉사망들의 서비스를 개선하는 등의 조치가 취해지고 있다.

VI. 북한의 화폐개혁 및 화폐교환

화폐교환

북한은 화폐교환을 "낡은 화폐를 새로운 화폐로 바꾸어주는 사업"이라고 정의하고 있다. 또한 화폐교환은 그 '목적'에 따라 ① 개혁적 성격을 띠는 화폐교환, ② 가격기준을 고치는 것과 관련한 화폐교환, ③ 조폐기술이 발전하는데 따라 새 화폐를 만들어 유통시키기 위한 화폐교환, ④ 유통과정에 닳아져 유통시킬 수 없게 된 화폐를 끊임없이 새 화폐와 바꾸어주는 화폐교환 등으로 구분된다.

그러나 실제에 있어서 북한의 화폐교환은 앞에서 설명한 목적보다는 주민들의 유휴화폐자금과 퇴장화폐를 흡수하는 데 주된 목적이 있는 것으로 보여진다.

화폐개혁 및 화폐교환 주요내용

그동안 북한에서는 1차례의 화폐개혁과 3차례의 화폐교환이 있었으며 모두 나름대로의 목적이 있었으나, 실제로는 주민들의 유휴화폐자금과 퇴장화폐를 흡수하는 것이 주목적이었다.

북한의 화폐개혁 및 화폐교환의 주요 내용을 살펴보면 다음과 같다.

① 1947년 실시된 '화폐개혁'은 일제의 식민지적 화폐제도의 잔재와 극심한 통화팽창을 청산하고 자주적인 민족화폐제도를 세우기 위하여 실시되었다고 하는데, 이는 결국 통화환수 및 지주, 자본가들의 화폐자금 흡수를 목적으로 실시된 것으로 평가할 수 있다.

② 1959년 실시된 제1차 화폐교환은 사회주의 생산관계 확립과 경제발전으로 화폐의 안정성이 강화되어 통화를 100대 1로 교환한 것으로 설명되고 있으나 실제 목적은 전시자금 조달을 위해 남발되었던 통화를 환수하고 1960년대에 실시될 경제개혁에 필요한 자금을 흡

수하는 데 있었던 것으로 풀이된다.

③ 1979년 실시된 제2차 화폐교환은 자주적인 화폐제도를 공고히 하고 화폐유통을 보다 원활히 하기 위하여 실시한 것으로 설명하고 있으나, 기관·기업소의 모든 유보자금을 은행에 예금하도록 한 조치 등을 볼 때, 제2차 7개년계획(1978~1984)에 필요한 자금을 확보하는 데 목적이 있었던 것으로 보인다.

④ 1992년 실시된 제3차 화폐교환은 조폐기술의 발달에 따라 그림과 문양을 향상시키는데 목적이 있다고 설명하고 있으나, 실제에 있어서는 사장되어 있는 유휴자금을 산업자금화하는 동시에 주민과 기관·기업소가 보유하고 있는 과잉유동성회수와 현금유통량 축소를 통하여 농민시장 등에서 물가인상 압력을 억제하려는 의도에서 실시하였던 것으로 평가된다.[18]

⑤ 2002년 7월에 북한은 주요 통화단위인 '원'과 보조단위인 '전' 가운데 '전'을 폐지하고 '원'으로 일원화한 것으로 알려지고 있다. 예컨대, 10전이던 평양시내 지하철 요금은 10배인 1원으로 인상되었다.[19]

---

18) 북한은 화폐교환을 실시함에 있어서 교환 한도를 설정하기도 하는데, 제1차 교환시에는 한도 설정을 하지 않았다. 1차 화폐교환(1959년 2월)은 100:1로 교환을 실시했는데 실시 목적은 사회주의 생산관계 확립과 경제발전을 반영하는 것이었고, 2차 화폐교환(1979년 4월)은 1:1로 교환을 실시했는데, 실시 목적은 자주적인 화폐제도를 공고히 하는 것이었다. 한도는 설정되지 않았으나 기관·기업소 및 단체들은 현금을 모두 은행에 입금시킨 후 필요한 만큼만 신화폐로 인출하도록 했기 때문에 사실상 기관·기업소의 모든 자금을 회수한 것이 된다.

19) KIEP, 「오늘의 세계경제」, 제02-24호, 2002. 7. 23. p.1. 참조.

VII. 맺는말

지금까지 북한의 화폐제도에 대해서 고찰해 보았다. 북한은 화폐에 대하여 아직도 고전적 마르크스주의의 상품화폐론에 기초한 「일반적 등가물」(general equivalent form of value)로 본질을 파악하고 있으며, 또한 사회주의적 방식에 의하여 화폐의 종류를 현금과 무현금으로 철저히 구별 짓고 그 사용과 유통을 엄격히 통제하고 있는 실정이다. 따라서 사회경제체제의 어떤 변화가 가시화되지 않고 그대로 유지되는 한, 시장경제체제 하의 모든 화폐적 거래와 연결을 꾀하기란 매우 어려운 것이 사실이다. 우리는 본 논문을 통하여 무엇보다도 계획가격기구와 시장가격기구와의 차이가 엄격한 것임을 할 수 있게 된다.

한편 북한의 화폐개혁의 역사를 보면 한 차례의 화폐개혁과 세 차례의 화폐교환을 실시했는데, 처음 화폐개혁(1947년 12월)은 일제의 식민지적 화폐제도를 청산하고 새화폐제도를 출발시키는 개혁이었으며, 나머지 세 번은 모두 화폐교환의 형태이었다. 그 가운데 1차 화폐교환(1959년 2월)은 100 : 1의 denomination이었고, 나머지 두 번은 여러 가지 정책목적 하의 신화폐교환의 성격을 띠고 있다. 그런데 최근 북한은 주요 통화 통화단위인 '원'과 보조단위인 '전' 가운데 '전'을 폐지하고 '원'으로 일원화한 것으로 알려지고 있는데, 이는 실질적으로 가격개혁의 신호가 될 수도 있어 주목을 끌고 있다.

따라서 앞으로 우리가 남북한 경협을 논할 경우, 이와 같은 화폐 및 결제제도의 특성을 신중히 가늠해서 다루어야 할 것으로 사료된다.

북한 금융 경제 관련 참고자료

권영경 외 6인, 북한 이해, 통일교육원, 2000.

김수영 역, Karl Marx 원저, 자본론, 제1권(상), 비봉출판사, 1991.

대외경제정책연구원, 오늘의 세계경제, 제02-24호, 2002. 7. 23.

대외경제정책연구원(KIEP), 체제전환국의 경제성장요인분석; 북한경제개혁에 대한 함의, 제14-01호, 2014. 11. 28.

매일경제, 북한 시장경제로 가나, 2002. 7. 25.

매일경제, 급변하는 북한경제 시리즈, 2002. 9/11. 12. 13.

매일경제, 북한경제 어디로 가나, 2002. 8. 16.

문성민, 북한의 금융제도, 한국은행 조사국, 2002. 5.

박광순, 비교경제체제론, 유풍출판사, 1982.

박유환, 북한의 금융제도와 남북한 금융협력방안, 한국수출입은행, 1997.

삼성경제연구소, 북한경제변화의 조짐과 시사점, 2002. 8. 7.

이종원 · 이갑수, 유럽경제론, 법경사, 1997.

조선일보, 7 · 1조치 시장경제 도입인가, 2002. 8. 16. p.9.

통일부, 2001 북한개요, 2001.

한국수출입은행, 수은 해외경제, 2002. 9월호, "북한정보" 76-79., 2002.

한국은행, 북한경제의 구조와 변화, 박성남, 2004. 9. 30.(금융경제총서 제9호)

한국은행, 북한경제의 현황과 전망, 2002.

한국은행, 북한의 화폐, 1992.

한국은행, 주요체제전환국의 금융개혁과 시사점, 2002.

竹内睛夫, 信用と貨幣, 1999.

Jennifer Crystal etc, Has foreign bank entry led to sounder banks in Latin America? FRB NY, 2002.

Joe peek and Eric S. Rosengren, Implications of the Globalization of the Banking Sector: The Latin American Experience, 2000.

K. Marx, Das Kapital, Marx-Engels-Werke, Bd. 1, Berlin, 1988.

Leslie Hull, Foreign-owned bank: Implication for New Zealand's financial stability, the Reserve Bank of New Zealand, 2002.

Levine, Foreign banks, financial development, and economic growth, 1996.

Samuel Moore & Edward Aveling, "Capital", Vol. I., London, 1949, Translation of "DAS KAPITAL" by Karl Marx, the third German Edition.

Stiglitz, The role of the state in financial markets, 1993.

Stijn Claessen etc, How does foreign entry affect domestic banking markets?, the World Bank (2001):

중국의 WTO 가입과
우리의 대응방안

Ⅰ. 머리말

 중국은 한국 · 일본과 함께 황해경제권에 속해 있는 우리의 이웃이다. 흔히 말하기를 역사적 · 지리적 · 문화적으로 동질성을 많이 가지고 있는 동북아지역 경제권의 주요 구성원이라고 학자들은 보고 있다. 그뿐 아니라 산업구조 면에서도 경제발전도 · 생산능력 · 기술 · 자본 · 시장 등 각 방면에서 아주 높은 상호보완성을 동시에 지니고 있기 때문에 지정학적인 면을 떠나서 보더라도 중국은 우리와 공생의 경제발전 관계를 지닌 대단히 필요한 동반자이기도 하다.

 이러한 중국이 금년 11월 중동 페르시아만의 연안 국가인 카타르 수도 도하에서 열리는 WTO(세계무역기구) 총회에서 정회원국으로 정식가입을 하게 된다. 이로써 중국은 1986년 WTO의 모체기구인 GATT(관세 및 무역에 관한 일반협정)에 가입신청을 한지 15년 만에 우여곡절을 거치면서 드디어 목적을 달성하게 된 것이다.

중국의 WTO 가입은 원래의 사회주의 경제체제가 명실공히 자본주의 국제시장 경제 질서에 편입되는 것을 의미한다. 개혁·개방정책을 통해 이미 세계 7대 경제대국으로 성장하고 있는 중국이 이제 하나의 확실한 도약의 교두보를 쌓게 되었으며 앞으로 7년 후 베이징 올림픽을 계기로 더욱더 비약적 발전을 기약하게 된 것이다.(〈표 1, 2, 3〉 참조)

〈표 1〉 중국경제의 중장기 전망

| | 90–99 | 2000 | 2001 | 2002 | 2003 | 2005 | 평균 | |
							01–05	06–10
GDP 성장률(%)	10.4	7.7	7.5	8.0	7.8	8.0	7.9	7.4
민간소비증가율(%)	9.0	6.7	7.2	8.2	8.0	7.9	8.0	7.5
설비투자증가율(%)	15.0	8.5	8.0	8.5	8.2	7.5	8.5	7.8
소비자물가상승률(%)	8.0	0.5	2.0	4.0	5.0	6.0	5.0	4.5
경상수지(10억 달러)	10.9	17.6	10.8	12.0	7.2	4.0	8.6	4.0
환율(위안/달러)	7.16	8.28	8.35	8.65	8.80	8.75	8.78	8.70

※ 자료출처: WEFA, Asia Economic Outlook, 3rd Quarter, 2000.

〈표 2〉 중국의 산업별 5개년 계획

산업별	2000년 실적	2005년 실적	증가율(%)
자동차	207만대	320만대	54.6
철강	12,850만t	14,000만t	8.9
원유	16,300만t	17,000만t	4.3
석유화학	460만t	900만t	95.6
섬유	2,678억 위안	4,300억 위안	60.6
전력	31,600만kw	39,000만kw	23.4
비철금속	760만t	800만t	5.2

※ 자료출처: 「차이나쇼크」, 매일경제신문사, 2001, 8., p.77.

<표 3> 세계 주요국 교역규모

(단위: 억 달러)

국가별	수출	수입	합계
미국	7,824	12,580	20,404
독일	5,516	5,000	10,517
일본	4,793	3,795	8,588
영국	2,800	3,317	6,118
프랑스	2,981	3,054	6,035
캐나다	2,772	2,491	5,263
중국	2,492	2,142	4,634
이탈리아	2,346	2,333	4,679
네덜란드	2,117	1,970	4,087
홍콩	2,024	2,024	4,048

※ (주) 2000년도 기준
※ 자료출처: KIEP, 2001. 9월호.

Ⅱ. WTO 가입이 중국경제에 미치는 영향

중국의 WTO 가입이 중국 거시경제에 미치는 영향을 분석하면 다음과 같다.

① 중국경제의 구조조정(개혁)을 가속화시키고 중국기업의 경쟁력을 강화시키는 계기가 될 것이다.

② 중국경제의 성장잠재력을 확대시키고 시장경제화를 가속시키며 지속적 발전을 성취하는데 기여하게 될 것이다.

③ 거대한 중화경제권 형성의 계기를 마련할 것이다. 중국은 향후 대만과의 관계개선이 빠른 속도로 이루어지면서 중국·홍콩·대만·동남아 화교경제권을 두루 망라한 중화경제권(Chinese Economic Network) 형성 가능성이 커질 것이다. 중화경제권은 전 세계 인구의

21%를 차지하고 있으며, 2010년에는 세계 GDP의 8.4%를 점유하는 거대시장으로 부상하게 되고, 세계 수입시장에서 중국이 차지하는 비중도 1998년의 7.6%에서 2010년에는 8.5%로 상승할 것으로 예상된다.

④ 2008년 베이징 올림픽 개최 확정은 세계 스포츠마케팅의 열풍 속에서 새로운 시너지효과를 가져옴으로써 WTO 가입의 장점과 맞물려 경제전체의 상승탄력에 가속을 더하게 될 것이다. 중국은 2010년 국내총생산(GDP)을 2000년의 두 배로 끌어올리겠다는 목표를 세우고 있는데, 2000년 GDP가 8조 9,404억 위안(미화 1조 1,000억 달러)이므로 2010년의 GDP는 약 2조 2000억 달러가 된다. 10년 사이에 GDP를 2000년의 두 배로 증가시키는 데는 WTO 가입에 의한 경제 완전개방, 기업구조조정, 과감한 기술투자가 뒷받침되고 있다. 여기에는 WTO 가입에 따른 GDP 1-2% 증가효과와 베이징 올림픽 효과가(매년 GDP 증가율 0.3-0.4% 증가) 견인차 역할을 할 것으로 기대하고 있다.

⑤ 중국은 산업별 5개년 발전계획(2001년부터 2005년까지)을 수립, 실시하고 있으며, 특히 과학기술분야 투자에 주력함과 동시에 민간부문 확대를 통한 민영화에 박차를 가하면서 인적자본 확보에 비중을 두고 있다. 다른 한편으로는 광활한 국토의 지역별 균형발전계획을 수립하여 서전동송(西電東送)*, 서기동수(西氣東輸)**, 남수북조(南水北調)***, 도로철도(道路鐵道)****계획 등 서부개발을 주축으로 한 다양한 균형발전계획을 추진하고 있다.(주; 이상 내용에 대한 참고자료는 〈표 1〉 및 〈표 2〉 참조)

* 西電東送; 서부에서 생산한 전기 1000만KW를 동부로 수송하는 계획.

** 西氣東輸; 서부(쓰촨)에서 상하이까지 가스 파이프라인 건설 계획.

*** 南水北調; 양쯔강 수로를 황하로 연결(1300KM)하는 계획.

**** 道路鐵道; 경호고속철도(베이징-사하이 초고속철도 1,260KM)를 비롯한 철도 · 도로
     망 계획.

III. WTO 가입이 한·중 경제에 미치는 영향

한 · 중간 무역불균형과 통상마찰 가능성

중국은 한국의 세 번째 교역상대국(1, 미국 2, 일본 3, 중국)이며 한국은 중
국의 네 번째 교역상대국(1, 일본 2, 미국 3, 홍콩 4, 한국)이다. 한·중 교역액은
1992년 양국 수교 이후 연평균 30% 이상씩 증가하고 있다. 한국의 중국
에 대한 수출의존도는 2000년에 10.7%로 확대되었다. 그런데 한국은 중
국의 대규모 무역적자 대상국의 하나로서, 1999년에 중국은 전 세계 시
장에 대해서는 192억 달러의 흑자를 나타냈지만, 한국에 대해서는 50억
달러의 적자를 보였다. 따라서 중국은 WTO 가입을 계기로 특별수입규
제(safe guard)와 반덤핑제도를 가지고 대응할 것으로 보여지며 양국 간 통
상마찰이 증대할 가능성이 있다. 최근 한국은 중국의 對한국 마늘수출을
둘러싸고 마찰을 일으킨 바 있다.(〈표 4〉 참조)

중국의 산업별 시장개방과 한국의 對중국 수출영향

이 부문의 영향은 한국의 對중국 주력상품에 대한 중국 측의 관세인하
폭, 해당제품의 중국시장에서의 한국 · 경쟁 제3국간 경쟁력 여하에 의

264

해서 영향을 받게 될 것이다.

제3국 시장에서의 경쟁관계와 한국의 세계수출시장 영향

이 부문은 한·중 제품 간의 경쟁력 격차에 의해서 좌우될 것이다. 예컨대, 한국은 반도체·전자부품·휴대폰·자동차·철강·선박·타이어 등의 수출에서 경쟁력을 갖게 될 것이다.

⟨표 4⟩ 한국의 對 중국 교역 추이

(단위: 백만달러, 경상가격)

연도별	對중국 수출	수입	무역수지
1993	5,151	3,929	1,222
1994	6,203	5,463	740
1995	9,144	7,401	1,743
1996	11,377	8,539	2,838
1997	13,572	9,975	3,597
1998	11,944	6,484	5,460
1999	13,685	8,667	5,018
2000	18,455	12,799	5,656
2001	10,696	7,349	3,347
연평균	(증가율) 30.4%	(증가율) 19.6%	3.159

※ ㈜ 2001년은 1~7월 누계분이고, 연평균은 1993~2000년까지임
※ 자료출처: KIEP, 2001. 9월호.

한·중 투자협력에 미치는 영향

두 나라 간의 협력은 그 양상이 바뀌게 될 것이다. 즉, 종전의 쌍무적 협력관계에서 다자간 협력관계로 전환할 것이다. 따라서 한국은 중국시장에서 격심한 경쟁 환경에 봉착하게 될 것이다. 중국의 내국민대우·최혜국대우(MFN)에의 격상·완전대외개방·투명성 재고(hidden cost 감소) 등 여러 가지 새로운 유인구조(incentive system)는 한국의 對중국투자시장

에서 유럽연합·미국·일본 등 거대선진 경쟁국과 힘겨운 경쟁을 벌어야 할 것이다.(〈표5〉 참조)

〈표 5〉한국의 對중국 직접투자 추이
(단위: 건, 백만달러)

연도	건수	허가액	비중*(%)
1992	269	221	18.2
1994	1,065	821	22.9
1996	920	1,680	26.7
1998	308	821	16.0
2000	413	389	11.5

※ (주) 비중은 한국의 전 세계 해외투자에서 차지하는 비중이며 허가기준임.
※ 자료출처: 한국수출입은행, 「해외투자동향」, 2001. 10.

Ⅳ. 우리의 대응방안

정부의 통상정책 방향

중국의 시장개방요구에 대한 대응

중국은 우리 정부에 대해 농·축·수산물에 대한 수입확대, 중국산 공산품에 대한 내국민대우, 보조금·반덤핑·세이프가드 협정 적용상의 투명성 확대, 인허가절차 간소화, 수출입통관절차 간소화 등에 걸쳐 강도 높은 시장개발을 요구할 것이다. 여기에 대비하기 위해서는 관련업종에 대한 면밀한 점검을 사전에 해두고, 법규·정책, 관행상의 미비점을 미리 보완해야 할 것이다. 특히, 중국에서 금융·정보·통신 등 서비스 시장에 대한 접근에 있어서 업종별 진입장벽, 경쟁국 진입동향을 관찰

분석하고 정책적 대응조치를 마련해야 할 것이다.

무역확대 균형을 위한 노력 강화

한국은 매년 중국에 대해 40-50억 달러, 홍콩에 대해서는 90-100억 달러 등 총 130-150억 달러 이상의 무역흑자를 나타내고 있어, 중국이 WTO에 가입하면, 국제정치·경제사회에서의 위상강화를 배경으로 우리 정부에 대해서 무역적자 해소책을 요구할 가능성이 크다. 이 같은 통상압력에 대한 대응으로서는 대항논리를 개발해야 할 것이다. 즉, ① 양국수교 이전(1992년 이전)에는 한국이 중국에 대해 무역적자를 보았다는 점, ② 對중국 무역적자의 대부분이 한국계 외자기업에 대한 원부자재(생산재) 수출 때문이라는 점, ③ 일반수출도 한·중 간의 공정(工程)간 분업의 증가와 산업·기술구조상의 차이에 의해서 생긴 것이라는 점을 중국 측에 분명히 이해시킬 필요가 있다. 한편으로는 중국의 對韓수출(우리의 수입)에 있어서 농·임·수산물에 대한 긴급관세(safe guard)의 부과, 공산품 수입에 대한 중국의 반덤핑 조치 등에 있어 공정성 여부를 면밀히 조사해야 할 것이다.

저가(低價) 중국산 제품 수입증가에 대한 대응

중국의 WTO 가입 이후 저가 중국산 1차 산품과 소비재의 對한국 수출이 증가할 것이다. 그리하여 의류·완구·신발·기계장비 등 한국에 대해 노동집약적산업과 단순 자본집약적산업의 생존을 위협하고 성장기반을 약화시킬 것이다. 중국산 상품은 휴대용 라이터와 장갑 등과 같이 홍콩산 또는 수입관세가 면제되는 북한산을 위장하여 들어오는 경우에 대응책이 마련되어야 한다. 특히 농·임·수산물은 국산과의 구별이 어려운 만큼, 중국산 원산지임을 내세워 중국 상품을 타국 상품과 차별하여 수입쿼터를 부과하거나 고율관세를 부과할 수도 없는 입장이다. 따라서 여기에 대한 대응도 면밀히 해두어야 할 것이다.

산업피해 구제제도(특히 safe guard제도)의 개선

산업피해 발생상황에 대비하기 위해서는 ① 수입검사 및 원산지 관리의 강화, ② 산업피해구제제도의 적시 활용, ③ 반덤핑관세의 신중한 운용, ④ 긴급관세 등 수입규제 발동절차의 과학화, ⑤ 중국 가격체계에 대한 조사·연구 강화 등 노력을 기울여야 할 것이다.

보건·위생·검역·안전·환경기준의 강화

농림수산물, 식품, 의약품, 화장품 등의 수입급증에 대비하여 검역기준의 강화 및 국제기준(ISO14000)의 안전·환경기준의 채택 등이 필수적이다.

이밖에도 지적재산권 보호강화의 조치 요청을 통해서 대응토록 하고, 중국 측의 무역·투자 관련법규·정책·관행에 관한 WTO 검토제도 즉, TPRM(Trade Policy Review Mechanism; 자기고시제도)을 적극적으로 활용하여 관계개선에 접근해야 할 것이다.

기업차원의 대응방안

중국 내수시장 개척 노력 강화

중국시장을 보다 효과적으로 개척하기 위해서는 경쟁우위에 입각한 중국 진출 전략이 필요하다. 중국의 산업구조가 점차 고도화되고 있고, 중국이 점차 양(quantity)보다는 질(Quality) 위주의 경제체제로 옮겨가고 있기 때문에 중국의 우수 국유기업·외국 다국적기업과 경쟁하기 위해서는 경쟁력 위주의 중국시장 접근이 필요하며, 본사 핵심역량을 감안한 단계적·순차적 진입전략이 요구된다.

서비스시장에 대한 무역·투자 노력 확대

금융·보험·유통·광고·통신·관광·인터넷·IT 분야 등 서비스시장의 발전 잠재력이 크므로 우리의 비교우위를 충분히 활용해야 할 것이다. 이들 시장은 고부가가치 시장이므로 업종별 선별을 신중히 하여 투자노력을 강화해야 할 것이다.

개인벤처·SOHO형(소규모 가내기업형) 진출 모색

앞으로 중국시장은 컴퓨터·여행사·호텔·컨설팅 등의 업종에 대한 개인벤처나 SOHO(small office home office)형 진출·화교와의 공동투자 등 다각적인 투자도 적극 검토해야 한다.

자동차·가전·통신분야 부품·반제품 수출확대

라이센싱(licensing), M&A투자 등 다양한 진입 노력

저개발지역인 중국의 서부지역에 대한 진출도 고려해봄 직하다.

V. 맺는말

중국을 바라보는 시각은 거시적 안목에서 출발해야 할 것이다. 국제무역에 있어서 통상마찰문제는 가깝게는 한·중의 양국 간 마늘문제와 중·일간의 대파·표고버섯·골풀문제가 야기되었었고, 멀게는 유럽연합·중국 간의 바나나 문제가 일어났다. 그러나 이러한 문제들은 모두 해결되었으며, 중국의 WTO 가입 이후에는 더 높은 안목에서의 접근이 있어야 할 것이다.

중국만을 따로 떼어서 이야기하기에는 앞으로 21세기 세계경제환경이 이를 용인하지 않는다. 이제는 한·중·일 3국간의 국제지역협력차원에서 문제해결의 열쇠를 찾아야 한다. 국제지역 경제발전에 있어서는 비교우위의 원칙 위에서 접근과 진전이 있게 마련이다. 따라서 각국 간의 경쟁우위를 발휘하면서 무역상품 구조상 각자의 비교우위를 찾아서 선의의 경쟁체제를 갖추어 나가야 할 것이다.

중국은 노동력과 자원방면에서 한·일보다 우세하면서 거대한 소비인구 구조를 동시에 지니고 있다. 예컨대 지하자원·농산품에 있어서 월등히 우위를 보인다. 이와 반면에 한·일 양국은 자본과 기술·경영관리 면에서 비교우위를 가지고 있다. 따라서 3국간의 상호보완성을 잘 활용해 나간다면 북미자유무역협정(NAFTA)에서와 같이 경제발전의 격차를 조화 있게 상호 유익한 방향을 운영할 수가 있을 것이다. NAFTA는 선진국인 미국·캐나다와 개발도상국인 멕시코가 가입해 있는 경제통합체이다.

우리는 앞으로 각 방면에서 비교우위 원리에 입각한 동태적 모델 하에서 형성되는 무역의 틀을 중심으로 장점은 더욱 발전시키고 단점은 비켜가면서 최소화 노력을 기울여 상호간의 무역마찰을 축소해 나가는 지혜가 필요하다. 그러기 위해서는 한·중·일 3국이 중심축이 되는 동북아 경제협력체와 같은 동아시아지역의 FTA(자유무역지역협정) 형성이 시급한 과제라고 생각된다. 진실로 이제는 중국의 WTO 가입을 계기로 3국간 정부 차원에서 본격적으로 머리를 마주하면서 새 틀을 짜야 할 때이다.

국가경쟁력과 구조조정

Ⅰ. 머리말

1997년 말 외환위기가 몰아친 후, 우리 경제는 많은 개혁 프로그램을 시험해 왔다. 금융부문, 기업부문, 노동부문, 공공부분 등 이른바 4대 부문의 구조개혁을 추진 목표로 정하고 IMF협약과 접목되는 범위 안에서 나름대로 법과 제도의 틀을 세웠고, 초강도의 개혁을 추진한 결과 금융부문은 우선 은행권에서 5개의 은행이 퇴출되고 5개의 은행이 합병 소멸 되었으며, 비은행권(종금·증권·보험·투신·금고·리스·신용협동조합)에서는 73개의 인가취소(퇴출)를 비롯 모두 440개가 구조조정 되었다. 기업부문 에서는 기업구조개혁 5대원칙(추후 5+3대원칙으로 확대) 아래서 부채비율 200% 이내 축소·상호지급보증해소 등을 비롯하여 8대 합의사항을 이행하는 한편 5대그룹의 8개 부문(반도체·정유산업·자동차 등) 빅딜(사업교환) 추진과 76개사의 워크아웃(기업개선작업) 추진 등으로 과거의 불건전 경영관행을 바로잡고 상당히 총합적인 개혁추진이 진행되었다.

그러나 이와 같은 개혁과정에서 초심의 고통분담과 위기탈출이라는 의지가 점차 시간이 지남에 따라 퇴색되기 시작했고, 각 부분에 도덕적 해이 현상이 심화되어 그 거창한 출발에 비해 성과는 미흡한 결과를 초해했다. 여기에 대해서는 경제 외적인 환경 탓을 돌리려는 상황이지만 앞으로 더욱 절실한 것은 이제 가닥이 잡혀오는 제2단계 구조조정을 더욱 강도 있고 투명성 있게 그리고 프로그램대로 지체 없이 신속하게 추진해 나가는 데 모든 결과가 달려 있다 하겠다. 시간을 끌면 개혁 피로감이 가중되고 세계의 글로벌 시장은 우리 곁을 영영 떠나고 말 것이라는 진리를 새겨두어야 할 것이다. 즉, 우리에 대한 그들의 신뢰를 거두어 갈 것이기 때문이다.

여기에 우리가 잊지 말아야 할 것은 국가경쟁력 배양이다. 모두 알고 있는 바와 같이 우리나라는 자원빈곤국이며 대외교역에 의존해서 생존하지 않으면 아무것도 얻을 수 없는 환경에 놓여 있다. 57%의 대외의존도를 지니고 있는 우리의 상황에서 국가경쟁력을 배양하지 않고서는 세계화 물결 속에서 뻗어나갈 수 없다. 구조조정은 바로 다름 아닌 국가경쟁력을 제고시키려는 마지막 노력인 것이다.

다음은 이와 같은 국가경쟁력의 강화를 위해서는 어떠한 내용의 추진이 필요하며 현재 우리나라의 국가경쟁력 현황은 어떠한 위치에 놓여 있고 앞으로 어떻게 정책을 추진해야만 이를 강화할 수 있는지의 과제에 대해서 살펴보고자 한다.[1]

---

1) 국가경쟁력의 고찰은 「대외경제정책연구원」(KIEP)의 「IMD의 국가경쟁력 평가에 관한 연구」(1999. 12)를 참고함.

Ⅱ. 국가경쟁력의 개념과 강화 필요성

국가경쟁력의 개념

스위스 로잔에 있는 국제평가 기관인 IMD(International Institute for Management Development)에 의하면 국가경쟁력이란 기업의 경쟁력을 높이는 국가의 총체적인 능력을 의미한다. 달리 말해, 국가경쟁력은 기업이 다른 나라의 기업들과 세계시장에서 경쟁할 때 효율적인 사회구조, 제도 및 정책을 제공함으로써 경쟁에서 승리할 수 있게 하는 국가의 총체적인 능력을 의미하는 개념이다.

IMD는 세계 각국의 국가경쟁력을 비교 평가하는 기관으로 국내경제, 국제화, 정부행정, 금융환경, 사회간접자본, 기업경영, 과학기술, 인적자원의 8대 분야를 기준으로 평가한다.

국가경쟁력의 강화 필요성

세계경제의 글로벌화, 기업 간의 국경 없는 무한경쟁의 진행 및 인터넷에 기반을 둔 정보혁명 및 기술발전의 급격한 가속화 등 세계경제환경의 급변 속에서 더욱 부각되고 있다. 더불어 최근 외환위기를 경험한 우리 현실에서 국내 기업의 경쟁력을 극대화하여 세계시장에서 성공적으로 경쟁할 수 있고, 또한 세계 유수의 외국기업들의 수교를 통한 경제 성장의 도모에 국가경쟁력의 제고는 중요한 과제로 떠오르고 있다.

Ⅲ. IMD의 2000년도 국가경쟁력 보고서 분석

세계 및 아시아 주요국의 국가경쟁력 현황

전 세계의 국가경쟁력의 1순위는 미국이다. 미국은 IMD의 8대 부문의 평가에서 모두 수위(首位)를 차지하고 있다. 이는 80년대-90년대에 경제 자유화와 규제완화의 결과이며, 최근에는 신경제(New Economy)에 연유하고 있는 것으로 평가되고 있다. 또한 기술 인프라에 대한 투자확대를 통해 인터넷 강국으로 부상한 핀란드, 스웨덴, 아이슬란드는 높은 경쟁력을 가지고 있다.

한편 아시아는 경제회복의 속도에 따라 국가경쟁력의 순위 추이가 다양하게 나타나고 있다. 그중 싱가포르는 작년의 높은 경제 성장(5.4%)으로 전 세계 순위에서 2위를 차지하고 있다.

한국의 국가경쟁력 현황

전체 국가경쟁력 추이

우리나라의 국가경쟁력은 금년(2000년)에 평가대상 47개국 중 28위를 기록, 지난 5년간의 하락세에서 벗어났다. 즉, 외환위기의 이전 수준으로 28위까지 상승하였다. 금년 순위는 작년 대비 10위나 상승한 것으로 아시아를 비롯 전 세계에서 가장 현저한 상승이었다. 이는 우리의 외환위기 극복을 위한 노력이 국제적으로 합격점을 받은 것으로 평가된다.

8대 부문별 국가경쟁력 추이

〈 표 1 〉 2000년도 대한민국의 8대 부문별 순위 추이

	1995	1996	1997	1998	1999	2000	1999대비
국내경제	7	4	13	34	43	19	24
국제화	40	43	45	46	40	30	10
정부행정	18	33	32	34	37	26	11
금융환경	37	40	43	45	41	34	7
사회간접자본	35	34	34	31	30	31	1
기업경영	28	28	26	34	42	33	9
과학기술	24	25	22	28	28	22	6
인적자원	21	21	22	22	31	26	5

※ 자료출처: KIEP, 전게서, 1999. 12.

8대 부문별로는 사회간접자본을 제외한 전 부문에서 상승하였다. 특히 국내경제(19위)가 작년 대비 24단계나 상승하였는데, 이는 부가가치, 투자 및 최종소비의 확대에 기인하는 것으로 분석되고 있다. (〈표1〉참조)

한편 사회간접자본(31위, 1) 부문은 경쟁력이 한 단계 하락하였는데, 신설된 환경법과 기초 및 환경 인프라 등의 기존 분야에서 낮은 점수를 획득하였기 때문이다.

한국 국가경쟁력의 강점 및 약점

IMD가 한국의 국가경쟁력 강점으로 선정한 것은 1위를 차지하고 있는 민간최종소비지출 증가율, 총생산성 증가율, 제조업 단위노동비용 등이다.

약점은 20개 항목 가운데 최하위(47위) 항목은 가격통제, 국내문화(문화개방성), 제품·서비스 책임, 환경법 등 4개이다. 8대 부문별로는 기업경

영부분(5개)에서 약점 항목이 가장 많이 포함되어 있다. 이의 약점 항목에는 설문조사에 의한 것이 많은데 이는 설문응답자들이 우리의 경쟁력에 대해 그만큼 부정적 인식을 갖고 있다고 볼 수 있다.

우리나라가 취약한 것으로 드러난 20개 약점 항목을 47개국 평균수준으로 개선하면 25위로 상승한다. 이 상승도는 이전보다 낮은 것인데 이는 순위가 상승할수록 세계 평균수준의 개선으로 순위상승이 점차 어려움을 보여준다.

투자입지 매력도

한편 IMD는 제조업, 연구·개발, 서비스·관리의 3대 분야별로 각국별 투자입지 매력도를 평가하고 있다. 한국은 3대 분야 모두 10단계 전후의 상승을 보였다.

전 세계적인 M&A확산 추세와 우리나라에서의 FDI의 중요성 확대를 감안할 때, 우리나라의 투자입지 매력도의 상승은 매우 고무적인 일이다. 그러나 상승에도 불구하고 주요 경쟁국들보다 여전히 뒤처지고 있다.

Ⅳ. 시사점 및 맺는말

세계경제포럼(WEF)과 함께 최고의 국가경쟁력 평가기관인 IMD의 국가경쟁력 순위보고서는 우리의 외환위기 극복에 높은 평가를 내리고 있다. 그러나 순위 상승에도 불구하고 우리 경제력 규모(12위)에 상응하지 못할 뿐 아니라 그동안 최고 수준인(26위)에도 여전히 미치지 못한다.

우리나라의 국가경쟁력을 더욱 강화하기 위해서는 크게 두 가지 관점,

즉 IMD가 각국에 대해 권고하고 있는 국가경쟁력 강화방안을 충실히 이행하는 것과 국내의 구조조정을 추진하면서 우리 경제를 선진국형 패러다임으로 변화시켜 나가는 노력이 필요하다.

먼저 첫째, IMD가 한국 5대 과제로 ▲민간주도에 의한 자유시장 경제 체제로의 전환, ▲기업경영과 정부행정의 투명성, 책임성 제고, ▲노동시장의 유연성 확보, ▲혁신적 기업가 정신의 장려, ▲글로벌 선진 경제 체제와의 통합을 위한 제도개혁으로 제시한 것을 지속적으로 일관성 있게 추진해야 한다.

둘째, IMD가 제시한 10대 원칙을 말 그대로 황금률(Golden Rules)처럼 이행해 나가는 것이다.

- 안정되고 예측 가능한 법률환경 창출
- 유연하고 탄력적인 경제구조 하에서의 노동여건 조성
- 전통 및 기술 인프라에 대한 투자
- 민간 저축 및 국내 투자 확대
- 국제시장(수출) 및 FDI(외국인 직접투자)유치에 대한 적극성 발휘
- 지배구조 및 행정에서의 높은 질, 속도 및 투명성 강화
- 임금 수준, 생산성 및 과세 간의 적절한 관계 유지
- 임금 불균형의 축소와 중산층 강화를 통한 사회적 통합 확대
- 교육(특히 중등교육 및 근로자의 평생훈련)에 대한 중점 투자
- 경재의 근접성과 세계의 균형 달성

셋째, 정부의 규제완화, 비즈니스 인프라 개선 등 기업 활동에 관련된 환경조성으로 기업의 경쟁력을 강화시켜야 한다.

넷째, 현재 제2단계 금융, 기업 구조조정을 보다 신속하고 적극적으로

추진해서 국가신인도를 회복하는 것이 필요하다.

다섯째, 지식기반경제로 우리 경제를 신속히 이행시켜야 한다. 세계경제의 새 패러다임에 맞춰 지식기반 경제를 뒷받침하는 법과 제도 등 인프라의 지식집약화를 이루고 더불어 선진화된 의식을 총체적으로 병행 발전해 실현시켜야 한다.

여섯째, 한국형 국가경쟁력강화위원회를 조속히 설립하여 여기에 개별주체 차원의 경쟁력 강화 활동을 집중시키고, 이를 통해 비전과 전략을 마련하면서 또한 지속적으로 이행 상황을 점검해야 할 것이다.

이요섭

저자약력

- 고려대학교 경제학과 졸업(경제학사)
- 고려대학교 대학원 경제학과 졸업 (경제학석사)
- 명지대학교 대학원 경제학과 졸업 (경제학박사)
- 한일은행 바레인(Bahrain)지점장, 국제부장, 종합기획부장 역임
- 한일은행(現「우리은행」前身) 상임이사 중임(現, 副行長職 重任)
- 비씨카드(주) 전무이사(現, 副社長職) 역임, 비자카드 아시아·태평양지역 이사(겸임) 역임
- 고려대학교 경제학과 강사(한국경제론) 역임
- 호서대학교 경상학부 겸임교수(국제통상론, 국제무역론)/ 원광대학교 경제학부 강사(사회경제학)역임
- 단국대학교 회계학과 강사(미시경제학) 역임
- 명지대학교 경제학과 객원교수, 초빙교수(전임교원/국민경제론, 금융시장론, 기업경제론, 한국경제론)
- 한국경제학회 종신회원 / 한국금융학회 종신회원
- 한국동북아경제학회 이사, 감사 역임(평생회원) / 한국관세학회 상임이사 역임
- The Congress of Political Economists, International Conference (COPE: 국제정치경제학회 정회원)
- 現在, 명지대 경제학과 초빙교수(전임교원)(국민경제론, 금융시장론, 기업경제학, 금융상품론, 한국경제의 이해, 경제학개론, 국제금융론, 국제경제와 다국적기업, 소비자경제론)

주요저서

- 「나의 꿈 나의 인생을 디자인하라」 도서출판 산수야, 2014
- 「금융시장의 이해」(1,2,3,4,5판, 5판4쇄), 연암사, 2013
- 「금융시장과 금융상품」(1,2,3,4판), 연암사, 2009
- 「글로벌 기업경제학」(1,2판), 연암사, 2011
- 「신용카드경제론」(1,2판), 연암사, 2009
- 「진화경제학의 이해」 연암사, 2007
- 「한국경제와 금융개혁」 연암사, 2004
- 「남북경협포커스」 연암사, 2003
- 「이슬람경제의 사상과 적용」(공동연구편저), 도서출판 민선, 1999

국제학술대회참가 논문발표

- "Banking Sector Restructuring in Korea After the 1997-1998 Crisis" (co-work), The Congress of Political Economists(COPE), International Conference(국제정치경제학회지) 14th Annual Conference 2003, vol. 1., pp.178~192, Mexico city, Mexico, July, 2003.

주요논문

- 신용카드이용액증가가 통화량에 미치는 영향, 동북아경제연구, 제14권 제2호. 한국동북아경제학회.
- 전자화폐의 화폐수요에 대한 영향분석, 대한경영학회지, 제25호.
- 소비와 화폐수요에 대한 신용카드효과, 산학기술성공학회지, 제2권 제2호.

外 다수.